启笛

Notre-Dame de Paris

Histoire et archéologie d'une cathédrale (XIIè-XIVè siè

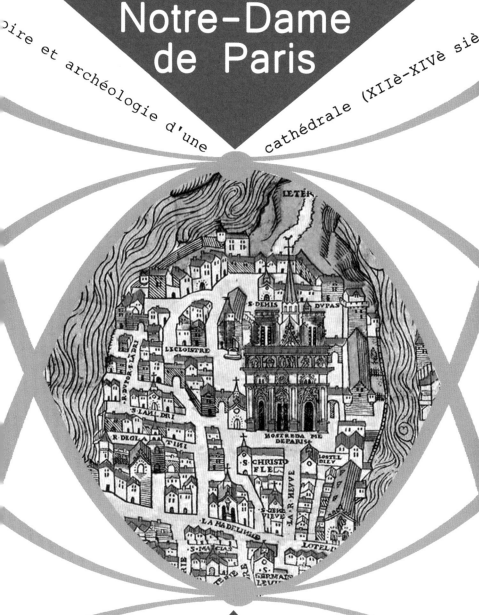

Dany Sandron

〔法〕丹尼·桑德隆 著
郑珊珊 译

看见
巴黎圣母院

北京大学出版社
PEKING UNIVERSITY PRESS

目录
CONTENTS

致谢

在本书持续数年的写作过程中,我收获了诸多来自各界同仁的宝贵意见与支持,在此,我向他们致以由衷的感谢。

在巴黎圣母院的安德烈·菲诺(André Finot)和罗朗·普拉德(Laurent Prade)的安排下,我多次与同事和学生到访大教堂。他们在先前的调研过程中所给予的种种协助和支持还历历在目。

在安德烈查斯特研究中心(CAC)与西尔维·巴尔贡(Sylvie Balcon)、斯特凡尼·卡斯特卢西奥(Stéphane Castelluccio)、艾蒂安·费桑(Étienne Faisant)、丹尼斯·哈约(Denis Hayot)和菲利普·洛伦茨(Philippe Lorentz)之间的探讨与交流令我受益匪浅。工作的顺利进展也要归功于贝亚特里斯·科凯(Béatrice Coquet)、雷萨凯·图什(Réza Kettouche)和德尔菲娜·蒂埃里-米格(Delphine Thierry-Mieg)的高效与细心。与该中心的摄影师赛琳娜·古梅尔(Céline Gumiel)和克里斯蒂安·莱姆泽乌达(Christian Lemzaouda)共事是一段相当美好的经历。我还要特别感谢格里高利·尚美（Grégory Chaumet），在他的协助下，大部分书中出现的地图和各种建筑视图才能借助 Plemo 3D 数字平台得以实现。

在调研期间，阿兰·奥泽梅里（Alain Auzeméry）、费德里克·艾坡德（Frédéric Epaud）、奥利维耶·吉哈赫德克鲁斯（Olivier Girardclos）、吉－米歇尔·勒普（Guy-Michel Leproux）、里维欧·德·吕卡（Livio de Luca）和瓦伦提娜·维斯（Valentine Weiss）所给予的帮助与建议令我收获颇丰。在此，向他们致以诚挚的感谢。

本书的配图部分，要感谢在罗马大学的同事古格列莫·维拉（Guglielmo Villa）提供的精美照片和迪迪耶·布松（Didier Busson）制作的考古遗址位置图，帕里格姆（Parigrmme）出版社的佛朗索瓦·拜斯（François Besse）和伊萨贝拉·舍蒙（Isabelle Chemin）慷慨地授权我使用他们的版权图片，还有巴黎圣母院项目管理团队，尤其是经由玛卓琳·布赫贡（Marjorie Bourgoin）的协调沟通所获得的图片。斯蒂芬·默里（Stephen Murray）和斯特凡·范·利弗林（Stefaaan Van Liefferinge）也慷慨地授权我们使用"绘制哥特式法国"（MGF）数据库里极其丰富的资源。其中就包括了安德鲁·塔伦（Andrew Tallon）所拍摄的图片，与这位友人相关的回忆与巴黎圣母院无法割裂。感谢玛丽·塔伦（Marie Tallon）允许我在书中使用我们一同探访巴黎圣母院时他拍摄的照片。

最后，我还要感谢约翰－克劳德·高尔文（Jean-Claude Golvin）将本书收入他所主编的系列丛书，以及法国国家科学研究中心（CNRS）出版社总经理布兰迪娜·詹东（Blandine Genthon）和本书编辑玛丽－阿涅斯·杰修尼斯（Marie-Agnes Jassionnesse），本书的问世也要归功于他们的出色工作。

序篇

人们对巴黎圣母院建筑与装饰的赞誉早已有之。现存最久远的相关记载可为其佐证。例如，1177 年，圣米歇尔山修道院院长罗伯特·德·托里尼（Robert de Torigni）曾到访巴黎，在他看来，大教堂一旦竣工，阿尔卑斯山脉以北将没有任何建筑能与之匹敌。[1] 14 世纪初，一位巴黎的学者约翰·德·詹顿（Jean de Jandun）也对其惊叹不已。他认为，在巴黎的诸多教堂之中：

> 这座享有至高荣光的圣母玛利亚教堂，庄严恢宏，（它）犹如被群星簇拥的太阳，理当居于首位，光芒万丈。任谁也难以在别处找到同样的"双塔钟楼，它如此宏伟、完美、高大、宽厚、坚固，且富于变化，拥有繁复的装饰……连续的边拱设计，无论是低位（侧廊的拱顶），还是高处（廊台层），均错综精妙……一系列小礼拜堂富丽堂皇……它的'十字'[2] 如此雄伟，其横臂（横厅）区隔了祭坛与中厅……呈直线相对的两个巨型玫瑰花窗，其形

状如同法语的第四个元音字母（O）"。约翰·德·詹顿感叹道："这座教堂为那些仔细凝视着它的信众提供了一个绝佳的仰慕对象，人们对其神性的沉思将永无止境。"[3]

每年涌入巴黎圣母院的数百万旅人对其满怀的景仰之情足以解释，为何在 2019 年 4 月 15 日——当这座伟大的建筑几乎被火情毁于一旦之时，它能令整个国际社会为其动容。

如果引用詹顿的原话，那就是：我们会永不疲倦地注视着圣母院，去领悟我们与它之间形成的特殊联结所产生的能量。我们将对这座哥特式大教堂自 1160 年建立之初到 15 世纪约 250 年间的历史阶段进行研究。时间跨度的限定是有据可循的，因为在这一时期，它的建筑工程几乎从未中断。可以说，巴黎圣母院为我们呈现了一个罕见的个案，它所经历的反复改建与其说是为了应对其建筑结构的缺陷，不如说是为了实现神职人员坚定不移的愿景，令这座教堂一如既往地在不同层面均保持其卓越地位：它所在的城市成为 13 世纪基督教徒最密集的城市和主要的学术中心。它不仅成为所在教区的主教座堂，也因其与卡佩王朝王室的特殊关系而被赋予了前所未有的政治地位。

在神学的语境下，大教堂作为上帝之居所，若要呈现其"凝固"（pétrification）形态[4]，需借助人力而实现。最初的兴建计划由教会所主导：主教和参事会出面动员所在教区的所有信徒参与其中，以资助建造工程。他们专门建立了一个教会财产管理委员会来进行项目监管。在历任工程总管的监管之下，无论是建造初期，还是随后的数次改建工程，均雇用了专业的技术工匠。要深入了解建造项目的规划及其后续建造过程中所进行的诸多调整，就要考虑作为"业主"的教会与各个工程项目主管双方的关系与相互影响。虽然现存的文献资料对这一点鲜有提及，但我们对建筑本身的分析也可以为对巴黎圣母院的诞生及其历史变迁的研究提供关键的线索。

作为一座由主教座堂的神职人员为精英阶层所设计的建筑丰碑，巴黎圣母院不仅是为其自用，更是为了接纳广大信众。研究大教堂的祭坛、小礼拜堂、中厅和其他回廊空间在中世纪的功能可以帮助我们重现教堂内的各种活动。尽管，在19世纪大教堂也曾由于人为的因素而与世隔绝，但显然它始终与外部世界紧密相连。因此，了解和重现它的原生环境和由主教宫、参事会内院、主宫医院所组成的周边建筑群对研究它的建造工程是如何实现运作是不可或缺的。在当时，主教座堂与它所在的城市之间的关系也远比今天更为复杂。先不提其在教会森严的等级制度下所拥有的较高地位，单凭其宏大的建筑规模就对其下属辖区教堂产生了不小的影响。具体来说，教区内的地方教会在建造宗教建筑时会将主教座堂视为模本，这就可以令我们以此为基础来探讨同一教区建筑可以拥有的共同特征。[5]

主教座堂与王权的联结所映射的政教关系令巴黎圣母院成为同时代诸多哥特式大教堂中独树一帜的存在。当时的巴黎圣母院无疑成为历任君主最常出入的宗教场所，其中最令人感兴趣的，是在这座被视为王权中心的城市，占据了地利、人和的巴黎圣母院因此成为拥有最多王室图像的教堂，其中就包括了位于西立面众王廊的旷世杰作。其实，存留于世的建筑本身就足以力证，从 12 世纪末到 13 世纪初这一时期，王室建筑工程也视巴黎圣母院为参考模本。

在本书中，我们将对巴黎圣母院进行图像学研究，集中展现在教会生活中，由神职人员所主导的长达两个半世纪之久的建造工程所引发的诸多意义重大的争论，关乎教会的运作、与信众和王室之间的关系等。文献资料与建筑物本身可互为补充，有助于我们理解在巴黎圣母院的建造过程中，大部分与建筑和艺术审美相关的选择皆与出于对维系宗教（礼仪和圣秩）或政治秩序的考量有关。此项历史研究从建筑艺术与工艺角度出发，为我们呈现了在宏大的历史舞台上各方势力之间的权力角逐。这显然比教堂的大事件编年史所记录的内容更为深刻和引人入胜。[6]

从历史学的角度来看，巴黎圣母院向我们展示了它的双重面貌——它既是对法国具有象征意义的建筑丰碑，又是哥特艺术的典范。数不胜数的著作都强调了其在艺术史研究范畴[7]之内的重要意义。对于巴黎圣母院这样一个毫无争议的"记忆之地"[8]，历史学家会着重研究它在法国历史长河之中的地位，并深度挖掘其所在教区所发生的重大历史事件及其深远意义。

2013 年，以庆祝这座哥特式大教堂建成 850 周年的庆典活动为契机，具有相当规模并涵盖了圣母院相关历史、艺术、宗教等内容的出版项目也蓄势待发。[9] 在 2019 年 4 月 15 日的大火发生之后，与巴黎圣母院相关的专家团体在国际社会范畴内发起一项庞大的科研项目，该项目将利用最新的数字技术进行全方位的调查和记录 [10]，以便全方位地了解这座拥有深厚历史的建筑，其最终目的就是为即将开启的修复工程进行完美助力。可以说，安德鲁·塔伦借助激光 3D 扫描仪所获得的、具有开创性的研究成果为项目的推进奠定了坚实的基础。[11] 就这一点而言，之后的进展无疑会为我们带来更多的惊喜。

这部关于巴黎圣母院的全新著作旨在以另一个视角展现：大教堂的日常与重要场合的叙事话语是如何借由艺术形式进行表达的，以及它是如何让教会高层神职人员实现他们颇具雄心的愿景：赋予它新的意义，令它不仅因其恢宏的建筑规模而闻名，还要使它成为一座城市、一个教区甚至在一段时期内成为王室领地中最伟大的地标建筑。

一个永不落幕的伟大工程

巴黎圣母院，在其和谐统一的外表之下，实际上却是一座风格混杂的建筑。外部的统一性得益于自 13 世纪初叶开始的改建工程和 19 世纪所进行的整体修复工程。在当时，对一座修建时间可追溯至 1160 年的建筑进行改造，可令教堂的外观呈现出更具"现代"感的风貌——即圣路易统治时期逐渐发展形成的建筑风格。而这一风格曾被法国艺术史学家形容为"辐射式哥特风格"，同时在法国之外也盛名远播，遍及当时世界上基督教所传布的所有地域。

鉴于历史上多次的改建与修复工程，从严格的建筑学角度来看，我们似乎见证了处于先后不同历史阶段的"两座"巴黎圣母院："第一座"是建造初期的哥特式建筑，从今天大教堂中厅的内部线条还能依稀看出这一时期的特点，而"第二座"的出现则是以 13 世纪所启动的改建工程为起点，直至 14 世纪下半叶结束。

由改建所带来的双重性似乎呈现出一种建筑内部与外部之间的对立，更是质疑了哥特式建筑是以其构造透明性为主要特征这一说法。但实际上，这是外部社会环境变迁所导致的结果，而不仅是艺术审美的变化：如沿着中厅侧廊和祭坛所增建的小礼拜堂主要是为了满足信众对宗教仪式的需求——增加弥撒礼仪的举办次数；增建威严的祭坛围栏和圣坛屏是为了确保信徒们在接近大教堂珍贵的宗教遗产（无论是有形的还是无形的）时，也要与教堂的神职人员保持一定的距离。

13 世纪中叶前后，巴黎圣母院在横厅两侧修建了新的外立面。这并非为了紧跟时代潮流，抑或仅仅是将横厅增高几米。这次改建发生在西岱岛圣礼拜堂（始建于 4 世纪）所举行的祝圣仪式之后。这座距巴黎圣母院仅几十米远的圣礼拜堂因拥有基督教世界最为珍贵、由圣路易国王所获得的圣物而享有盛誉，甚至可以说是以此夺走了本属于圣母院的荣耀。至此，我们有理由相信，面对首都各宗教名胜建筑竞相媲美的局面，巴黎圣母院此番大兴土木不正是一种高调的回应吗？

这个例子充分向我们展示了对建筑艺术进行分析和探讨的重要性和对与其相关的政治、宗教、社会及经济背景的研究所带来的启示性。

◄
巴黎圣母院的中厅（A. Tallon）

巴黎圣母院的南侧面（A. Tallon）

漫长的修建历史

巴黎圣母院这座哥特式大教堂的出现取代了自 4 世纪以来就伫立在西岱岛东端的几间教堂。文献资料与考古实物资料的匮乏令我们很难还原巴黎圣母院与已经消失了的圣堂所在的主教街区自 12 世纪中叶起的历史轨迹[1]（见第 7 页图）。与其他拥有主教座堂的城市类似，巴黎所拥有的主教座堂群也是由几个圣堂所组成，其中就包括以圣母玛利亚、圣艾蒂安和圣约翰为主保的教堂，它们都曾被载入 12 世纪的文献资料。通常来说这类教堂规模较小。然而，也有例外。19 世纪至 20 世纪，在巴黎圣母院西立面广场前的考古挖掘中发现了一个约 70 米长的教堂地基，从地基的规模看，可堪称中世纪早期高卢地区最宏伟的建筑之一。该类教堂的奢华程度曾在 7 世纪末被诗人福图纳（Fortunat）载入诗作[2]，从侧面展示了巴黎神职人员在当时所拥有的财富和野心。早在 9 世纪初的卡洛林王朝时代，随着大教堂参事会的建立，无论是他们所累积的财富，还是所怀有的雄心，都可谓是节节攀升。

在沉寂了相当长一段时间之后，大约在 12 世纪初，大规模的修建工程陆续启动，1120 年是大门的建造[3]，到了 1124 年又修了尖塔[4]。这座"新教堂"的建造工程由总铎艾蒂安·德·加朗德（Étienne de Garlande）[5]和圣丹尼的修道院院长苏执（Suger）所负责，他们为其捐赠了一扇"令人惊叹的彩色玻璃窗"[6]。今天，位于南面的哥特式立面的圣安妮门廊之上的装饰元素，

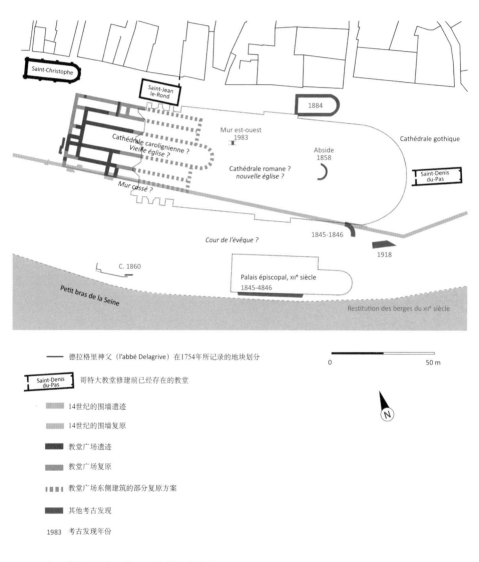

在西岱岛东端发现的 1160 年前考古遗迹平面图（Busson 2012, p.22）

其灵感或许就是源自 12 世纪的修建工程。门廊的建造工程最初是受艾蒂安·德·森利斯主教（Étienne de Senlis，1124—1142 年在任）或其继任者蒂博（Thibaud，1144—1158 年在任）的委托而进行。无论是其规模还是雕刻工艺，都足以与 12 世纪中叶以精美绝伦的雕刻门廊著称，位于韦泽雷（Vézelay）、奥屯（Autun）、沙特尔（Chartres）或圣丹尼等地的大教堂相媲美。但它最终难逃被拆毁的命运，以实现一个更为大胆的改建计划，也就是由大主教莫里斯·德·苏利（Maurice de Sully，1160—1196 年在任）于 1160 年启动的改建工程。

教堂实际上就是一个永无休止的施工现场，巴黎圣母院更是如此。就在其主体结构完工不久后，自 13 世纪初起，大大小小的加建工程就陆续开始了，明显地改变了建筑的外观。对于这些持续至 14 世纪中叶的工程，我们需要对其发生的原因进行具体分析。

大教堂主体结构的建造持续了半个多世纪，从 1160 年到 1220 年。在此期间，由东至西陆续修建了祭坛、横厅、中厅和西侧外立面的下半部到玫瑰窗的部分。在此之后的一个多世纪里，大教堂的建造工事从未停歇。在其主体结构完工之后，1220—1230 年，主殿的高窗被拓宽，檐墙也被抬高，以便安装排水渠，用于溢流教堂尖顶落下的雨水。这项繁重的工程无疑为我们解答了为何教堂的钟塔楼直到 13 世纪 40 年代中期才完工。同时，在中厅外沿的扶壁之间加建了一系列小礼拜堂。可以说，这一时期的修建工程在 1258—1270 年迎来了高潮——在横厅的两端加建了带有华丽门廊和大型玫瑰窗的外立面。在人们看来，此处的改建与在横厅上方安装的铅制尖塔不无关系。

此时，祭坛的修建工程还在继续，与中厅类似，沿祭坛右侧和环半圆形后殿的周边也加建了小礼拜堂。祭坛和圣坛已经占据了中厅以东的位置，并以石雕围栏所间隔，该围栏于 14 世纪中叶完工。[7]

此后，大教堂的整体外观几乎没有任何变化。直到路易十四统治末期，从 1699 年起，大型修建与改建工程再度启动。圣坛的布局彻底发生改变，新的罗马式祭坛之上，在名为《路易十三的誓愿》的两个国王跪像之间所摆放的是雕塑《圣母哀子像》。随后，罗伯特·德·科特（Robert de Cotte）又将祭坛改成我们今天看到的陈设布局。

到了 18 世纪，这一时期的变化以顺应当下潮流所做的改变和修复工程为主，比如更换无色玻璃，教堂外立面刷白亮化，建筑师博夫朗（Boffrand）完成了对南立面玫瑰花窗的修复，建筑师苏弗洛（Soufflot）应教会委托将教堂西立面的中心大门拓宽，以及最终在大革命初期拆除了岌岌可危的中世纪教堂尖塔。在大革命期间，巴黎圣母院的各个门廊和众王廊内的大部分雕塑遭到了损毁，令其暂时由"上帝的居所"变成了一座

"理性之殿"，但尖塔的消失却与当时针对圣母院的破坏行为无关。

宗教仪式的回归和拿破仑在 1804 年的加冕仪式也无法掩饰巴黎圣母院在当时的破败与衰落。直到 1840 年，在建筑师约翰·巴蒂斯特·拉苏斯（Jean-Baptiste Lassus）和尤金·维奥莱勒杜克（Eugène Viollet-le-Duc）主持之下，一项雄心勃勃的全新修复计划开始实施，而维奥莱勒杜克的名字也随着巴黎圣母院的这段历史一同为世人所铭记。[8] 他对这座建筑的历史与建造工艺了若指掌，但也并没因此囿在其中，反而在修复过程中做了不少新的改动：比如将教堂的尖塔抬升了十几米，或在中厅扶壁的基座顶部添加一些塔架作为支撑。他的铜像不仅与十二门徒同立于教堂尖塔底部，在众王廊新建的雕像之中，他也以国王的形象出现，这些细节都充分展现出他作为巴黎圣母院修复工程的建筑师所享有的尊荣。

在 20 世纪，巴黎圣母院经历了数次清洁工程，首次是由时任文化部部长的安德烈·马勒侯（André Malraux，1901—1976）所主导，最大程度地还原了先前其建筑外观丰富的色彩。而在 2019 年 4 月 15 日的火灾对大教堂造成悲剧性后果之后所进行的修复工程无疑将为巴黎圣母院已长达几个世纪之久的修缮史添加浓重的一笔。

圣母院大教堂的兴建深受其所处时代的西方基督教世界所盛行

的效仿之风的影响。当时，大部分教堂多在 12 世纪至 13 世纪
得以重建或至少历经数次改建。在 12 世纪中叶前后，即大教
堂建造工程启动前的 30 年间，桑斯（Sens）、努瓦永（Noyon）、
森利斯（Senlis）和拉昂（Laon）等地已开始修建主教座堂。
从巴黎及附近地区诸如圣丹尼（Saint-denis），圣日耳曼德普
雷（Saint-Germain-des-Près）和圣马丁德尚（Saint-Martin-des-
Champs）等地的大教堂祭台的变化足见这一时期各地教堂之
间在建筑形制、风格及工艺等方面的竞相仿效，巴黎圣母院的
神职人员自然也不会忽视这一风潮。

正因如此，巴黎圣母院需要成为冠绝古今的惊世之作，这不仅
关乎大教堂本身的修建，还涉及其作为主教座堂和主宫医院
所在地的声誉，更不用说它的建造对于巴黎城市总体规划的
意义，比如说沿着新教堂的中轴线，将会修建一条"新圣母
街"。西岱岛上的宗教版图也将随之发生改变：新建的巴黎圣
母院完全让附近的堂区教堂相形失色，后者已彻底沦为小礼拜
堂，用以衬托主教座堂的尊贵地位。[9]

1160—1245 年的主体工程

我们可以依据建造过程中的不同时间节点来梳理巴黎圣母院的
修建历史。

在大主教莫里斯·德·苏利任期之初，教皇亚历山大三世曾在 1163 年 3 月 24 日至 4 月 25 日到访巴黎，其间还出席大教堂的奠基仪式。这一时期，工程的重心多集中在建筑的东侧。据圣米歇尔山修道院院长罗伯特·德·托里尼所言，教堂的祭坛部分，除顶部外 [10]，已在 1177 年完工。此外，一段关于 1182 年 5 月 19 日，罗马教廷的教皇特使、阿尔巴诺红衣主教亨利在新教堂位于半圆形后殿的主祭坛主持祝圣仪式的描述也能证明：巴黎圣母院的主祭坛业已完工。[11]

此时，横厅和中厅东侧的工程已处于施工阶段，而且应该在 1196 年就已经完工，因为莫里斯·德·苏利主教在这一年辞世，他专门留下一笔 100 里弗尔（译注：里弗尔 [livre] 为法国古代货币单位之一，最初作为货币的重量单位，1 里弗尔相当于 1 磅白银）的遗赠用于建造中厅的铅顶。1208 年，为了推进教堂西侧大门前的工程，其附近的民居均被拆毁，我们可以借此来推断：教堂西立面的建造最晚也于 1208 年开始动工。[12]

1220 年前后，中厅的前两列跨间已经建好，将中厅的东侧与已修建至玫瑰窗顶部的西立面相连。直到 1245 年，在纪尧姆·德·奥弗涅（Guillaume d'Auvergne，1228—1249 年在任）主教为北塔钟楼捐赠大钟时，西立面上部的工程才刚刚完工。

一座宏伟的建筑丰碑

巴黎圣母院建筑总长度约为 120 米，五个殿厅宽度均接近 40
米，其中祭台和中厅的拱顶分别高达 31 米和 33 米。除了拱顶
也同样高达 30 米的克鲁尼修道院教堂之外，相较于同时代大
部分高度低于 25 米的大教堂，巴黎圣母院可谓独树一帜的存
在。它的祭台规模足以与建于 11 世纪末的德国施佩耶尔大教堂
相媲美。可以说，巴黎圣母院的出现标志着哥特式建筑的发展已
经正式迈进了崇尚规模宏大的风格阶段。随后的 13 世纪初，
在沙特尔、兰斯（Reims）、亚眠（Amiens）和博韦（Beauvais）
等地所兴建的大教堂也将这一特点展现得淋漓尽致。

为了能在大教堂的中厅容纳数量众多的信徒，这一空间的设计
以其两侧分布的双重侧廊和环绕祭坛的双重回廊为主要特点。
中厅的内立面最初的设计是分为四层，自下而上分别为通向双
重侧廊的拱廊、高侧廊、朝向侧廊的"圆窗"（oculi）及高侧
窗（见第 2 页图）。从 12 世纪 30 年代起，先是圣热梅德弗利
修道院（Saint-Germer-de-Fly）初步尝试四段式内立面结构，
巴黎圣母院也紧随其后采用了这一大胆的设计。直到 12 世纪
80 年代苏瓦松大教堂南横厅修建之前，这一布局结构几乎风
靡整个法国北部，当时努瓦永、拉昂、康布雷（Cambrai，中
厅与横厅部分）、阿拉斯（Arras）等地的大教堂都采用了此种
设计。很有可能连大主教桑松（Samson）在 1400 年所建造的
兰斯大教堂的祭坛及附近随后建成的圣雷米修道院也受其影

响。可以说，巴黎圣母院建筑所展现的设计与工艺得益于此前大部分哥特式教堂修建过程中的不懈尝试与完善。而它最终所采用的四段式内立面结构令其超越了当时作为主教座堂的桑斯大教堂的三段式设计，从而多少挽回了些巴黎教区神职人员的颜面。[13]

即便是在之后的数次改建过程中，圣母院横厅和中厅的四段式立面结构都得以保留，只做了些许改动，比如将高侧廊一层的对置拱门改成了三联式拱门，还在中厅南侧的山花壁面上开凿了圆窗。结构上的主要变化之一是墙体变薄，凸起的部分变平，尤其体现在对起拱石下方的圆柱式样的反复斟酌，或对略显低调的壁柱风格的明显偏好。这些实实在在的变化是随着新建筑师的到来出现的。[14] 作为巴黎圣母院建筑的主要特点之一，力求结构上的轻盈感始终贯穿于此后漫长的建造工期。

巴黎圣母院的西立面

位于西立面的双塔钟楼作为不朽的建筑艺术杰作令人惊叹不已，其占地面积相当于侧廊的四个跨间。穿过位于新圣母街尽头的广场，便能抵达作为圣母院主要入口的西立面。值得一提的是，在中世纪，教堂广场的面积仅有今日的四分之一。但气势恢宏的教堂主立面和高达 69 米的双塔钟楼令其不仅在周边街区的建筑群中独领风骚，在整个巴黎城区也称得

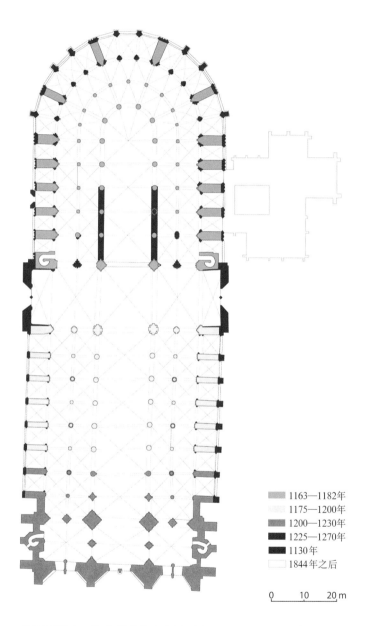

1163—1182年
1175—1200年
1200—1230年
1225—1270年
1130年
1844年之后

0　　10　　20 m

显示主要修建工程不同阶段的平面示意图（G. Chaumet, Plemo 3D）

a. 1120 年前后巴黎圣母院的纵切面图（G. Chaumet, Plemo 3D）

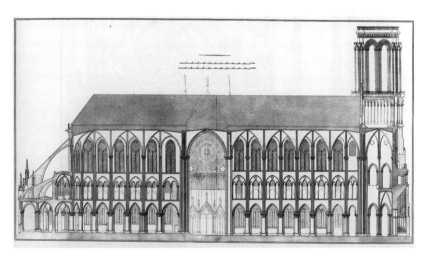

b. 1270 年前后巴黎圣母院的纵切面图（Lassus et Viollet-le-Duc 1856）

上是傲视全城。人们不禁开始想象，如果能按照先前的设想为它们加上尖顶，就能明显提升教堂的高度，更能彰显其尊贵的地位。

位居中央的拱门最为宏丽，其拱心壁雕刻群以"最后的审判"[15]为主题，作为教堂的主要入口，它仅在重要仪式举行时开启。两边的侧拱门以教堂的主保圣人圣母玛利亚为主题。南侧门上的浮雕呈现了圣母怀抱圣婴的正面端坐像，北侧门上则展现了基督为圣母加冕的场景。拱门上一组组震撼人心的群雕与著名的众王廊中排列着的 28 尊巨型雕像交相辉映，二者均为 19 世纪所重建。可以说，圣母院成为宏伟雕塑图像的典范，无论是在法国北部，还是西班牙卡斯蒂亚和英格兰王国领地兴建的一些建筑上都能见到类似形式的表达。[16] 充满威严感的建筑装饰主题反复出现，这一点值得我们深入分析。在西立面的中段、呈辐射状的巨型玫瑰窗居中，清晰地映衬出窗前圣母及其两侧天使立像的轮廓，以此来烘托其作为教堂主保圣人的尊贵地位。中段顶部的透空长廊和高耸的双塔钟楼的装饰风格更为华丽繁复，暗含了随着建筑的日臻壮美，灵魂也将得到飞升的寓意。

13—14 世纪的调整与改变

主殿上部的变化

1245 年前后，西立面完工之前，巴黎圣母院就已历经数次改造。为了令足够的光线照进殿内，原内立面上部的两层（译注：圆窗和高侧窗）合并为更高大狭长的单层高侧窗。这样一来，原先居于圆窗之上，朝向高侧廊，用于装饰拱顶的天窗在改建过程中消失了。同时，为了在屋顶底部修筑排水渠让收集到的雨水沿着刻有排水沟的飞扶壁溢流，位于主殿高处的檐墙被抬高。充满传奇色彩的巴黎圣母院的滴水嘴兽就诞生于这一时期。[17]

大教堂的扩建

第二次大规模的兴建工程于 13 世纪 20 年代启动，首次在中厅侧廊加建了一系列小礼拜堂，这一区域的工程一直持续到 13 世纪中叶。其成果是进一步增加了教堂内部的使用空间，将通过飞扶壁来支撑中厅拱顶的侧扶壁之间的空间也充分利用了起来。而且，为了让这一空间具有一定的纵深度，小礼拜堂之间的隔墙紧挨着扶壁而建，同样的空间布局接连重复出现，贯穿

◐
巴黎圣母院的西立面（A. Tallon, MGF）

整个中厅。每一间小礼拜堂都拥有巨大的侧窗，通常为双窗结构，其窗格采用两方连续纹样的设计并以圆窗和十字花形图案为顶饰。以石质中梃作为高大玻璃窗的区分框可被视为哥特教堂镶嵌花窗工艺发展最初期的特点之一。

到了 13 世纪中叶，人们决定在横厅的两端增建新的外立面。尽管新建的外立面与已建成的西立面在细节处有所不同，但二者的整体工艺与风格是相当协调统一的。[18]横厅南翼的外立面建于 1258 年，其底部铭刻的文字不仅证实了这一建造年代，还确切记录了首位已知的巴黎圣母院建筑师的姓名——约翰·德·谢尔斯（Jean de Chelles）。[19]与气势恢宏的西立面相比，这些新建的外立面略显低调，但其对门廊和玫瑰窗的精妙处理，堪称建筑艺术经典之作，尤其是直径为 13 米的玫瑰窗，在同时代可谓首屈一指。无论是从建造风格还是图像学角度来看，加建的新外立面的横厅建造工艺如此精巧，其顶端竖立的尖塔犹如同时期重造的圣马塞尔圣龛所拥有的尖顶一样，与保存在圣坛之中的金工制圣龛相映生辉。

◐

位于祭台上方的高侧窗。尖拱下的两扇狭长高窗建于 13 世纪初。其短小的窗台和玻璃圆窗为建筑师尤金·维奥莱勒杜克在 19 世纪所建（G. Villa）

大拱廊和中厅北侧的小礼拜堂（S. Murray, MGF）

13 世纪下半叶，中厅侧廊小礼拜堂的建造工程扩至祭坛区域，直至 14 世纪初才彻底完工。位于北侧的四间小礼拜堂和南侧横厅的前三间小礼拜堂最为古老，建于 1250—1290 年。祭坛右侧的最后几间小礼拜堂，直到 1310 年前后才建成。在同一时期，确切地说从 1296 年到 1320 年前后，由建筑师彼得·德·谢尔斯（Pierre de Chelles）和之后的约翰·拉维（Jean Ravy）所主持的修建工程对半圆形后殿周围的小礼拜堂进行施工。其中位于教堂中轴线上的小礼拜堂最为华丽，西蒙·德·布西（Simon de Bucy）主教 1304 年辞世后在此长眠。

祭坛的变化（13—14 世纪末）

从 13 世纪末起，祭坛内部所拥有的全新的华丽装饰迎合了其所处时代的审美品位。继 13 世纪 30 年代位于中厅纵横交会处东侧柱石之间圣坛屏的完工，沿其修筑的石雕屏栏在 1351 年建成。今天，我们从祭坛前三个跨间内所保留的遗迹不难看出当时的圣坛屏的右半部更为宽大，令信徒可以透过转角处的镂空设计看到主祭坛。尤为重要的是，在半圆形后殿之内，大殿的尽头，摆放着存有大教堂最为珍贵圣骸的圣龛。围绕着祭坛的屏栏为我们提供了一系列丰富翔实的浮雕图像志资料。北面的屏栏呈现了基督的童年和公共生活场景，而南面的屏栏则描绘了基督复活后的画面。就在屏栏完工前不久，一面大型的金工装饰屏被置于主祭坛之上，与半圆形后殿的拱顶石呈垂直状。[20]

祭坛外部空间支撑结构的重建也是在这一时期进行的。纤长的飞扶壁跨度达 15 米，其支承柱被建成尖塔状，顶部高耸。位于半圆形后殿高侧廊层的窗户于 14 世纪中叶重建。与此同时，这里所有的小礼拜堂的尖屋顶被石板平屋顶所取代。[21] 尽管如同建筑历史学家所形容的那般，此时的大教堂，从外观上看，在历经数次改建工程之后，已经成为一座拥有"现代风格"且"光芒四射"的建筑丰碑，而实际上它仅是在 12 世纪最后三十多年间才被"修饰"成如此这般。

从 12 世纪 60 年代到 14 世纪末，巴黎圣母院旷日持久的修建工程延续了长达两个世纪。无论是对其主体结构，还是内部整体陈设变化的研究都为我们提供了一个独一无二的契机来审视参与其中的各方势力对建造工程本身所产生的影响：作为工程负责方的教会和在他们的号召下加入的普通民众，从信徒到专业人士。当整座城市正在经历变革，身处其中的主教座堂也需要一如既往地彰显其超卓的地位。在之后的章节中，我们将先对为实现这一宏图而产生的抉择机制和教区层级为了达成同一目标所付诸的努力进行深入研究；再对王权的介入这一关键影响因素进行探讨，毕竟无论从二者的本义还是象征意义来看，王权与巴黎主教座堂之间都有着千丝万缕的联系。

祭坛南侧围栏（A. Tallon）

第一编　工程与实施

法文"église"一词既指信徒群体，也指庇护他们的建筑。这双重含义呼应了圣彼得的比喻，他视基督徒为用以构筑灵宫的"活石"（见《彼得前书》）。教会学对于教堂建筑的这个定义也可以为我们解读，为何在中世纪社会各界会如此热衷于修建如巴黎圣母院这般规模的教堂。除了作为业主的教会、由建筑师所雇用的专业工匠，还有来自各个阶层的广大信徒，尽管他们并不会直接参与筑造工程，但修建这座规模空前宏大的建筑也少不了他们的解囊相助。

虽然在文献资料中，几乎难以看到对于当时各方力量助力建造工程的描述与记载，但大教堂建筑本身已经为我们进一步了解他们之间持续不断的对话提供了诸多线索。可以说，是这些从设计、建造阶段起至中世纪末期不间断的交流与协作，才令巴黎圣母院这座建筑丰碑得以问世。

第一章

作为业主的教会

从定义上来看，大教堂是地方教区教会的最高领导者——主教的座堂。法文中的"cathédrale"（大教堂）一词源自拉丁文"cathedra"，意为置于主教座堂内的主教宝座。主教，被视为地方教会权威的象征，并非孤立存在，其下设置了各级神职人员，如座堂议会成员、布道牧师等，以辅助主教行使职能。从本质上来看，巴黎圣母院也是一座教区教堂，这就意味着，它的建造工程所必需的人力、物力和资金需要其所在教区的神职人员负责筹措。这一点也从侧面印证了教会在当时的社会背景下所拥有的特权地位，尤其是在宗教、经济、司法 / 政治领域。

主教

在大教堂建造期间曾担任主教一职的诸位神职人员，无论是行使其传教职责，还是作为教区管理者，无一不是能力出众之辈。其中，巴黎圣母院建造项目的发起人莫里斯·德·苏利主教，他的任期相当长，从 1160 年到 1196 年，历经了大部分主体建造工程，所获得的功绩不仅完美地体现了其作为高级神职人员的杰出品质，也充分彰显了其作为主教级建造者的实力。他在神学领域所展现的才能令其成为主教座堂学校的教师，同时，他也是一位出色的传道牧师，留下的大量布道篇章被其后一个世纪间的传教者奉为布道典范。对于如何管理主教辖区的资产及教区教会，他也颇有见解。

正是因为这些出众的表现，在面对座堂议会前来征求对于彼得·伦巴第（Pierre Lombard，1159—1160 年在任）主教继任者人选时，当时的国王路易七世毫不犹豫地在莫里斯和另一位候选人——任教于巴黎座堂学校的著名神学家彼得·勒芒热（Pierre le Mangeur）之间，选择了前者。这位国王当时的回答是："选择最虔诚的人管理灵魂，让最博学的人留在学校。"莫里斯就此当选为巴黎教区的主教。[1]

在莫里斯的历代继任者中，也不乏兼具优秀的神学家和严谨的行政管理者双重才能的杰出人才，他们所管理的教会能够对信徒进行适度的监督。比如，莫里斯的直接继任者欧德·德·苏利（Eudes de Sully，1196—1208 年在任），他召集了教务会议，每半年在大教堂召开一次全体神职人员需参加的会议以传达上级主管机构的指示。[2] 同时，他还在 1205 年整理编辑了巴黎教区的第一份包含有教会契据集和教堂封地的资产清单，这足以证明了其对教区管理工作的重视。[3] 其后的历任主教也随之效仿,对教会的各项工作竭尽心力。

在众多具有神学家背景的主教之中,除了著名的《箴言四书》(*Livre des sentences*)[4] 的作者彼得·伦巴第主教,纪尧姆·德·奥弗涅也值得一提。他曾在巴黎任神学教师,也是炼狱教义的主要理论家之一,其理论在其写于 1231—1236 年的著作《宇宙万物》(*De universo creaturarum*)[5] 中有所体现。此外,还有曾任大学校长的戈蒂埃·德·沙托蒂埃里(Gautier de Château-Thierry,1249 年在任)。对知识的追求和对信众的训导与管理并非毫无关联,一间好的教会往往拥有学识渊博的神职人员。与莫里斯主教一样,纪尧姆主教也撰写了相当数量的布道词[6],从信众对大教堂具有象征意义的各式装饰的熟悉程度便可看出其影响力。

巴黎教区主教作为桑斯大主教的属下主教,从行政级别上来说,隶属于一个教省,其治下在中世纪还包括了沙特尔教区、奥尔良(Orléans)教区、莫城(Meaux)教区、特鲁瓦教区、欧赛尔(Auxerre)教区和内韦尔(Nevers)教区。虽说巴黎教区主教的选举应该在大主教的监督下进行,但实际上,桑斯大主教的权威几乎等同于一纸空文。当然,这是在 1622 年巴黎被确立为大主教区座堂之前。直到 1377 年,在查理五世统治时期,巴黎主教才获得了象征其总主教权威的披带(pallium extensum)。[7]

圣安妮门上的主教图像

在历任主教之中，除了莫里斯主教出身低微，大多数主教都来自贵族阶层。尽管莫里斯·德·苏利与他的继任者欧德·德·苏利同姓，但实际上二者毫无关系，后者来自法国王室中最显贵的家族之一。彼得·德·内穆尔（Pierre de Nemour, 1208—1219 年在任）主教的父亲高迪埃（Gautier）是菲利普·奥古斯特（Philippe Auguste）[8] 的近侍，他的两个兄弟分别是努瓦永教区和莫城教区的主教 [9]。获得主教任命一般标志着教会服务工作的圆满履行和教士生涯的顶峰。巴黎的历任主教都曾在本地或其他教区担任过重要职务，也因此积累了一定的工作经验。为了能够胜任大教堂主体工程建造期间的管理工作，莫里斯曾任约萨（Josas）的总执事，也曾在巴黎的主教座堂学校任教 [10]，欧德曾在其兄长亨利担任大主教期间的布尔日教堂担任乐监一职，彼得曾在图尔教会负责财务工作，纪尧姆曾于1220—1223 年在欧赛尔教区担任主教，巴蒂勒米（Barthélemy）曾在 1223—1227 年任沙特尔教区的总铎。[11]

参议会

巴黎的历任主教在履行职责时均会得到大教堂教务参议会的辅佐，这一传统可追溯至卡洛林王朝时期。在巴黎圣母院建造期间，由 51 名议事司铎组成参议会，负责管理大教堂的各项事务。[12] 每一位议事司铎就任宣誓时要承诺尊重这一团体和它的领导者，即总铎，尤其是要确保其成员的豁免

祭坛画《司铎团与天主圣三位一体》，位于半圆形后殿紧靠中轴线的墙面，15 世纪中期（J.-M. Lepelerie, ENSBA）

权，并保守参议会的机密。[13] 这一环节展现了一个教会团体所必需的精神凝聚力。同时，参议会这一形式也保障了教会团体能始终保持其行使的特权和地位。每一位议事司铎所拥有的资产包括其名下的财产和可供其支配的参议会收入。[14]

先暂且不提从社会学角度对 14 世纪之前的参议会所进行的分析，毕竟，当时半数以上的咏礼司铎都来自贵族阶层。同样，拥有大学学位的神职人员也数量过半，大多是在神学和法律领域，这就解释了为何参议会不仅可以成为名副其实的主教诞生地，也培养出了不少国王会议和国家议会的成员。[15] 对 14 世纪的司铎团进行的群体传记学研究显示了巴黎主教参议会所涉

及的关系网可谓盘根错节，无疑成为中世纪末期王朝各方势力竞相罗致的对象。[16]

选举和任命两相结合的程序可以令参议会与主教之间的权力关系更为紧密。议事司铎通过投票推选出他们的主教，而主教负责任命大部分司铎团成员。同时，他也负责保障参议会成员的资产与收入。但参议会不受主教管辖权的监督，拥有一定程度的自主权。教宗克雷芒七世，曾在巴黎圣母院任主教，他在14世纪时将管辖权延伸至教区层级，令其直接接受教宗管辖。[17]

作为参议会的负责人，总铎可对所有议事司铎和侍奉于祭坛处的神职人员行使其权力，他有幸能在西岱岛迎接巴黎教区的新主教。在面对重要决策时，只有他具有能与主教相抗衡的权力。在所有教规文件上，只有他的签名会出现在参议会的签章之前。

参议会的二号人物是大教堂的乐监，他不仅管理教堂的音乐相关事务，还要负责日常祭礼和重要典礼的筹办。在12世纪末，担任该职的彼得·尚托尔（Pierre le Chantre）被视为道德楷模，曾强烈谴责大教堂的装饰过于浮夸奢华和教会对于筹措工程钱款的工作漫不经心，这令他与司铎团的其他的成员，甚至与主教之间的关系相当紧张。[18]他身兼重任，不得不将一部分工作委托给新来的副乐监，著名的作曲家佩罗坦（Pérotin），也被后人称为"Pierre le sous-chantre"（副乐监彼

得）。他对巴黎圣母院的奥尔加农音乐形式和复调音乐的发展
做出了杰出贡献。[19]

大法官负责起草、密封、抄发由巴黎教会提交的法案，也负责
监督神学与其他对神职人员至关重要的学科的教学工作，因此
也是巴黎圣母院主教座堂学校的监管人。[20] 在 13 世纪，他在
巴黎左岸大学发展的过程中也发挥了重要作用。[21] 12 世纪—
13 世纪间的巴黎大法官均为著名的神学家，不能忽略他们对
巴黎圣母院的彩色玻璃与雕塑装饰主题所产生的影响。[22]

尽管在大教堂的修建过程中，准确地说是从 13 世纪中期开
始，主教和参议会之间有时关系紧张，但二者联手建造了一座
超越以往任何大型工程的新教堂。

财产管理委员会

修建全新的巴黎圣母院是一个庞大复杂的工程，需要建立一个
有力的行政机构来对其进行全权监管。相关文献资料显示，
在 1123 年，为了管理先前的修建工程，这类行政机构的雏形
已经出现。当时，一位有内廷总管头衔的议事司铎被委托管
理此工程项目的资金。[23] 此外，我们分别在 1130 年和 1195
年颁布的参议会法案的签署人一栏找到了佛霍门德斯内廷总
管（Fromundus camerarius）和拉杜弗斯内廷总管（Radulphus

camerarius）的签名。[24]

半个世纪后，巴黎圣母院建造工程的资金管理事务也本该由内廷总管承担，但这项雄心勃勃的工程不仅没能激发他们的使命感，反而令他们面对繁重的任务知难而退。1249 年，因无法找到合适的人选，总铎吕克·德·拉昂（Luc de Laon）与参议会共同决定将此重任交予三位议事司铎：胡戈·德·维里（Hugues de Viry）、彼得·德·科隆纳（Pierre de Colonna）和拉乌尔·德·谢弗鲁斯（Raoul de Chevreuse），命他们从司铎团中选出两位担任内廷总管一职，入选者不得拒绝此项任命，否则将面临 10 里弗尔的罚款。他们的任期至少一年，报酬为 14 里弗尔。一年之后，才可由另外两名议事司铎轮替。如此一来，所有参议会成员将轮流担任此职。[25]

《宣誓书》中最古老的一部分文字提及，在 1250 年前后，新入会的议事司铎需向财产委员会的负责人支付 15 弗罗林（译注：弗罗林是 14 世纪左右在欧洲流通的一种金币，1 弗罗林等值于 40 德尼）的款项。这段文字证明了教会财产委员会在那时就已经存在了[26]。1269 年，大教堂总务处收到的教会财产管理结算清单中总共记录了八笔账目[27]，其中包括了内廷财政账目，其下又分列了教堂和教会财产委员会的条目。在 1283 年的记录一栏明确提到了财产管理委员会。[28]

1335 年，委员会由两位专员负责管理，他们实则是两位议事司铎，一位由主教直接任命，另一位由总铎和参议会予以委任。[29] 这一时期的账目是现存已知最古老的关于教会财产管理委员会的文献资料。[30] 这份年度账目由另两位担此职责的议事司铎在施洗者圣约翰节（6 月 24 日）前夕发布，涵盖了接连两年圣约翰节之间的账目细则，详细记录了每一笔收入的来源和数额，以及用于维修、修复及装饰等不同工程的数额分配。这一文献资料可以让人们了解到一个负责大教堂和其他各类教会建筑物修建与维护的行政管理部门是如何进行运作的 [31]。

大教堂工程的资金筹集

自 5 世纪以来，教会法规定，每座教堂的收入和善款的四分之一应专门用于宗教建筑的维护和修理。[32] 这一预算可以出自主教或参议会的收入 [33]，也可以来自信徒捐赠的善款 [34]。尽管相关的文献资料并不齐全，但对不同收入来源的分析比较对我们当前的研究也颇具启发性。

神职人员的参与

除了参议会在 1209 年决定将 "财库保管人或负责此项事务的议事司铎所收缴的款项" 拨给大教堂或邻近的主宫医院修建工程之外，几乎没有任何关于神职人员为巴黎圣母院建造工程筹款的记载。作为主教的侍从，神职人员主要负责监督和维护圣坛及它的财库。[35]14 世纪初形势的变化令福尔克·德·沙纳克主教（Foulques de Chanac）在 1347 年规定，来自主教或参议会名下空置封地的三分之一收入应拨给巴黎教会的财产管理委员会。[36] 这笔资金对于大教堂的修建工程是不可或缺的，因为随着财产管理委员会收到的赈济锐减，必须找到一个足以填补资金缺口的收入来源以避免财务危机。

几乎所有记录在册的收入都来自神职人员的个人捐赠，其中大部分来自主教们。由大教堂修建工程的发起人莫里斯主教牵头，他的编年史作家特别强调，莫里斯捐赠的是自己的收入，而非是收到的善款。[37] 莫里斯还将遗产中的 100 里弗尔留给了财产管理委员会，专门用于大教堂铅制屋顶的修筑工程。[38] 他的两位继任者雷诺·德·科贝尔主教（Renaud de Corbeil，1268 年在任）和西蒙·德·布西主教所继承的遗产也是同等的数额。

参议会也是让修建工程款筹集到位的一大功臣。最早的捐赠者包括了 12 世纪末的总铎巴贝多（Barbedor）和乐监阿尔伯特（Albert）。前者捐赠了一个价值 15 里弗尔的彩色玻璃窗 [39]，后者为祭坛司祭席的修建工程捐赠了 20 里弗尔 [40]。1260 年左右，一位名为雷蒙·德·克莱蒙（Raymond de Clermont）的议事司铎捐出了迄今为止数额最大的一笔善款——1000 里弗尔 [41]，用于修缮圣马塞尔的圣龛。然而，实际上，这是主教、总铎和参议会所共同做出的决定，违背了逝者想捐赠给一间小礼拜堂的遗愿。[42]

每位新议事司铎都承诺在进入参事会的第二年支付 15 弗罗林，以获得教会财产管理委员会所授的圣袍，当然，也可以穿戴其自备的丝布长袍[43]。这笔圣袍费的数额会根据每年新入会的司铎数量而有所不同。1333 年，通过此种方式只征收到 14 里弗尔，其中的 2 里弗尔还是往年的欠款，而在 1340 年，财产管理委员会收到的款项达到了 114 里弗尔。[44]

在大教堂举行的葬礼仪式是教会的另一个主要收入来源，尤其当逝者要安葬在教堂的墓地时，就需要向财产管理委员会支付一笔相当昂贵的费用，而这笔款项是专用于大教堂神职人员的入殓相关事宜。司铎或高级神职人员，甚至主教在下葬时，会举行更为隆重的葬礼仪式，这也能为教会带来丰厚的收益，比如 1338—1339 年，森利斯的主教艾蒂安（Étienne）的葬礼就为教堂带来了 20 里弗尔的收入。[45]

大多数议事司铎都以捐建私人礼拜堂而闻名，比如吉尔伯特·德·萨纳（Gilbert de Saana）1288 年资助了礼拜堂和大教堂小礼拜堂的修建工程。这个小礼拜堂位于祭坛北侧的第四个跨间处。[46]总铎彼得·德·法耶尔（Pierre de Fayel，卒于 1344 年）就安葬在半圆形后殿中轴线一侧的回廊处[47]，离由他所捐建的祭坛围栏中部并不远。

来自祭台围栏的彼得·德·法耶尔总铎的雕像，约1344年，现藏于卢浮宫，雕塑部，Inv.LP 540（RMN）

但是，现有的文献资料几乎没有提及神职人员对大教堂主体工程的资助，仅能找到关于主教的个人捐赠的相关记录，如莫里斯主教捐建的铅制屋顶，纪尧姆主教捐建了北塔立面。那么我们该如何看待这种现象？究竟是文献资料的缺失，还是如实反映了在神职人员整体参与度不高的情形之下，个人对大教堂的修建工程却格外关注？

信众的参与

尽管来自神职人员的捐赠略显微薄，但信徒们可谓是慷慨解囊，来自他们的馈赠无疑成为教会收入的主要来源。可以说，正是由于从信徒处募捐而来的善款逐年减少，教士们才不得不在 1347 年将来自空置封地收入的三分之一交给财产管理委员会以填补教会的财政亏空。[48] 因此，神职人员需要更为积极努力地获得信徒的捐助。此时，一套在大教堂主体结构建造期间就已经建立起来的行政管理机制可以协助他们实现这个目标。自 13 世纪初，欧德主教已经设立了每年举办两次的教务会议，令其辖区内所有教区的神职人员在巴黎圣母院会聚一堂。如此，主教可以 "向教区的牧师们传达参事会的决议，指导他们，但同时也要确保教会规章制度的统一和神职人员的全员参与"[49]。

对于教会来说，借举行会议之机，可以督促所有神职人员向信众宣扬大教堂修建工程的重要意义以获取资助。纪尧姆·德·塞涅莱（Guillaume de Seignelay，1220—1223 年在任）主教为了实现这一目标不断向神职人员重申，要不遗余力地争取到信众的全力支持，甚至宣称要严惩没能"达标"的教士，并责令他们拟定捐赠者名单。[50] 关于此项对捐赠者进行系统登记的要求，即便无法确切得知在当时它是否行之有效，但也不能否认它应该还是激发了神职人员的积极性。13 世纪初，根据 1205 年的一份教会财产清单，我们可以看出，主教的决议可以直接传达至其教区下辖的 407 个堂区。[51] 主教会在议事司铎中选出总执事，代表他在巴黎总教区下设的三个总执事区行使职责，检查他所发出的各项指令是否得以贯彻执行。这样一来，不仅是原本就由主教直接管辖的几乎占整个教区总数量一半的 185 个堂区，就连另外 222 个堂区也直接受其统辖。这些堂区的神父人选一般由一间宗教机构如修道院、教士会议向主教推荐，之后便会蒙受主教的祝圣，接受圣秩。教会鼓励教区内的所有信徒积极参与教会活动，比如参观总执事所巡视的被委以管辖的堂区。

除了在教会之外的地点所举办的募捐活动，信徒们也可以前往大教堂，直接在现场捐献实物或银圆 [52]，例如，在 1190 年的文献资料 [53] 中就提到献给圣丹尼的募捐箱 [54]，或是在大教堂所举行的庄严仪式中，在祭坛附近所展示的教皇专用圣袍 "surceint" [55]。

教皇特使欧德·德·沙特鲁（Eudes de Châteauroux）在 13 世纪初明确指出，这些重要的供品主要由妇女提供，甚至可以说，正是她们所捐献的"oboles"（奥波尔，译注：法国中世纪货币单位，等值于二分之一图尔制德尼），"巴黎大教堂的大部分工程才能得以实现"。[56]13 世纪的作家托马斯·德·卡巴姆（Thomas de Cabham）也曾提到，在他所处的时代，妇女的捐赠用于制作教堂蜡烛这一古老习俗依然盛行，尤其是星期六晚祷仪式时使用的蜡烛。[57] 即便这些说法略微有些夸张，但也并不是完全没有根据。[58] 来自募捐箱的善款无疑是当时最重要的收入来源。1333 年教会的总收入为 1 252 里弗尔 19 苏 11 德尼，尽管对此我们还没能掌握更多的细节信息[59]，但能看到的是，仅募捐箱就为教会带来了 542 里弗尔 1 苏，至少占了总收入的五分之二。

为了鼓励信众更为积极地进行捐赠，主教们会接受信众的忏悔。具体的做法包括赦免那些为建造或修复教堂捐献了善款的人所犯下的罪责。莫里斯主教也采用过此种做法，而且没有像中世纪后期的神职人员那般过度使用。然而，实际情况表明，神职人员内部对此也没有产生统一的看法。塞泽尔·德·海斯特巴赫（Césaire de Heisterbach）报告说，一位名叫蒂博的高利贷者曾向主教咨询如何拯救自己的灵魂，主教居然建议他将自己通过高利贷积累的财富用于修建巴黎圣母院。彼得·尚托尔对此类事宜则更为谨慎，他建议将这笔不义之财归还给那些受害者。[60]

并非所有的捐赠都是以匿名方式进行的，有时，因为捐赠者的社会地位反而会将其广而告之。比如，教皇亚历山大三世的侄子让蒂尔（Gentil）[61] 在 1180 年左右向大教堂维修工程（ad opus ecclesiae reparandum）捐赠了 2 马克银（约 4 里弗尔），同时也向圣约翰教堂（应该是大教堂邻近的圣约翰勒隆教堂）捐赠了 1 马克银。在修建工程初期的 1160 年前后，骑士纪尧姆·德·巴雷（Guillaume des Barres）向大教堂工程和参事会分别捐赠了多达 50 里弗尔的善款。[62] 捐款数额大的捐赠者将被列入参事会亡者登记簿，并享有在逝世周年纪念日为其专门举行弥撒仪式的特权。对于像法国国王或者其王室成员这类有声望的捐赠者，他们所享受的待遇也不过如此。[63]

在本书后面的章节，我们还将继续探讨历任法国君主在大教堂重建中所扮演的角色，但应该指出的是，仅靠来自信徒的个人捐赠是不足以实现 1160—1220 年所进行的大教堂主体工程的。当时收到的数额最大的一笔捐赠 200 里弗尔来自路易七世，除此之外的每一笔款项均不超过 100 里弗尔。这样看来，与前面提到的来自历任主教的捐赠情况相似，仅靠这些捐赠难以支撑长达几十年不间断的建造工程，至少也要筹集到几万里弗尔。要知道，据纪尧姆·德·圣帕图斯（Guillaume de Saint-Pathus）在 13 世纪末的估算，建于 1243—1248 年的圣礼拜堂大约花费了 4 万里弗尔。[64] 英国国王亨利三世曾为威斯敏斯特皇家修道院的修建工程提供了相当于

42 000 里弗尔的资金，该修道院的祭坛和横厅部分都是在其治下的 1243—1272 年修建的 [65]。

将大教堂工程与兰斯的圣尼采斯修道院（L'abbatiale Saint-Nicaise）的修建工程相比较，对我们来说更具启发性。后者是相当罕见的建于 13 世纪且至今还存世的建筑之一。根据半个世纪间——1231—1282 年的文献记载，它的工程总造价高达 50 940 里弗尔，相当于每年的开销约为 1 000 里弗尔。但实际上每年的花费逐渐增多：前十年平均每年约 500 里弗尔，从 1242 年起上升至每年 1 200 里弗尔，1253 年是 1 500 里弗尔，1258 年为 2 000 里弗尔。支出的增加与建造工程的日益复杂程度无疑是成正比的，初始阶段的工程仅需要掌握基本技能、拿较低工资的工人，成本不高 [66]，但随着修道院越修越高，不仅需要起重设备，还得雇用专门的技术工匠，成本也因此越涨越高。

虽说从规模上来看，兰斯圣尼采斯修道院难以与巴黎圣母院相提并论，但其备受重视的程度也不容小觑。[67] 即便是像巴黎圣母院这般规模的建造工程，也没有达到超支几乎两倍之多的程度，相当于每年约 2 000 里弗尔的费用。巴黎圣母院仅主体工程就耗费了从 1160 年到 1240 年 80 年的时间，建筑工程的总造价约为 16 万里弗尔。

尽管来自神职人员的捐赠不能忽略不计，但也不能否认其确实是微不足道的，根本不足以支撑如此漫长、庞大的建造工程。在这种情况下，来自教区信众的捐赠就成为不可或缺的资金来源。

14 世纪前，几乎无法对教区人口进行精确的估算。在 1328 年针对税收状况所进行的第一次大规模调查中，统计到巴黎教区共有 61 098 个纳税主体，这已经超过了巴黎子爵领地中纳税主体总数（113 886 个）的一半。这一领地所拥有的堂区比巴黎教区多了 160 个，总共有 567 个堂区。按照每个纳税主体约等于 3.5 名居民来进行计算，子爵领地的总人口约为 40 万，巴黎市区的居民总数量约为 20 万，那么我们可以此来估算巴黎教区的人口数量约为 287 000。到了 13 世纪中叶，巴黎市区的居民人口数量约为 16 万 [68]，那么巴黎教区下辖的 407 个堂区的总人口可估算约为 25 万 [69]。那么，关于 12 世纪中叶的实际情况究竟如何，我们至今还难以推测。但当时教区的总人口数量可能已经超过了 10 万。我们可以试着在此基础上对积极响应教会号召慷慨解囊的信众数量和巴黎圣母院主体工程的总造价的比例进行较为保守的推断，可以说，在长达 80 年的建造工期间，平均每人每年捐赠了 2 德尼 ~3 德尼，分摊到个人，相对来说也不至于产生很大的经济负担。那么，该地区的经济发展因大教堂的频频修建而遭受"灭顶之灾" [70] 这一说法的甚嚣尘上又是从何而起？其实，即便如巴黎圣母院般规模的修建工事，也要依靠教区信众的集体参与才能实现。

可以说，巴黎圣母院建造工程的匀速进展足以为巴黎圣母院并不缺乏资金支持这一论断提供有力的支持[71]：祭坛的建造工程花费了20多年，横厅和中厅与之相比则工期略长。在中厅完工之前，正立面工程已经开始。双塔的修建进行了40多年，相较而言，在几个世纪里，其他各地的大教堂在修筑正立面时，没有一座能完成双塔的修建，有些甚至直到今天还没完工，比如苏瓦松（Soissons）、桑斯、莫城、欧塞尔或特鲁瓦等地的大教堂。当巴黎圣母院的工程已经开始按部就班地进行大规模的改建，如扩大上部的高窗、加建侧翼的小礼拜堂、修建横厅的外立面，与其同时代的其他类似的修建工程却已显露出偃旗息鼓之势。

我们当然不能忽略被美好图景所掩盖的大部分社会现实，但也必须承认，当时的社会整体环境为巴黎圣母院的修建创造了非常有利的条件。它坐落于一个各方面实力强盛的王朝都城的中心位置，其所在的教区经济发展繁荣，拥有充足的财力以承担如此规模的修建工程。从这一点来说，它与十年前建造的森利斯大教堂形成了鲜明的对比。其实，森利斯大教堂的重建项目也得到了路易七世的全力支持。他早在1155年就宣布要重建森利斯大教堂，并向大主教、主教和教士们发出君主制诰，要求他们为这项工程筹集资金。为此，他还为他们举荐合适的捐赠者、王室特许状或森利斯教会圣物的持有者。但无奈森利斯教会的资源有限，教区面积又小，无力独自承担此项重任。[72]

与现存来自同一时期其他大教堂的收入账目相比，巴黎主教座宫的收入显然要高得多，可以说是相当富足。在 1333 年，其数额就超过了 1 250 巴黎铸里弗尔（译注：在巴黎铸币比图尔货币的价值高四分之一）[73]，而同时期的特鲁瓦大教堂（Troyes cathédral）仅有 324 图尔铸里弗尔 [74]，还不及巴黎圣母院年收入的四分之一。在努瓦永，从 1333 年 8 月 1 日至 1334 年 3 月 7 日的七个月间，大教堂的财产委员会账目显示有 132 里弗尔的收入 [75]。按年收入计算，也就是区区 220 里弗尔，不及巴黎圣母院年收入的五分之一。对于后者的账目，我们仅有 1333 年和 1367 年的总收入记录，分别为 1 252 里弗尔 19 苏 11 德尼和 828 里弗尔 4 苏。这两年的收入相差三分之一，也从侧面说明即便是巴黎圣母院这般声名显赫的大教堂，它的收入来源也并非持续稳定，这也无疑会对修建工程的进展产生直接影响。

1220 年左右的大教堂。祭坛、横厅和中厅的东半部已经完工。此时的工程的重点
是外立面的修建，此图中能看到，施工所需的脚手架已搭至正在修建的玫瑰窗高
度和中厅的前两个跨间处 (J.-C. Golvin)

第二章

工程管理与施工现场

在工程建造管理层面，主教要和参议会紧密合作，建筑师也需要与其所领导的团队步调一致。不同于历任工程业主的名垂青史，作为工程总管的建筑师直到 13 世纪中叶大教堂的主体工程竣工之时，才得以留名于世。这座建筑丰碑的存世就足以证明了建筑师的才华横溢及其麾下建筑团队的精湛技艺。

工程总管：一个万众瞩目的角色

与 12 世纪末和 13 世纪初的大多数宏伟建筑的缔造者一样，巴黎圣母院的建筑师在主体结构建造时期还不为人知，直到 13 世纪中叶世人才逐渐对他们的职业生涯有所了解。[1] 他们突然从默默无闻摇身一变，成为造就辉煌的风云人物，被世人所称颂。建造巴黎圣母院这项重任自然要委以最顶尖的人才，例如谈到 14 世纪下半叶建筑史必然会提及的大师级人物雷蒙·杜·坦普尔（Raymond du Temple）。

施工现场各类工程负责人称谓的频繁变换展示了相关职业历经两个世纪的不断变迁最终获得其相应社会声望的过程：在十二三世纪，"cementarius"（泥瓦匠）与"lathomus"（石匠）分别获得了"师傅"的头衔。1275 年，在参议会的年度报告中曾提到两位"师傅"头衔的工匠（一名石匠和一名木匠），这无疑是对其社会地位的一种认可。报告中规定他们必须每年到访一次参事会的驻地。[2]14 世纪初，出现了"巴黎圣母院教堂建造师"这一提法，可以说是专指巴黎圣母院教堂建筑工程的首席建筑师（magister fabrice ecclesie Beate Marie Parisiensis）。从 14 世纪 60 年代起，随着雷蒙·杜·坦普尔的出现，"工程总管"这一头衔似乎已经开始确立。这种绝非线性发展的语义演变见证了历任建筑师日益上升的社会声望。其最终获得了令人艳羡的行业地位，成为君主等王室成员身边甚至巴黎城中的红人。[3]

鲜为人知的一个世纪

从 12 世纪 60 年代到 13 世纪中叶，我们唯一得知的一位泥瓦匠或石匠名叫利卡度斯（Ricardus），他的签名出现在 1164 年一份与尚博（Champeaux）什一税缴纳有关的参事会文件的证人一栏。但我们无法确定他所参与的工程是巴黎圣母院，还是属于其下辖的尚博圣马丁教务会议。单凭一个人名并不足以让我们了解他所从事的工作。值得一提的是，从莫里斯主教任期之初，其周围的各式工程人员之中有一名木匠负责与大教堂相邻的主教宫的修建[4]，尽管籍籍无名，这位工匠师傅实际上已经出色地完成了自己的本职工作。

对建筑物进行详尽的分析可以帮助我们了解巴黎圣母院建造过程中所发生的种种变化，它们很有可能是随着建筑师的更换而产生的。例如，位于祭坛与中厅之间墙体的造型变得更为朴素，用扁平的壁柱替换了支撑柱上的小圆柱。在巴黎圣母院主体工程持续进行的八十年左右时间里，即从 12 世纪 60 年代之初的地基修筑到 1245 年左右外立面双塔钟楼的完工，显然已历经了好几位建筑师之手。对于我们来说，很难去确定其具体姓名与数目。如果放眼整个建筑，对其不同施工现场的变化进行分析，通常认为有多达五位建筑师曾参与其中。[5] 第一位应该为大教堂做出了整体建筑规划设计，修建了祭坛的底层，并开始建造圣坛屏。第二位则继续修完了祭坛的最后三层，并且从北侧开始对中厅施工，推进了三个跨间。他还在 1170—1190 年建造了西立面的北端。

第三位建筑师主要活跃于 1190—1200 年，中厅南侧的最后三个跨间应该也是在他的主持下完工的。他还令斜拱朝向圣坛屏之外，并在屏栏面向主殿的那侧开凿了圆窗。此外，还加强了西侧台基结构的稳定性，将位于西立面南侧钟塔和现在的管风琴台的砖石部分都修至第一层的高度。第四位建筑师则将西立面修到了玫瑰花窗的高度并将中厅西侧的跨间修建得更为高大，远胜于其余跨间。他于 1225—1230 年卸任。第五位建筑师在 13 世纪中叶之前完成了西立面众王廊和钟塔最高一层的修建。可以说是他改建了高窗和扶壁的部分，并在中厅北面建造了最初的几间小礼拜堂。

在缺乏精确数据的情况下，必须承认我们很难准确地将建筑工程的设计变动与具体某位建筑师的工作建立起直接的联系。虽说重大的变动可以理所当然地解释为是新任建筑师的决定，如祭坛和中厅交界处的变化，但诸多较小的变动就难以进行解读了。

名人堂（13 世纪中叶至 15 世纪初）

到了 13 世纪中叶，约翰·德·谢尔斯可谓开创先河，成为大教堂工程第一位持证上岗的建筑师，这一点也被铭刻在横厅南侧外立面底部的长碑之上。可以说，由维奥莱勒杜克主持的修复工程也是在这位建筑师所留下的文献资料的指导下进行的 [6]：

Anno Domini MCCLVII mense februario idus secundo hoc fuit inceptum Christi Genitricis honore Kallensi lathomo vivente Johanne magistro.

（基督纪元 1257 年 [7]，2 月 12 日，为纪念天主之母而立，由石匠大师约翰·德·谢尔斯所筑建。）

得到了官方的认可，约翰·德·谢尔斯就不再是一个简单的石匠，而是"maître-maçon"——石匠大师，这个词在中世纪末之前多指建筑师"architectus"，一般仅用于文学领域。这段碑文是我们能够了解谢尔斯唯一可靠的线索，他的名字"Jean de Chelles"最多只能告诉我们他的家乡位于巴黎东北部一个总铎座堂的所在地"Chelles"，也拥有一座古老的本笃会修道院。[8] 将建筑师的名字铭刻在大教堂南侧西立面的基座这个堪称中世纪格外繁忙的主教宫庭院之内的重要位置，也彰显出建筑师因这项伟大工程所获得的至高荣耀。

正如在其他各地见到的类似情况：比如，在兰斯和亚眠的大教堂里，我们能在 13 世纪末铺就的石板地面迷宫上找到其修建工匠大师的名字。在亚眠大教堂，有一块碑文应该也记录着类似的内容，但遗憾的是，因过于残破而无法令第一批对其开展研究的历史学家进行辨识。在巴黎圣母院也有类似的状况，在横厅南侧立面镀金圣母之门的上方铭文之中似乎也提到了一位建筑师。[9] 对于是谁提议在谢尔斯辞世之后以此种方式来铭记他的功绩，我们不得而知，究竟是当时的主教雷诺·德·科贝尔，大教堂参议会，还是接任他的建筑师？

不少人认为极有可能是后者——彼得·德·蒙特勒伊（Pierre de Montreuil），当然，也有可能是三者的共同提议。彼得确实在 1265 年任巴黎圣母院的建筑师一职，并于两年后辞世。[10]

刻在横厅南侧外立面底部的铭文明确提到了作为建筑师的约翰·德·谢尔斯的名字（A. Tallon）

可以说，关于他的种种记载，可能在巴黎甚至整个王朝的历史脉络中首次清晰地勾勒出了一名建筑师的职业轨迹。他为大教堂工程所立下的汗马功劳无疑是其职业生涯中最夺目的桂冠，彼得的墓地就位于由其本人所建的圣日耳曼德普雷修道院圣母教堂之内，其墓志铭所言：

Flos plenus morum, vivens doctor lathomorum, Musterolo natus, jacet hic Petrus tumulatus.[11]

（美德之花，石匠圣师，出生在蒙特勒伊的彼得在此沉眠。）

石匠圣师的荣衔在中世纪与今天大学的学位相当，它代表顶级的建筑师所获得的最高荣誉，被认为与当时最资深的学者地位相当。对此，可能还有一种解读，那就是墓志铭背后所暗含的也可能是此地教堂神职人员对巴黎大学学者的嘲讽，当时，双方之间频频发生矛盾与冲突，也许，他们是以此来戏谑巴黎大学的学者头衔。[12]

蒙特勒伊应不晚于 1215 年左右出生，逝于 1267 年，来自巴黎附近的蒙特勒伊苏博（Montreuil-sous-Bois），曾在 1239—1244 年建造了圣日耳曼德普雷修道院的食堂，随后在 1245 年和 1250—1255 年又为其建造了圣母礼拜堂。也正因如此，他享受到了罕见的特权，作为一名非教徒却能够葬在教堂的墓地，他的妻子在 1276 年去世之后也与他一同葬在此地。[13] 1247 年，他的名下有一栋位于圣丹尼（Saint-Denis）班尼提尔（Panetière）广场的房产，但这并不意味着他曾参与了邻近的修道院教堂的修建工程。[14] 蒙特勒伊家境应该较为富裕，这一点从他名下持有的房产记录可见一斑：1263 年在卡尚（Cachan）拥有一栋房子，1265 年他曾将一块土地卖给了巴黎的卡尔图斯修道院，这块土地就位于沃维尔（Vauvert），紧挨着圣路易王所赐封的修道院专用地，也是今天卢森堡宫花园的所在地。[15]

这些蛛丝马迹为我们拼凑出一位伟大建筑师在 13 世纪中叶的境况，他所参与的工程是当时最受瞩目的建筑项目，他既是承建商又是建筑师，这一点可以从他名下的采石场得到证实。同时他也是一名专业人士，在 1260 年曾接受国王的咨询，为一桩房产纠纷提供专业建议。[16] 但显然，他是作为一名建筑设计师而被载入史册的。如今，由他所建造的无论是教士食堂，还是圣日耳曼的圣母礼拜堂都已荡然无存，仅剩附近的一小部分遗迹，如劳伦布哈驰（Laurent-Prache）广场，以及如今作为法国国家中世纪博物馆一部分的礼拜堂大门。他仅存于世保存得最好的作品无疑是巴黎圣母院的南立面：由谢尔斯始建，蒙特勒伊所完成的部分因其对雕刻艺术独特的处理手法，突显了其鲜明的个人风格，这在中厅北侧的最后几间小礼拜堂中也有所体现。[17]

我们在巴黎圣母院的建筑内应该找到了至少是这两位建筑师之中一人的图像资料—— 一位身着平民服饰的男人半身像，就位于横厅北侧外沿西南角跨间的尖拱托座之上（见 59 页图）。[18]

值得一提的是，蒙特勒伊在参与巴黎圣母院的建造工程之前，曾为其潜在的竞争对手之一：圣日耳曼德普雷修道院修建圣母教堂。这究竟是个巧合还是巴黎圣母院的成功"挖角"，我们不得而知，但对人才的需求显然比参事会与其前任雇主之间的关系要重要得多。一个多世纪之后的 1370 年，大教堂参议会的总铎在一位议事司铎和建筑师雷蒙·杜·坦普尔的陪同下，曾前往其另一位竞争对手圣丹尼修道院去查看珍藏在那里的圣龛，之后放置在巴黎圣母院圣所之中的圣龛要以此为原型进行重造。[19]

人物半身雕塑位于横厅北侧外沿西南角跨间的尖拱托座之上（A. Tallon）

14 世纪初，一份关于前往沙特尔圣母院专家考察行程的文献资料曾提到一位名叫彼得·德·谢尔斯（Pierre de Chelles）的建筑师，他拥有"巴黎圣母院教堂工程首席建筑师"的头衔。这次考察的目的是对横厅拱顶的工程进行评估。除此之外，谢尔斯还同时拥有"巴黎市及其近郊建筑工程建筑师"（magister civitatis et suburbii Parisiensis）的头衔 [20]。此次，他是陪同国王的建筑师约翰·德·肖姆（Jean de Chaumes）到沙特尔考察，后者将参与西岱岛王宫的建造工程，尤其是由菲利普四世所委托的王宫主殿的修建。[21] 在此之前的 1298—1307 年，谢尔斯也曾应国王的委托在圣丹尼为其父菲利普三世修建了陵寝。[22] 对于国王与谢尔斯是否有私交我们不得而知，但即便是有，也并不稀奇，毕竟与"王朝"相关的建筑项目层出不穷，几乎以一己之力支撑了中世纪后期整个建筑行业的蓬勃发展，那么，作为巴黎圣母院的建筑师，当时在业界必然也是相当地活跃。

应该是谢尔斯完成了巴黎圣母院呈辐射状分布的大部分小礼拜堂的修建，其完工的时间可与他在大教堂的工作时间相吻合。[23] 也很有可能是他修复和加固了通往横厅东侧祭台双重回廊的拱廊砖石结构，以及主持了祭坛南侧大拱门的第二根支柱和用以分隔祭台南北两侧过道的第一根支柱的修复。[24] 至少，对祭坛处扶壁的修复一定出自谢尔斯之手。1318 年左右，谢尔斯被另一位建筑师约翰·拉维所取代，后者直到 1344 年为止，一直担任巴黎圣母院建筑师一职。[25] 他完成了北侧一系列小礼拜堂的修建，也继续了祭台围栏屏处的工程。他辞世之后，被安葬在北侧围栏屏的底部，他的跪像就置于神职人员出入祭台的门栏附近（见 62 页图）。其上的铭文记录了他的功绩：

> 约翰·拉维在担任巴黎圣母院建筑师的二十六年间开创了新的历史篇章，他的侄子约翰·勒·布提勒（Jean le Bouteiller）则于 1351 年为这一阶段画上了句号。[26]

根据这段文字，我们可以得知他的侄子约翰·勒·布提勒接手了他的工作，完成了祭坛围栏屏的修建。但也许是因为其能力有限，约翰·勒·布提勒于 1363 年卸任，具体原因文献资料中并没有提及。参议会当时希望蓬图瓦兹（Pontoise）圣母院的建筑师来取代他的工作，至于后者的名字，也完全没有记载。[27]

最后一位建筑师是雷蒙·杜·坦普尔，他在 1359 年还只是约翰·勒·布提勒的助手，却在 1363 年直接接替了布提勒的工作，成为工程的总管。他很快就成为王朝中最著名的建筑师之一。[28] 事实上，他不仅主持了巴黎圣母院的修建工程，而且被任命为国王的建筑工程总管，主持了皇家卢浮宫、文森城堡的修建和维护工程，以及巴黎市区的诸多建筑工程，比如博韦学院[29] 等。尽管他在西岱岛皇家圣礼拜堂（Sainte-Chapelle）北翼所建的"圣路易"小礼拜堂也曾备受争议[30]，但可以

说，巴黎圣母院建筑工程总管一职只能由王朝最顶尖的建筑师担任。

在工程现场，坦普尔首先进行的是建筑的维护和修复工作，其中一部分的工程量相当之大，比如要将祭坛周边小礼拜堂的尖顶替换成石板平屋顶。[31] 根据仅存的几份当时的教堂账目，我们可以得出这样的结论：坦普尔与其之前历任建筑师一样，对建筑工程确实拥有丰富的理论知识和实践经验，足以监督工程项目的进行，但从严格意义上来讲，他所完成的并不是建筑师的工作，而是承担了建筑工程项目总管的责任。文献资料显示，他在1361—1362年担任圣母院建筑工程总管之前，还在为大教堂雕刻尖顶，这无疑展示其作为一名石匠所拥有的精湛技艺。在1370年，正如上文所提及的，他与一位金工匠和一位木匠一同到访圣丹尼修道院，在总铎和议事司铎的陪同下查看修道院所珍藏的圣龛。当时巴黎教会正在考虑以这些圣龛为原型，重造巴黎圣母院的圣坛处所要放置的圣龛。[32]

坦普尔还在1384年负责重建了主宫医院的圣克里斯托夫礼拜堂。该工程由货币兑换商欧达尔·德·莫克雷（Oudard de Maucreux）出资，与大教堂西立面仅有几步之隔。1400年，坦普尔在其子的协助下，按照彼得·德·奥格蒙主教（Pierre d'Orgemont）的要求，对主教宫进行了修缮。坦普尔和他的家人当时就住在参议会的内院之中，那是教堂财产管理委员会名下的一栋房屋。[33] 他于1405年左右在此地辞世。他的儿子约翰（Jean），曾在过去数年一直协助在其左右，顺理成章继承了他在大教堂工程中的职位。其实其子在1402年4月18日就已经成为国王的建筑总管，坦普尔曾强调说，"在我的言传身教之下，从专业领域来看，他已经成为一名出色的建筑师 [34]"。也许是望子成龙的心态让坦普尔没能客观评价其爱子，事实是其子并没能留在这个职位上。他于 1415 年卸任。参议会随即任命了当时国王的建筑工程主管亨利·布里切特（Henry Bricet）并在同年 2 月 4 日举行任命仪式 [35]：

> 在座的各位已达成一致意见决定任命亨利大师为巴黎圣母院及其附属建筑工程的总管，他拥有除了决定薪酬、税款、利润等事项之外的所有工程相关事项的决定权……为了令亨利大师在上述条件得以满足的情况下就任此职，我们命令所有相关官员要尽力确保他享受上述职位所带来的各项权益，令工程得以顺利开展。

我们对建筑师在当时的培训体系几乎一无所知。毫无疑问，他们的专业能力是以理论知识为基础的，特别是在几何学方面。从 12 世纪起，巴黎最著名的学校就开始为未来的建筑师提供相当实用的培训课程。[36] 但无疑，对核心知识的掌握需要通过在建筑工地的实践工作而实现，这也解释了为何在巴黎及其他建筑工程密集的地方能频频诞生如谢尔斯、坦普尔等大师级的建筑师，这绝非世袭传承的天赋！

施工团队

这座哥特式大教堂的建造工程需要许多专业技术工匠的参与，他们在建筑师的指导下，或单独或以团队形式展开工作，其工种涉及建筑行业的各个方面。由于缺乏从 12 世纪至 13 世纪该建筑工程进展最为迅猛时期的文献资料，我们对实际参与工程的工匠情况一无所知。但可以试着参考其他类似工程的文献资料，例如坎特伯雷大教堂从 1174—1184 年的祭坛重建工程，历时十年。由于资金短缺，尽管个别工程可能还略有进展，但整体工程曾在 1183 年全年被迫中断。[37]

对于其后的状况，在现存来自 14 世纪教堂财产管理委员会零散的账目记录中隐约可知，与建筑维护和令其紧随时代潮流的相关修饰工程一直都没停歇。[38] 依旧有几十名来自不同阶层的施工人员依然坚守岗位，在除了公共假期之外的一周六天的工作日按时上工。对于在周日还工作的人们也给予了相应的实物补偿，如 1381—1382 年会为在这一天参与搅拌灰泥工作的工匠们提供葡萄酒。[39]

这一时期的文献资料中，开始出现了一些著名艺术家的名字，在当时，他们并不总是有机会参与如此大规模的建筑工程，仅承担个别的修复工作。在同一个建筑工地，各种活动相互混杂其实有利于各领域本就多才多艺的参与者之间的交流。如同之前曾提到的建筑师的情况，不少艺术家也是身兼画家和雕塑家的双重身份。这与委托业界最出色的专家来处理某种特定材料或完成重要工作并不冲突。以金工工艺为例，与之相关的工程造价无疑是最昂贵的，通常与 14 世纪进行的大教堂圣坛翻修工程有关。[40]

在坦普尔的指导下，约翰·德·奥尔良（Jean d'Orléans）于 1371 年在主祭坛周围重新绘制了五名天使。奥尔良贵为国王的御用画师，也为贝里（Berry）公爵和勃艮第（Bourgogne）公爵作画。他于 1361 年从父亲吉拉德·德·奥尔良（Girard d'Orléans）手中接过此职。[41] 其子也在 1407 年接替他成为新一任国王的画师。奥尔良曾向大教堂财产管理委员会捐赠了一笔高达 20 弗罗林的善款 [42]，毫无疑问，此时他已经积极参与了大教堂工程。如同之前所提到的，在担任大教堂工程总管的同时，建筑师可兼任王室建筑工程总管，同理，画家也可以身兼几种高职，这从侧面揭示出当巴黎圣母院任命工程总管之类的高级职位时，会优先考虑已在王室身居高位的候选人。在一份 1391 年的职业改革文书中，约翰·德·奥尔良在一份有 25 位画家和 5 位雕塑家的排名名单上名列首位。[43]

然而，大部分参与大教堂工程的艺术家都不为人所知。唯一活跃在 13 世纪中叶之前且留下姓名的是一位叫斯蒂芬斯·德·博伊斯（Stephanus de Boisses）的艺术家。他的签名留在了欧德·德·苏利主教的青铜棺墓之上。该棺墓应该在 1208 年主教辞世之后不久便被放置在祭坛的中心位置。[44] 这位雕塑家和他的作品可以与雨果·德·布莱利（Hugues de Plailly）的两件留有其签名的艺术杰作相提并论，一件是放置在侯叶瓦修道院，于 1221 年之后为国王顾问巴蒂勒米·德·侯叶（Bathélemy de Roye）所建的青铜棺墓，另一件是为英格堡王后（Ingeburge）所建的青铜墓，她于 1236 年葬于由她所创立的科贝尔（Corbeil）修道院的封地内。[45]这些已消失于世的作品堪比亚眠主教埃弗赫·德·弗耶罗伊（Évrard de Fouilloy）和杰弗里·德·杜（Geoffroy d'Eu）的棺墓——这两位主教均支持亚眠大教堂的重建工程，他们的棺墓也因此被存放在大教堂的中厅。

在建筑工地工作的石匠、木匠、铁匠、玻璃工匠等各式工匠拥有一栋工棚，用以存放工具，在天气恶劣时也可作为工作间使用，附近就有一个锻造炉。

这间工棚首次出现在文献资料中是 1283 年，当时，拥有管辖权的大教堂参事会与主教身边的神职人员发生了冲突，因为后者在圣母升天节前夜没收了存放在工棚的军械。[46]14 世纪的教堂账目中时常提到在工棚中制作的雕刻作品，由此不难想象，这里应该经常能看到热火朝天的工作场面。不确定的是，不知道它是否就是那间在 14 世纪末曾被多次提及，在 1378—1379 年用于铸造玛丽钟的工棚。[47]据文献资料，这间工棚位于圣丹尼杜帕（Saint-Denis-du-Pas）附近，坐落在大教堂后侧，占据了原先小内院的空间。

于 1208 年辞世的欧德·德·苏利主教的陵墓，绘画作品，17 世纪，藏于法国国家图书馆，coll. Gainières, ms. Lat. 17040 (BnF)

作为施工现场的总负责人，建筑师拥有最高管理权。他作为建筑工程总管直接向组成工程团队的所有工匠（石匠、木匠及装饰装修队等）下达指令。这一重任有时也会被临时委托给一位被誉为"巴黎圣母院工艺大师"、名叫盖林（Guérin）的木匠，其在 1334 年拥有一栋位于克鲁瓦德费尔（Croix-de-Fer）的房产。[48]

尽管身兼数职令建筑师无法长驻工地，但他还是要确保工程在按部就班地进行。在 13 世纪末，出现了"总监"（appareilleur）这一术语，专指建筑师在建筑工地的副手。在 1292 年的《巴黎工匠登记簿》中能看到一条关于"mestre Pierre l'appareilleur"（彼得总监先生）的记录，上写明他住在西岱岛，就在圣克里斯托夫教堂后殿旁边，离大教堂的建筑工地仅有几米远。[49] 总监需要根据建筑师的规划设计图制作木制建筑模型，然后再由木匠和石匠依据模型在实际材料上进行制作、组装。这位总监很可能负责管理工地上的石匠，为他们提供他所制作的建筑模型。

13 世纪末，当建筑的技术性在力量性与平衡性之间的巧妙互动和通过不同元素的造型表达之中表现得更为复杂，各种专业技艺就变得更为不可或缺。可以明显看出，祭坛位置跨度超过 15 米的飞扶壁，需要高超的石匠技艺去完美布局、切割每一块石材才能实现。这种技术也适用于窗格的设计或祭台扶壁顶架的石材切割。

针对本书所涉及的历史时期，我们没能找到任何关于工匠数量和来源的确切信息。在施工高峰期，工地可能有超过一百名工匠，这还不包括那些无须任何技能的工种，比如挖地基沟的工作。

但关于某些特殊状况还是能找到相关记载，比如 1396 年在重铸玛丽钟时，教堂财产管理委员会无法提供其所需的必要设备，因此在巴黎市征用了 17 个锻造风箱，用于在大教堂后殿小内院区域的熔池中熔化金属。[50]

大部分工匠应该来自本地或本省，甚至其他国家。14 世纪的文献资料曾提及，一位来自英国的石匠雨果·安格利库斯（Hugo Anglicus），制作了祭台扶壁顶架的其中一个尖顶。[51] 14 世纪 30 年代，一位来自蒙彼利埃的金工匠约翰·德·蒙彼利埃（Jean de Montpellier）制作主祭坛的镀金装饰屏。[52] 这表明在当时该建造工程吸引了更远的人口。当然，这一特点并非巴黎大教堂所独有。[53]

各式材料及其使用

根据 14 世纪教堂财产管理委员会的账目记录 [54]，我们能大致描绘出在大教堂修缮和翻建现场所进行的各项工程。

石料

石料的供应是一项重大开支，它们主要来自巴黎周边各地的采石场，埃弗里（Ivry）、查宁顿（Charenton）、詹蒂利（Gentilly）或圣马塞尔（Saint-Marcel）[55]，当圣日耳曼德普雷的采石场停工时，也有部分石料来自瓦兹河谷的圣卢埃森特（Sancto Lupo de Serans）[56]。石料除了以货车通过陆路方式运输，多数情况是取水路，每一船通常能装载几十桶的建材。通过大教堂雕塑的类型及其尺寸，我们可以确切得知其材质为粗粒石灰岩或巴黎（地区特产的）石灰岩，这就意味着在当时的情况下，石料在采石场已经进行了切割或至少经过了粗加工：用于制作尖顶（无论大小）、尖顶花饰（epiz）、大型石块、石灰岩板的石料，在1363年的价格是每土瓦兹（法国旧时长度单位）两法郎的价格，比起用作他途的石料要贵得多。

一般来说，对于类似昂贵的石料，都是按度量单位或土瓦兹进行支付，其余更为普通的石材，则以车或桶为单位进行计价。可以推测，石料的价格每年都在波动：以一车用于铺设大教堂周围地面的石料为例，其在1391—1392年的价格是7苏的话，次年则只需花费6苏。

需要更复杂加工工序的石料切割是在工地的工棚中所完成的。1335年，雕塑家雨果·安格利库斯雕刻四块来自詹蒂利采石场的大型石料所获得的报酬是4里弗尔，次年又因雕刻了四块

两法尺宽的巴黎石灰岩（quatuor lapidibus de franc）而获得了
25 苏的报酬。[57]1362—1363 年，就在雷蒙·杜·坦普尔被任命
为建筑工程总管的几个月之前，他雕刻一块用于飞扶壁尖顶花
饰顶端部分的石料所获得的报酬是 60 苏（相当于 3 里弗尔）。[58]
他精湛的雕刻技艺和这项工程的技术难度足以解释他为何获得
优厚报酬。

巴黎圣母院于 14 世纪完成的修筑工程主要涉及维护和修复
工程，其中 1392—1393 年修复小内院时使用了石膏材料。[59]
在 1381—1382 年所进行的工程中，人们已经开始将石灰与瓦
片粉混合，所得到的砂浆涂以油膏可用来防水，这无疑是为平
台或排水管的修建所做的准备工作。[60]

像巴黎圣母院这样的建筑，一直以其在建造技术层面所实现的
伟绩令世人所惊叹。其拱顶的高度——祭坛和中厅分别高达 31
米和 33 米，堪称当时的最高纪录。它庞大的建筑规模备受瞩
目，因为其同时又拥有极为轻薄的结构，将墙体厚度减至 80 厘
米。从坚固性来看，它与沙特尔大教堂相差甚远，后者在一个
世代之后便超越了巴黎圣母院的规模，也并没有在建筑工艺上
承担多少风险。最新的研究分析表明，祭台处的拱顶厚度可能
不超过 10 厘米，其外饰的精细程度也止步于此了。

飞扶壁作为令巴黎圣母院建筑结构达到平衡的一个重要构件，
其跨度约 15 米，几乎是之前甚至是今天所能达到的长度的两

倍，其祭台处飞扶壁的修建可追溯至 12 世纪 70 年代，再度力证了这一工程的史无前例。[61] 它们是如此的精细纤巧，最大程度地减少了其切面的厚度。

工程现场的施工团队对其所使用的不同类型的石料的质量了若指掌。[62] 采用立砌法所建造的细柱达几米高，它们沿其岩石层理方向垂直竖起，状若尖顶，尤其是位于西立面廊台高窗处的那些，令人叹为观止。玫瑰圆窗的窗棂也展现出了相当精巧的设计。正如建筑师维奥莱勒杜克所指出的，相较于横厅的玫瑰窗而言，位于西立面的玫瑰窗向我们展示了其成功地将石质窗棂所占的比重大幅减少 [63]，尽管前者曾由于其尺寸和工艺在 14 世纪初得到了约翰·德·詹顿的颂赞。

木料

建筑工地上所消耗的木料数量庞大，这足以说明木工的举足轻重，其职责是监管大规模的工程项目，尤其是要确保屋架结构处于良好状态。在火灾发生之前，对屋顶框架的研究表明，这部分工程在中世纪时期已历经多次改建，其中所使用的最古老的木料年代可追溯至 1160 年和 1177 年左右。这些木料大部分被用在了 1220 年左右的祭坛主体框架工程和随后 1275 年左右的翻修工程中。中厅主体框架所使用的木料也来自不同年份，如 1220 年、1275 年、1310 年和 1330 年等。[64] 值得一提的还有 1378 年对中厅南翼的顶架所进行的一次重大修复，分别用 8 块长度为 2 土瓦兹和 4 块长度为 3 土瓦兹的橡木对其进行加固。[65]

修建教堂的顶部构架需要大量木料。中殿上层的顶架总重量估计约为 527 吨，或每平方米 262 千克。[66] 木质椽条由数量众多且截面相当小的方木所构成，以榫卯方式组装。这些木料大部分应该是来自大教堂参事会名下的林场，如位于巴黎西南的杜尔丹 (Dourdan) 森林，直到今天此处的植被仍然以橡木为主。通常，木材的砍伐工序会在秋季或冬季进行，用马车或牛车运抵河边，再用平底驳船沿河运输，以供来年使用。

位于大教堂西立面北侧的钟楼在 1361—1362 年进行修复时，也消耗了不少木料，但它们主要用于搭建便于工匠施工作业的脚手架。此前，在 1333 年大教堂南翼檐面的修复工程时也是如此。另外，制作窗框时也会用到木料，这一点从 1365 年祭台北侧红门修复工程的相关文献中得到了印证，据记载，当时来自盖林达赫西教堂的木匠也参与了此次工程。[67]

从大教堂内部结构装饰来看，祭坛处的百来个木质司祭坐席始终得到了精心的维护。除此之外，专为重大仪式所特别加建的临时场所也会用到木料，如为皇家葬礼在祭台中部搭建的灵堂。[68] 木料同样还会被用于大件银器、神龛和祭坛装饰屏。比如，在 1333 年，工匠们为了制作一件镀银橡木装饰屏花费了不少于六周的时间。根据当时的文献记载，木匠托马斯·德·阿尔奈奥（Thomas de Arnaio）曾协助工程总管雷蒙·杜·坦普尔和金工工匠托马斯·庞沙（Thomas Ponchard）检查大教堂祭坛圣龛的状态，该圣龛后来在 1369—1370 年得到了修复翻新。[69]

金属材料

在建造巴黎圣母院所用的金属材料之中，铁件是被视为用于加固建筑的材料。19 世纪时，时任建筑工程总管维奥莱勒杜克在修复工程中发现了用于固定祭坛中央大殿高层墙体三个铺面砖块的钉子。[70] 铁料不仅可制成铁质的窗棂用于彩色玻璃窗的加固，也可用于固定窗叶。它还确保了教堂大门门扉的开关和转动，而门扉之上的铁质构件也起到了加固的作用。巴黎圣母院圣安妮门上的铁质构件可谓远近闻名，据说是因为铁匠比斯科内将自己的灵魂出卖给了魔鬼，才能制作出如此精巧绝伦的作品。而魔鬼的承诺并不包括中央大门，因为那里是圣礼通过之处！[71]

议事司铎平日直接进出祭台所使用的红门位于教堂北翼，是所有大门中最朴素的一道。根据教堂财产管理委员会的账目记录，1365 年，某位名叫阿尔伯特的人，支付了 8 里弗尔 18 苏的价格，购买了建造红门所需的重量为 132 里弗尔的铁件和 300 颗钉子，以及锁和钥匙。[72] 铁件也被用于加固钟楼之上因反复经受敲击而需经常维护的大钟。大教堂内悬挂着铁制大烛台，足以支撑上百根蜡烛的重量。1386 年前后，参议会总铎雅克·勒·里奇（Jacques Le Riche）在每年圣诞前夜，为照亮祭坛所准备的蜡烛正是摆放在这类烛台之上。[73] 铁料在大教堂建造工程中用途广泛，这也让在工棚附近加设一间铁料锻造厂显得尤为必要。[74]

铅料在巴黎圣母院建筑工程中的应用也颇广，从一开始就被选中用来制作大教堂的顶部，大主教莫里斯·德·苏利为此项工程留下的 100 里弗尔的遗赠就是证明。以 1726 年诺伊尔枢机主教任期内大教堂铅顶翻修工程所使用的金属重量为参考，铅制屋顶的重量在 200 吨左右。[75] 在原先的屋顶上，铅板是垂直排列的，从19 世纪的修复工程中，它们才开始以水平方式放置。[76]

由于诸如玻璃和铅材这类物料的易碎性，制作教堂玻璃的场所一直处于严格的看守之下，人们甚至会对其采取必要的保护措施，如位于圣丹尼杜帕的工棚顶部也因此进行了特别的加固，以避免其损坏玻璃制品。[77]1393—1394 年的材料采购记录为我们提供了当时不同材料相对适中的价格信息：白玻璃和彩色玻璃均为每法磅 16 德尼，铅每法磅 6 德尼，焊接用锡每法磅 14德尼 [78]，这种锡通常被特称为 "来自康沃尔（Cornouailles）的优质锡" [79]。

与大教堂的铅顶不同，廊台和侧廊处的屋顶很可能与周边的宗教建筑一样最初也是以瓦片覆盖。圣约翰勒隆教堂就是如此，它位于巴黎圣母院的北侧，与其外立面相邻。1369 年，

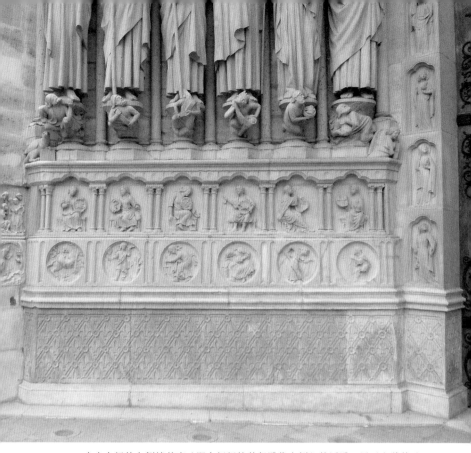

中央大门的左侧墙基座（即大门间柱基督雕像右侧）的浮雕：罪恶和美德（D. Sandron）

这座教堂的顶部覆盖了总共 6 000 块瓦片。[80] 14 世纪 90 年代初的工程中，圣丹尼杜帕的工棚曾以 26 里弗尔的价格交付了 7 500 块瓦片，以每千米 40 苏的价格交付了 2 600 块板条，以每土瓦兹 4 苏的价格交付了 7 个水沟盖板（stellicidium），以每千米 5 苏的价格交付了 16 000 个板条钉，以及 2 000 个其他种类的钉子。教堂的屋顶工程管事师傅工约翰·法尔瓦特里（Jean Falvatris）在 1391—1392 年工作的 23 天中，总共获得了 14 里弗尔 13 苏的报酬。[81] 从 1391 年到 1392 年，回廊处的钟楼屋面铺装所使用的是 300 块石板而非瓦片，所支付的费用也比原先多了 4 里弗尔 19 苏。[82]

对于石材、木料和金属等重型材料来说，运输成本是不容忽视的。14世纪的教堂财产管理委员会的账目中曾特别提到了1333年为主祭坛的装饰屏所建造的橡木门廊和铅料的运输所产生的费用问题。当时，即便只是从塞纳河右岸的供应商阿努尔·布拉克（Arnoul Braque）处运到工地，仅通行税一项就高达42苏2德尼。[83] 相比而言，清扫瓦砾的工作则容易得多：1381—1382年，某位名为亨利·赫蒙（Henri Hemon）的人连

横厅南翼大门基座（A. Tallon）

续六天把碎石瓦砾（pluria graviera de lathomis）搬运到西岱岛的最东端，他的日薪为 2 苏 4 德尼。[84]

在中世纪的建筑工地上，不同工种之间的交流从未间断，掌握多种技能的工匠成为主流，显示出不同行业之间的开放程度。因此，西立面中央大门基座的浮雕"罪恶与美德"对于构图的处理堪比某些金银工匠的艺术杰作，如 1200 年左右制作于德国科隆的东方三王圣龛。这一点在横厅南翼基座的浮雕作品上体现得更为明显，其中的百合花装饰可谓与同一时期重造的圣马塞尔银制圣龛上的图案相映生辉。[85] 在这道大门的两端，是展现了学生生活等内容的著名浮雕，它直接采用了在彩色玻璃上常见的构图方式，即以十字花形图案来装饰尖形窗（见 80 页图）。

巴黎圣母院的色彩

根据对巴黎圣母院不同隐蔽位置残留下来的各种颜色痕迹的研究 [86] 和先前修复工程的记录 [87]，我们可以确定在中世纪时期，大教堂建筑已开始采用大量彩绘装饰。2019 年 4 月 15 日，在清理坍塌的教堂拱顶时发现的残留部分，经科学分析证实了其中含有青石的成分。相较而言，巴黎、沙特尔、欧赛尔和洛桑等地的教堂的类似遗迹保存得都较为完好，而且为了保持教堂内部空间效果的统一，会以墙面彩绘的方式模仿出石质构件的装饰效果。

横厅南翼大门处的浮雕
（CAC）

祭坛北侧过道的柱顶，
位于第五、第六跨间中
部。（2021 年利用摄影
测量法重建的 3D 复原
图，G. Chaumet, Plemo
3D）

位于祭坛右侧与半圆形后殿交界处南侧扶壁基座底部所残留的彩绘拱门图案（A. Tallon）

彩绘人物装饰出现在教堂的不同位置，比如位于中轴线礼拜堂西墙上的彩绘，历经修复之后，如今依旧清晰可辨。该礼拜堂的创建人西蒙·德·布西主教在 14 世纪初离世之后就葬于此地。[88] 此外，祭坛南侧礼拜堂基座的外侧也留有彩绘拱门的痕迹。教堂外立面的大型柱形雕塑通常也会被施以彩绘，但位于横厅南翼大门处的雕塑明显是个例外。[89] 出自艺术家之手的彩绘装饰既有平面的，也有立体的：1371 年，画家约翰·德·奥尔良装饰了位于圣坛屏中央祭坛入口处上方的四座小天使雕像[90]，同年又对主祭坛周围的五个天使（雕像）做了翻新修复。

自 14 世纪 20 年代起就在巴黎声名斐然的画家约翰·奥特

伊（Jean d'Auteuil）[91] 在 1333 年得到了一笔高达 35 里弗尔的报酬，专门用于装饰南翼山花墙部分（pro pictura dicti pignaculi）[92]，这应当是为了与这部分建筑相当显眼的外部彩绘装饰交相呼应。次年，画家约翰·法里穆提埃（Johannes de Foremosterio）完成了圣器室（revestiarium），以及祭台读经台、鹰饰的彩绘部分，获得 20 里弗尔报酬。[93] 胜任类似的工作在中世纪已是一名画家必备的基本技能。

在数额较大的开支账目中，需要像仪礼教典的抄写员和画家、织料供应商，以及耗资不菲、对圣物进行定期维护或对日常耗损部件进行修复的金工工匠所支付的订单——往往比常规的砖石工程或屋面工程更为昂贵。金工类工艺品的制作并非在施工现场完成，而是需要在银匠约翰·德·蒙彼利埃的工作室内进行，这一点从 1333 年主祭坛的祭坛屏订件记录中可以得到确认。以此类推，14 世纪时，巴黎圣母院仪礼教典的彩画装饰在绘制时采用的也是同样的工作模式。[94]

永不停歇的翻新工程

很少有像圣母院这般历经如此多改建工程的古迹建筑，其中一些甚至在主体工程结束之前就已完工。这些变化往往是为了体现出当时建筑技术的最高水平。这也表明了建筑师及其团队对同时代法国北部所进行的其他重大工程的进展了如指掌。唯有

位于北墙大拱廊，中厅中央大殿的前三列跨间（D. Sandron）

时时汲取最新的技术经验，才能令巴黎圣母院日臻完善。

因此，中厅的前两列跨间的改建年代是这部分建筑中距今最近的，对其结构的加固被认为是为了抵御相邻立面可能发生的位移所进行的必要改建，这样一来，在同类建筑中常见的立柱消失了。12 世纪最后十年，出现在苏瓦松大教堂（la cathédrale de Soissons）祭台中央大殿一侧立柱上的单个小圆柱，以及沙特尔大教堂中厅里带有角隅饰立柱上的四个小圆柱，巴黎圣母院紧随其后在中厅的两列跨间的立柱上同时采用了这两类支撑结构：以圆形立柱为核心，在外侧增加一个或四个小圆柱，丰富了这一空间的视觉效果。

1220 年左右，中央大殿最后一层的扩建带来新的高窗。这标志着加建带有背衬的窗洞需将作为中梃的精细石质构件垂直竖立，再于顶部饰以圆窗，以此来划分面积较大的高窗区域。这类技术在 1208 年启动的兰斯大教堂工程中便开始普及，在此时的工程中又继续追求对其更为精细的处理。随后，这一发展趋势在沿中厅侧廊增建的礼拜堂内的大型窗洞之上更是体现得淋漓尽致（见 87 页图）。对于祭坛附近的窗洞建造技术的不断改进一直持续到 14 世纪初叶。

从 13 世纪 50 年代末开始改建的横厅外立面采用了大玫瑰窗的设计，其直径为 13 米，创下了当时的最高纪录，其上方的高窗令立面的上半部分产生镂空效果，就像圣丹尼修道院的横厅所呈现的那般。位于北翼的玫瑰窗有 16 个花瓣，这一设计遵循了 13 世纪中期辐射式风格建筑中最常见的构图方式。南翼的玫瑰窗则以 12 片较短的花瓣构成，其顶端被包裹在一个反向的拱形花冠之中，这一设计相当新颖，通过旋转让图案呈现出一种令人迷惑的动感。在维奥莱勒杜克对其进行全面翻新之前，位于南翼的玫瑰窗所呈现的精细程度已令人感叹。最终在这位 19 世纪的修复者手中，三叶草的图案，尤其是延长的斜线消失了。因为建筑师认为只有将玫瑰窗旋转 15 度，才能让它拥有一个更为稳固的垂直中轴，这一点不可或缺。

横厅处大门的建造展现了前所未有的精湛工艺[95]，其山花墙

祭坛北墙内立面（G. Villa）

上纤薄的石雕装饰令人不禁联想到金属雕刻工艺特有的质感，在如此规模的石料之上营造出金属工艺独有的美感。毋庸置疑，在中世纪结束之前，巴黎圣母院在建筑工艺领域的创新，无论是其所达到的高度，还是所企及的广度，皆令后世惊叹。

修复与维护

在巴黎圣母院建造工程所展现出的精湛技艺背后，其建造者在实现过程中所遇到的诸多难题也是不容忽视的。安德鲁·塔伦对建筑外立面做了扫描，他发现教堂大门底层向西略微倾斜的问题在其上层的施工过程中得到了修正。可以借此来推测，施工团队会等到已建成的部分足够稳固之后，才会开始对其所显现的问题进行矫正。[96] 一百年之后，在 14 世纪初叶，祭坛处原本用于间隔双侧过道而分立的两根立柱以及位于南侧大殿高处的第二根立柱均被推倒重建了。[97]

大殿高处檐墙的抬高，为在建筑外部修建一个排水渠创造了可能性，可以收集沿刻有排水沟的飞扶壁所溢流的雨水，这无疑是为了降低雨水渗透风险所进行的必要整修。在此之前，雨水一直沿着砖石肆意流走。可能是为了解决同样的问题，或至少是部分类似的问题，14 世纪 70 年代，雷蒙·杜·坦普尔决定

◗
中厅南侧廊礼拜堂（A. Tallon, MFG）

将侧廊处的尖屋顶逐步替换成石板铺就的平顶，这完全改变了半圆形后殿的外观。[98]

我们对于1218年大教堂祭坛处的大火所造成的后果不得而知，但这可能是大教堂建筑所经历的第一场火灾。一个来自英国的小偷在夜间从顶楼潜入，偷走了圣母升天节前夜放在祭坛上的金工圣物。他从拱顶处垂放下底部带钩的绳索时，打翻了燃烧的烛台，瞬间点燃祭坛处悬挂的帷幔。火灾后的修复工程开销居然高达800里弗尔。[99]

历任建筑师和他们的工程团队都会收到大教堂相关维修工程的委托。比如在14世纪，位于南翼的山花墙曾毁于一场暴风雨，之后得以重建。[100]此外，像飞扶壁、屋架结构和屋顶等处都需要进行常规的维护工作。

大教堂的清洁工程也不可或缺。例如，用以间隔祭坛北侧小礼拜堂的圣龛的前两座雕像，建造于13世纪后三十年，立于横厅入口和红门之间，其以托寓的方式展现了关于罪行与美德、以斯帖与阿哈苏鲁斯、大卫与歌利亚、约伯为主题的内容。这两座雕塑曾在1326年经历了清洗维护，正如横厅附近存于16世纪的一段不失幽默感的铭文所述[101]：

在1326年间，我们洗尽污泥，不再邋遢不堪，变得美多了。

第三章

大教堂：赞助人、建筑师与 工匠之间的对话

认为业主仅满足于提供资金和人力资源，而工程主管则在建筑项目的设计和实施中拥有绝对的自主权，这种对二者进行绝对区隔的视角所呈现的不失为一种假象。显然，正如我们所看到的，建筑师与其团队必须满足神职人员对建筑功能的需求。但在对大教堂的设计布局等细节进行探讨之前，更为重要的是对建筑本身进行更为细致的调研，以探知主教与参议会、建筑师与他的团队之间所建立的必然联系与互动关系。他们在专业培训和旅行过程中掌握了思想文化，获得了实践经验、视觉体验，再通过彼此之间的交流令其所得更为丰硕。

对于他们之间的互动、探讨是如何进行的，尽管我们不得而知，却可以想象应该是在类似的场合发生的：1370 年巴黎圣母院的总铎和工程总管雷蒙·杜·坦普尔曾在圣丹尼修道院短暂停留，为了查看珍藏在那里的圣龛，因为之后放置在巴黎圣母院圣坛处的圣龛要以此为原型进行重造。[1] 与这次行程相关

的账目记录相当简略，仅提及了预算费用，但不言而喻的是：在现场，总铎和建筑师在仔细查看了圣龛后，一定会对即将实施的建造工程进行讨论。随着这些艺术品的消逝，我们已无法直接欣赏他们的工作成果，但从委托方与执行方之间的互动来分析建筑及其装饰是无可替代的研究角度。

对传统的肯定

尽管这座哥特式大教堂已成为毋庸置疑的艺术创新策源地，但它并没因此而排斥已历经数百年传承发展的巴西利卡式教堂的建筑传统，即：在一个矩形的平面上，有以中央大殿为主的数个殿厅，相较而言，中央大殿的空间更为狭长、明亮。这类教堂建筑通常设有 5 个殿厅，属于当时颇具威望的早期基督教建筑设计风格，以下这几座罗马式教堂尤为著名，罗马的圣约翰德拉特兰大教堂（Saint-Jean-de-Latran），梵蒂冈的圣彼得教堂（Saint-Pierre）或罗马的城外圣保罗大教堂（Basilique Saint-Paul-Hors-Les-Murs）。环绕着半圆形后殿的走廊为双回廊设计，犹如古罗马丧仪大厅中被称为"环形"的走廊，亦与古代竞技场的布局结构相似，如圣塞巴斯蒂亚诺（San Sebastiano）教堂所建的环形回廊是为了容纳来殉道者陵墓朝圣的信徒。[2] 在整座大教堂建筑中，将立柱作为支撑构件相当常见，也体现相同的设计模式。[3] 在祭坛处，位于柱身与柱头交界处的半圆饰带的制作一般是立柱铸型的最后一道工序。这是一种相当古老的制

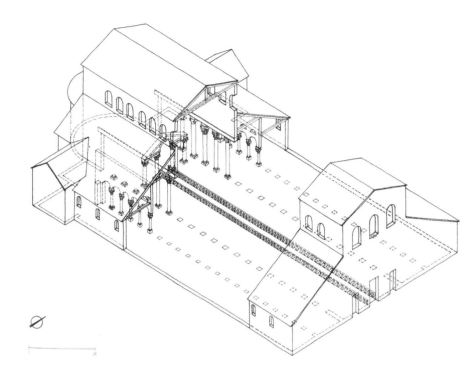

罗马圣约翰德拉特兰大教堂的等角透视图，5 世纪（参见 H. Brandenburg 2004）

作技艺，但自罗马时代起，这一技术已然被淘汰了。

拥有早期基督教时期风格的建筑在巴黎并不少见，如在巴黎圣母院出现之前的大教堂建筑群，其地基所在的位置就在今天的大教堂西立面的大门前。根据考古发现，当时的教堂已设有 5 个殿厅，据此推断，殿厅之间以成排的立柱相隔。显然，在新教堂建筑中这一布局设计也一以贯之。

正是本着这一原则，我们应该以新的视角重新审视在新建筑工程中使用早期教堂建筑的雕塑这一现象。例如，在今天的巴黎圣母院建筑中，这些雕塑包括了西立面南侧圣安妮大门的侧墙人物雕塑，带有圣马塞尔雕像的门间柱 [4]，以及饰有圣母、主教与国王雕塑的山花墙 [5]。毫无疑问，教士们想方设法令这座哥特式教堂外立面的历史至少可追溯至 12 世纪中叶，尽管这些雕塑可能是为之前同一地点的圣母教堂所作。而先前的这座教堂不仅存有巴黎主教圣马塞尔的圣骸，还见证了当时教会与王权之间的紧密关系。

巴黎圣母院与其他大教堂之间的相互效仿

今天我们可以从两个不同的角度来赏析巴黎圣母院在 12 世纪哥特式建筑中所享有的崇高地位：神职人员坚定不移的强大意志和历任建筑师的高超技艺。令人惊讶的是，巴黎大教堂与桑斯大教堂在建造过程中在设计层面所做的决策截然不同。后者比前者提早近三十年动工，1164 年举行了祭台的祝圣仪式，此时，巴黎圣母院才动工一年。桑斯大教堂采用了三段式立面结构，其明显的交替式柱墩形式与巴黎圣母院所选择的四段式单一支撑结构相当不同。这其实也是巴黎神职人员意志的体现，当时的桑斯是巴黎所隶属的总教区首府，他们明显不愿向令人难以忍受的上级监管教会示弱。但这并不妨碍巴黎的建筑工程从桑斯大教堂使用扶壁结构的经验中获益，后者也是最早使用飞扶壁结构的建筑之一。

桑斯圣艾蒂安大教堂的中央大殿（G. Villa）

圣丹尼教堂的西立面（A. Tallon, MFG）

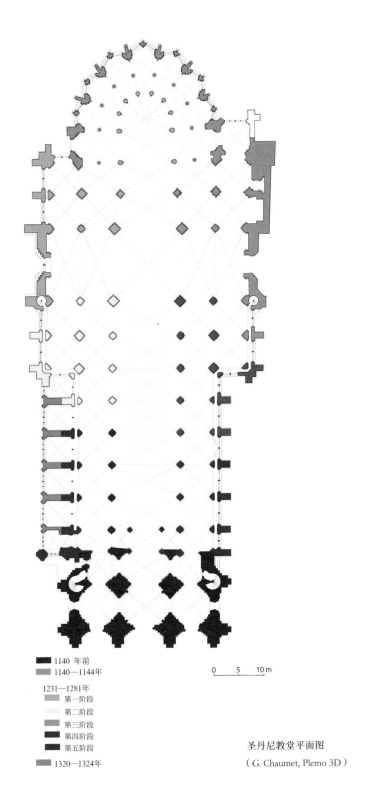

1140 年前
1140—1144年

1231—1281年
　　第一阶段
　　第二阶段
　　第三阶段
　　第四阶段
　　第五阶段
1320—1324年

0　5　　10 m

圣丹尼教堂平面图
（G. Chaumet, Plemo 3D）

圣丹尼修道院教堂也被视为早期哥特式风格建筑的经
典作品，其外立面于 1140 年建成（见 94 页图），祭台
于 1144 年在修道院院长苏执的带领下建成（见 95 页
图）。此次，巴黎圣母院选择将其双塔三门的外立面设
计和五个殿厅的平面布局图直接复制到巨大的新教堂
建筑之上。两个机构之间的关系在竞争过程中充满了
矛盾性。例如，圣日耳曼德普雷修道院教堂的祭坛于
1163 年落成（见 97 页图），比圣母院的奠基仪式早了
几周的时间。

在当时，圣日耳曼的教士和巴黎主教交恶已久。以下
事件可以帮我们回顾一下二者之间关系的恶劣程度：
在修道院教堂举行祝圣仪式的当天，在教皇和国王的
注视下，莫里斯主教居然遭到教士们的驱逐，其借口
是该修道院并不属于巴黎教区的管辖范围。[6] 因此，
巴黎圣母院在修建外立面时就决心要在各方面都赶超
圣日耳曼德普雷修道院教堂。它也借鉴了圣日耳曼德
普雷修道院教堂的某些建筑元素，如大拱门的立柱、
廊台层的对拱或是以接连不断的簇柱作为支撑结构连
接柱头与拱顶等设计。但相形之下，巴黎圣母院祭坛

圣日耳曼德普雷修道院教堂的祭坛（A. Tallon, MFG）

的高度从 18 米增加至 31 米，开始拥有真正起到支撑作用的尖肋拱顶，而非作为屋架结构下的装饰，并且在高侧廊与高侧窗之间又添加了立面结构的第四层。这些应该都是巴黎圣母院神职人员尽力争取的结果，他们对竞争对手的进度了如指掌，总是急于展现其惊人的建筑规模与精妙绝伦的设计，以示其史无前例的成就。

与 1150—1170 年建造于哥特式建筑经典时期的大多数大教堂一样，巴黎圣母院采用了四段式立面结构，努瓦永大教堂、拉昂大教堂和兰斯的圣雷米修道院教堂都采用了这种立面结构。在这场大教堂建筑的角逐之中，巴黎圣母院以其惊人的建筑规模再度一骑绝尘，超越上述教堂的高度分别达到 22 米、24 米和 25 米之多。巴黎圣母院与其他教堂的主要区别在于其在立面结构的第三层摒弃了拱廊。这条狭窄的通道以一连串拱门与主殿相通，在其他教堂建筑中相当常见。圣母院建筑结构纤薄，主殿上部的墙壁厚度仅为 80 厘米。这就意味着基本没有在此处建造通道的可能性，只能以一个假的拱廊所替代，即在拱圈内封闭的墙面上建造一个盲拱，就如同努瓦永大教堂祭坛处的拱廊。将圆形的窗洞，圆窗直接开向廊台的顶层位置，是一个别出心裁的设计。

●
拉昂圣母院大教堂的中厅（G. Villa）

尚塔尔·哈迪（Chantal Hardy）根据维奥莱勒杜克领导的修复工程时期的考古发现，重建了内接于祭坛高处圆窗的大型石制十字架，这应该也是为了与自 1108 年起圣母院内所珍藏的圣十字架交相辉映，该圣物是由前耶路撒冷圣墓司铎安索（Anseau）所赠 [7]。这显然是巴黎圣母院神职人员所做的决定，他们迫切地希望这座建筑丰碑能与珍贵的圣物建立起更为紧密的关联。我们甚至可以大胆推测：横厅部分向纵深发展而来的愈发狭长的交叉甬道就是以此为目的。

在横厅交叉甬道正上方屋架之上建造了尖塔，同样也是为了强调教堂的十字形平面结构。对于 18 世纪末尖塔被拆除的确切日期，我们不得而知。维奥莱勒杜克在屋顶结构进行翻修之前，检查了保存在屋架结构之下的基础部分，根据一个桁架中柱柱头的钩状装饰，他推定基础部分的建造年代为 13 世纪初。[8]当然也不能排除，它的建造日期可能晚至 13 世纪 50 年代末，也是横厅建造新外立面的年代。对尖塔底座的木料进行树木年代学分析的结果显示，其很有可能建于较晚的时期，其中某些木质构件可能造于 13 世纪 90 年代。

可以说，巴黎圣母院的神职人员不遗余力地通过在教堂十字结构中心的上方建造尖塔，再度重申这座大教堂在其所在城市中所享有的超卓地位。要知道，在此前，其附近的圣礼拜堂于 1248 年建造的第一个尖塔超过了大教堂刚竣工的塔楼高度。[9]巴黎圣母院的尖塔在中世纪时期高 83 米，当时只有圣丹尼修

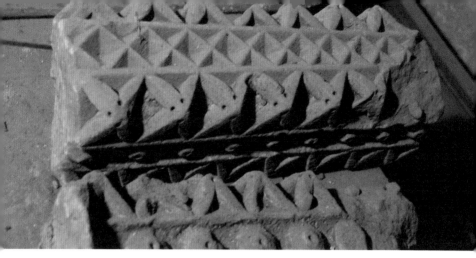

祭坛处原始圆窗上十字架装饰的碎块（D. Sandron）

道院教堂高达 86 米的石制尖塔可凌驾其上，但在 1219 年前后，后者因雷电击中了修道院教堂的外墙而被损毁。

空间的优先等级

对不同建筑空间及其装饰的不同处理手法强调了大教堂各式空间所享有的优先等级。这一点在横厅交叉甬道处尤为明显，特别是在对祭台和中厅的东西向部分或南北向部分进行对比时。

东与西

大教堂建筑所显现的同质性仅是表面现象。正如 12 世纪末著名的传教士彼得·尚托尔和彼得·德·鲁瓦西（Pierre de Roissy）在建筑现场所提示的那般 [10]，人们对教堂建筑的普遍看法掩盖了其本身，强调了教会学中将不同空间进行区别对待的基本原则——将圣坛和祭坛置于比中厅更为尊贵的地位。

中厅和祭坛之间所形成的对比因其各自的照明特点而更为鲜明。祭坛和圣物附近的照明更为密集、强烈，一次性的彩色装饰挂件和建筑本身的彩绘装饰也为其添色不少。通过十三四世纪的改建工程，二者之间的对比愈加明显。借助于呈放射状分布的小礼拜堂的巨型窗户所形成的光环，祭台处更显明亮。自14世纪70年代起后殿回廊外的尖屋顶被石质平屋顶所取代，这样，半圆形后殿廊台层的高窗完全显露出来，从外部看，各层的窗户彼此叠加，替代了墙体，有效地轻减了建筑本身的重量。

侧廊小礼拜堂窗洞的设计也体现出，在维奥莱勒杜克的主导下，中厅小礼拜堂正面墙壁的装饰与祭坛处的墙面相比略显朴实，后者不仅装有三角楣饰，还专门添加了盲拱以区隔不同雕像。同样，14世纪重建的祭台处扶壁上的精致装饰与中厅光秃秃的扶壁也形成了鲜明的对比，直到维奥莱勒杜克为其专门设计了一个圣柜形顶冠。

13世纪初，在大教堂经历重大改建之前，祭坛与中厅之间的对比已经非常强烈了。12世纪时中厅高处的墙面造型可谓相当低调，这一点可以从横厅交叉甬道西侧立柱的壁柱装饰与祭坛一侧由多个细柱组成的束柱之间的对比可以看出。虽然祭坛处的拱顶确实比中厅的拱顶低了约两米，但这可能更多是为了对仪式专家们所提的建议的回应，例如尚托尔认为二者之间高度的差异象征了神职人员在面对基督时所呈现的谦逊形象。

中厅处的拱顶弧度比祭坛处的要小得多，其建造技术显然取决于设计建筑师的设计功力。此外，祭坛上方第三层圆窗内的石制十字架在中厅处则转呈辐射状构图，带有五片花瓣的镂空花冠。尽管这个图案更显华丽，但它的意义却远不如象征基督牺牲的十字架图案那般神圣。

有时，二者之间的关系会以更巧妙的方式在中厅内发生逆转。例如，朝向中央大殿的廊台拱门以三联体的形式出现，而非之前在东侧采用的双拱结构。这有可能是一位新建筑师所带来的新思路[11]，也可能是受其他新教堂如曼特（Mantes）圣母协同教堂或其他类似建筑工程的启发。令人好奇的是，在西立面中央大门底座上并列出现了平面与立体两种装饰形式，呈现出两个以罪行与美德为主题的装饰版本，这是 13 世纪初出现的一种具有同质化特点的构图方式。大门的右侧（即门间柱基督雕塑的右边）呈现的是与美德主题相关的内容，不同的画幅之间以双柱间隔（见 81 页图），其在大门的左侧则是以三柱为界。具体来说，在右侧所表现的是三种与神学美德（信仰、希望与慈善）相关的内容。画面以双柱两两相隔，其所呈现的韵律感可与祭台廊台处的装饰相呼应，而其对面左侧的三柱式间隔则可与中厅处窗洞的装饰节奏彼此对应。左侧墙面的装饰风格看上去似乎与谦逊这一美德相互矛盾，这显然也是神职人员介入的结果，他们在构思教堂大门的修建方案时，也考虑到大教堂的存在也象征着神职人员对于信徒群体所担任的引领之职。

此外，还有一个值得注意的细节，普通柱墩与带有束柱装饰的柱墩交替出现；后者为十个细柱所依附的中心柱墩，用以分隔中厅与其两边侧殿（见 107 页图）。人们将这种柱式的交替与大殿上方的拱顶变化联系起来，但并没有解释这种处理方式是否对建筑结构起到了实质的支撑作用。其实，当飞扶壁能够跨越两边侧殿，直接对大殿顶部起到支撑作用，来自大殿中央的支撑构件基本形同虚设。

巴黎教堂中厅侧殿的两类柱墩的交替使用方式也出现在同时代的拉昂大教堂中，有所区别的是，拉昂的教堂仅在其中厅的最后两列跨间中采用了此类柱墩变化的处理手法。在这里，柱式的交替与六分肋架拱的变化完美对应，它直接支撑的是主殿的拱顶结构，而非侧殿。埃里克·费尔尼（Éric Fernie）为我们解释了巴黎圣母院中厅柱墩交替变化的真正含义——揭示了大教堂祭坛的原始位置，其在 1200 年祭坛被整体扩展至超出横厅交叉甬道位置之前就已经与中厅部分重叠。[12]

在巴黎的教堂内，祭坛一直位于中厅的东侧。在中厅的中央大殿部分采用前所未有的建筑构件变化形式，势必将突显这一部分，而夺走本属于祭台的光芒。这时，将建筑构件的交替变化转移到侧殿的过道的解决方案出现了，它的设计与满足建筑结构的功能需求无关，难道仅仅是为了显示对教堂空间优先等级原则的一种妥协？对此，我们无法确定，但毫无疑问，这一点必然引发了建筑师与神职人员之间的种种讨论。

祭坛周边的小礼拜堂（A. Tallon）

南与北

在比较了大教堂的东西两侧之后，我们可以将目光转向其南北两部分在空间处理方面所展现的差异，尤其是在中厅和横厅部分。

仅有位于中厅的中央大殿南侧被饰以三联拱龛楣的廊台层上开有圆窗。这一设计与这一侧跨间之上的斜面拱顶设计不无关系，其目的是通过拓宽阳光最充足的南侧墙体的窗口面积来增强大教堂空间的亮度。这一解释可与建筑年代学的考证相结合，推断出位于大教堂南侧部分的建造年代略晚于与其对称的北侧部分。[13] 不仅如此，从大教堂其他建筑空间的设计中也

中厅廊台层的三联拱门（D. Sandron）

可以看出对于南侧部分的处理更为繁复精巧，尤其是在南北两侧同时兴建对称构件时，这一对比更为明显。比如，横厅南北两侧的新外立面，两者均建于 13 世纪 50 年代末。[14]

南翼大门立面内墙上的仿门窗背衬式装饰更为精致、复杂。三角楣处的装饰细节丰富，一直延伸至邻近侧墙，构成了原先加筑于原始横厅处跨间的立面，而北翼大门的装饰则严格限制在立面内墙这一侧，就砖石的厚度而言，选择也更为保守。南翼大门内墙的装饰，借鉴了在当时享有盛誉的王宫圣礼拜堂的设计图案，完全复制了其上层小礼拜堂的窗洞装饰细节。除了大门处的基督雕像与其两侧的天使雕像之外，原本还有如今已被克吕尼博物馆（Musée de Cluny）收藏的亚当雕像和业已消失

用以分隔北侧过道与中厅的一排柱墩（G. Villa）

的夏娃雕像。南翼与北翼的大门在空间装饰上的差异在此处也得到了验证，北翼大门处并没装饰任何人物雕塑。此外，玫瑰窗高度延伸至扶壁处的装饰，甚至玫瑰窗本身的图案设计都以相同的逻辑强调了二者之间的对比。

在斯蒂芬·阿尔布雷希特（Stephan Albrecht）对此进行论证之前[15]，这种南北之间的对立原因一直被归结为两名建筑师的分别作业。约翰·德·谢尔斯完成了横厅北翼的工程，根据大教堂南翼外立面底部铭文所传达的信息，我们得知，谢尔斯仅负责了南翼外立面工程的启动部分，绝大部分的建造工程应该是在另一位建筑师彼得·德·蒙特勒伊的指导下完成的。在不完全否定南北空间的差异皆因两位建筑师各自的艺术特点所致的前提之下，我们需要考虑，南翼立面装饰构图的丰富性是否借鉴了《圣经》注释中所揭示的象征意义，以南为尊，以效仿以西结在异象中所见的耶路撒冷（《以西结书》）。类似的南北差异现象在几年后建成的亚眠大教堂祭坛处也有所体现，其南侧的飞扶壁基座装饰比其北侧要华丽得多。在 1322 年完工的科隆大教堂祭坛处，二者之间的对比则以更鲜明的方式得到了呈现。[16]

如果考虑到负责各阶段施工的建筑师及其团队有可能因为实力差异而采用了不同的处理手法，那么神职人员也可能并不会为了强调这座建筑的象征意义而要求建筑师区别对待其南北两侧的工程。另外，西立面塔楼底部独立的镂空长廊应该也经历了类似的过程：从北到南，纤长的连续拱廊的镂空装饰愈益精巧。当然其变化相当细微，并不会影响外墙的整体和谐，尽管它是真实存在的，但其并非仅关乎装饰形式的"演变"。

西立面

西立面是大教堂建筑中最为华丽张扬的部分，直接面向城市和涌向大教堂的信众。与建筑的其他部分一样，西立面也是神职人员与建筑师之间不断交流、对话的产物。其外立面的规模先后超越了圣丹尼教堂、拉昂大教堂、森利斯大教堂和森斯大教堂。毫无疑问，大教堂的神职人员，尤其是主教均引以为荣。

纪尧姆·德·奥弗涅主教为大教堂捐赠了铸钟，司祭们根据他的指示将铸钟放置于北塔[17]，故此塔在中世纪有时被称为纪尧姆塔。

四边形的塔楼高度达 69 米。借由置于顶层四角处的内角拱，实现了从四方形顶层向八角形顶饰过渡的变化。这一设计实际与塔楼的八角形石制尖顶建造项目不无关系。同类型的尖顶在 1793 年被拆除之前曾出现在拉昂大教堂正面的南塔之上。即便这一建造计划并没能在巴黎圣母院的工程中得以实现，其西立面也堪称中世纪巴黎的惊世之作。究其原因，首先，神职人员与为之服务的建筑师似乎不太可能突如其来地在此事上表现出谦虚；其次，巴黎教会为大教堂的建造工程提供了充裕的资金，表明塔楼尖顶的建造工程不太可能是因为资金短缺而遭放弃。

安德鲁·塔伦对外立面的激光扫描测量结果显示，其北侧的立面稳定性不足，西侧的大门也出现了倾斜。尽管这些问题在其上层的立面结构中得以纠正，但其留下的痕迹在现场依旧清晰可辨。为了放置铸钟，必须建造塔楼，但尖顶的建造对于大教堂的正常运作并非必不可少。谨慎起见，巴黎圣母院在圣丹尼或圣马丁德尚教堂为其建造石制尖顶之时，就放弃这一设计，而此类建造方案也仅出现在巴黎或其周边地区的教堂建筑中。

横厅南翼大门内墙（CAC）

横厅北翼大门内墙（CAC）

如今的巴黎圣母院，其西立面是由诸多正交线交织而成的矩形建筑。即便由于地形的因素导致了其北塔比南塔略显高大，正立面所展现的整体和谐与统一依旧广受赞誉。二者之间的微小差异从竖立在众王廊中的国王雕像数量已露出端倪：北侧有 8 尊，南侧有 7 尊，中央部分则有 9 尊[18]。在塔楼的最高层，其北塔的双拱窗周边镶以双排钩饰，弱化了窗体的厚重感，而南塔的双拱窗仅有单排钩饰。

其实，这并非一般意义上艺术史学家用以定义、描述外立面时所意指的和谐性。通常，外立面入口处的布局原则暗示了教堂内部的设计安排。一般来说，玫瑰窗的顶部要与中央大殿拱顶的高度大致相符，但在此处，其立面结构并非如教堂内部的中厅般采用四段式结构，而是分为三层（大门、众王廊、两侧带有拱窗的玫瑰窗），其三段式（ABA）的平衡比例不由得令人想到 12 世纪最后十年苏瓦松大教堂的祭坛处和沙特尔大教堂中厅的立面设计布局。

事实上，众王廊在三段式结构中所占的空间与上述建筑的拱廊层位置相当，均被简化为一个以连续盲拱构成的通道，位于大拱廊与圆窗之下的双拱高窗之间。略有不同的是，巴黎圣母院西立面玫瑰窗两侧窗体上的圆窗采用了盲窗的处理手法。这些对苏瓦松大教堂和沙特尔大教堂建筑设计的借鉴，与之前曾观察到的位于中厅的第一批单独立柱的出现一致，似乎都不是偶然之举。这也再度证明了巴黎大教堂的建筑工事随着施工的进

西立面（CAC）

展一直在不间断地汲取来自其他工程的技术经验，其动力之一也许是来自各地教会之间的竞争意识。

西立面施工过程中所产生的其他变化使我们难以追溯建造项目在初始阶段所采纳的具体指导方针。比如，玫瑰窗上方的开放式长廊不可能在西立面建造初期就被纳入设计之中，因为其尤为精美的镂空拱廊所采用的工艺与哥特式窗户的中梃建造技术极为相似，而这是 1230—1240 年西立面工程竣工时才呈现出来的典型装饰特征。对于这一镂空拱廊是否在 1200 年左右甚至有可能在 1160 年就已被纳入规划之中，我们不得而知。无论如何，这一成果必定是得到了巴黎教会的认可。大门的建造及其宏伟的雕刻装饰显然是教会方密切关注的重点。对其所进行的图像学分析将在随后的相关章节中一一展开论述。

大门的修建过程相当复杂，展现了由于大量工匠的参与所带来的各式变化与差异，尤以人物雕塑与浮雕部分为最（见 115 页图）。有几位雕刻工匠同时完成了北侧大门和中央大门的雕塑装饰部分，因此这两处的作品风格差别并不大。而南侧大门大部分都经历了重建，必须添加新的雕塑作为补充，尤其是在大门拱券顶部、底部和门楣低处等位置。很难解释为何仅有圣母门的拱券处雕塑完美地掌握了辐射状构图，其人物浮雕的尺寸由内到外不断递增，而中央大门却没有遵循这一构图原则，仅令位于最内侧的两道拱券间的天使浮雕面朝门顶山墙处，而其余四道拱券间的雕饰则依据通常的做法，让石雕装饰的尺寸

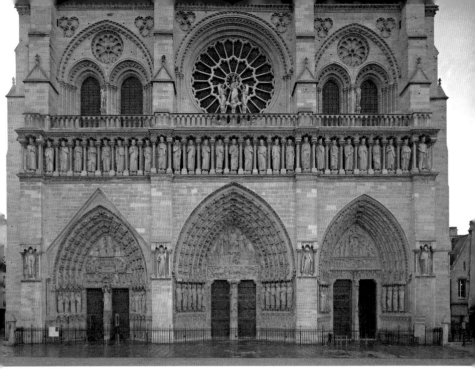

西立面大门以及玫瑰窗（A. Tallon）

随着不同拱券所构成的弧度进行相应的调整。这三座大门的建
造规模在 13 世纪初叶启动之时已堪称是当时最具雄心的建筑
项目，也许是其后经由不同建筑工作室所主导的修复工程才导
致今天三者之间所呈现的种种差异。而其余各处的"非常规"
处理可以归咎于无心之举。

比如位于中央大门顶部山墙高层浮雕人物的不规整拼接，其中
《最后的审判》画面中的耶稣基督与手持铁钉的天使浮雕与画
面中的其他人物相比制作年代较晚，后者采用了 1210—1220
年所特有的"强硬"风格，比前者所呈现的表现风格早了近
三十年（见 116 页图）[19]。而耶稣基督头顶后方的单体十字光
环也经历了重修，但其如同金工技艺般的处理手法令其与 12

西立面中央大门（C. Gumiel, CAC）

世纪中期的雕塑工艺风格极为接近 [20]，这也为中央大门更添了几分神秘感。

上述所提及的例子并非毫无关联，它们恰好证实了巴黎圣母院建筑工程中所贯穿始终的实用主义原则，以及其业主、工程主管、具体工程责任人三者之间复杂多变的立场。

第二编　大教堂的运作：
一个等级森严的世界

在今天大教堂内部的开阔空间中，用以间隔侧廊小礼拜堂的隔栏在中世纪就已出现。当时，为了保证给神职人员专门预留出足够的祭坛空间，这些被隔离在外的空间愈加零散，尤其是随着祭坛和墓碑的增多而更显杂乱。此外，与倾向于让空间亮度趋于统一的现代照明方式相反，中世纪的大教堂更偏向借助烛光所构成的照明位置和光线强度，以突出明暗对比的方式长久或短暂地提升某一特定区域的照明效果，具体做法需遵循礼仪日历的规定。其中，司祭席和圣殿自然成为优先考虑的重点照明区域。

第四章

圣坛与祭坛

在中世纪的大教堂内，最神圣的空间位于中央大殿内横厅和横殿立面以东的部分。其中的祭坛为咏礼司铎、执事及其他神职人员举行日常仪式的场所，其外，是以主祭坛为中心的圣坛，大教堂最珍贵的圣物就存放在此，从某种程度上看，位于大殿纵深尽头的此区域可谓极尽辉煌之能事。其原始布局就体现了建筑结构与其功能空间的完美契合，其中祭坛占据了恰好 4 个跨间的长度，而圣坛设在半圆形后殿，以双重回廊环绕，足见其备受尊崇的地位（见 120 页图）。

◀
巴黎圣母院祭坛

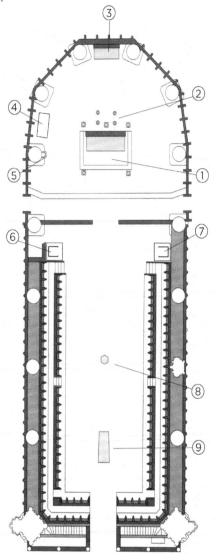

司祭席和圣殿平面图（Sandron, Tallon, 2019; Plemo 3D）

1. 主祭坛　　　　　　　　　　　　2. 圣马塞尔圣龛展示台

3. 圣三位一体或烧灼者祭坛

4. 彼得·德·奥格蒙主教之墓（逝于 1409 年）

5. 菲利普·奥古斯特的雕塑底座

6. 主教坐席　　　　　　　　　　　7. 教区秘书长坐席

8. 阅经台

9. 欧德·德·苏利主教之墓（逝于 1208 年）

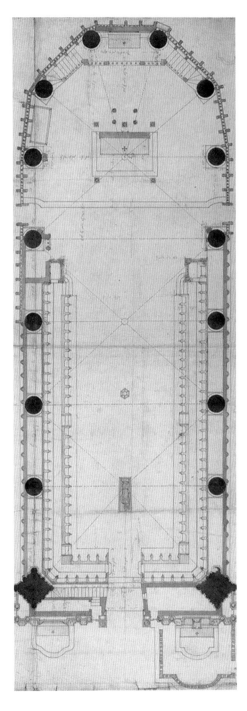

1699 年的祭坛平面图，此为安置《路易十三的誓愿》雕塑的改建工程之前的状态（Agence Jules Hardouin-Mansart, BnF, Est. Va 442）

1660年8月举行的赞美颂仪式，马侯（Marot）的版画作品，BnF Est. Rés QB-201 (t.44)

中世纪的圣坛

正如欧德主教在教务会议章程中所示：圣坛是教堂中享有至高尊荣的部分。

> *Summa reverentia et honor maximus sacris altaribus et maxime ubi Corpus Domini reservatur et missa celebratur.*[1]
>
> （拉丁文译文：神圣的祭坛表达了对主最崇高的敬意，主的圣体保存于此，弥撒礼也在此进行。）

主祭坛设在这里，圣物或被放置在圣龛中长期供信众瞻仰，或仅某些重要节日或仪式场合才从位于圣坛南侧的圣器室取出。

所有这些工作由一名主教所任命的圣器保管人（Capicerius）所负责，其主要职责为负责管理大教堂的圣器室和为圣所配置相应的仪式用品。[2]

主祭坛

在中世纪，半圆形后殿拱顶石的正下方便是主祭坛，无论是从其象征意义还是字面意义理解，这里都汇聚了教堂中最为珍贵的圣物。作为举行大型弥撒的场所，其间的装饰品和仪式用品理当最为奢华，自然颇受教会高层格外关注，更是收获了来自显贵的慷慨捐赠。

到了 12 世纪中叶，这一捐赠传统已备受推崇，阿尔格林大法官（Algrin）曾捐赠了 20 马克（译注：为法国古时金银等贵重金属的重量单位）用于制作祭坛装饰屏，并支付了相当于前者两倍的价格来修复一个十字架 [3]——很可能就是位于祭坛顶部的那尊十字架。莫里斯主教则向大教堂捐赠了一个黄金制成的祭坛正面装饰、一个重达 2.5 马克的黄金圣杯、一个重达 4 马克的相同黄金香炉和银盘。[4] 他的继任者欧德主教赠送了一尊重达 8 马克的银质圣母像。[5]

1216 年，大教堂参议会在科隆举行的拍卖会上以高价购得一个巨大的金杯，重达 19 马克（近 5 千克），该城的大主教曾考虑将其分割。巴黎圣母院购置这尊金杯很可能就是为了装饰其主祭坛。圣维克多（Saint-Victor）修道院院长受委托参加这次拍卖，带回了这件在当时无疑非同寻常的物品，遗憾的是，之后它便去向不明、踪迹全无。[6] 在主祭坛举行弥撒时所用的礼仪经书是装饰最为精美的经文手稿之一。1180 年左右，巴贝多总铎曾捐赠了一本福音书和一本带有银饰装帧的书信集。[7]

1699 年起，雕塑《路易十三的誓愿》取代了原先的主祭坛，其历史可追溯至 14 世纪。在 1330 年为其举行的祝圣仪式上，一个水晶圣物瓶被放置在拱形装饰底座的凹槽处。[8] 在随后的几年里，金工匠约翰·德·蒙彼利埃受托制作了一幅大型银质圣坛装饰屏，部分费用来自 1320 年离世的总铎赛蒙·德·吉贝尔维尔（Symon de Guiberville）的遗赠。这幅圣坛装饰屏以浮雕的形式描绘了圣母加冕和圣母领报的场景，其中也包括了教堂主保圣人圣艾蒂安和圣马塞尔[9]的雕像。祭坛屏上饰有银色尖顶，目的是借由纤长的尖塔轮廓来凸显其不朽的意涵。

接受了祝圣的圣餐最初放置于圣坛上方圣杯样式的圣体龛中，其顶端为带有天使像装饰的十字架；其底部带有操作装置，可驱动卷轴旋转，控制圣体龛的开关，以盛放圣餐。

以珍贵织物制成的顶盖（canopeum）覆于圣体龛之上，令其更显华贵。路易七世的兄弟，巴黎圣母院的司铎和总执事菲利普在 1161 年之前就捐赠了一件类似的物品[10]，显然，此装置在巴黎圣母院建造之前业已存在。在 1240 年左右，总铎纪尧姆·德·圣丹尼（Guillaume de Saint-Denis）提议对织物顶盖进行翻新修复，为此他也捐赠了黄金织物。[11]

主祭坛的两侧以幔帐相隔，幔帘固定于铜柱顶端的横杆之上，铜柱的顶端饰有手持象征耶稣受难刑具元素的天使。如此布置完全是基于礼仪经书的指示：需让圣坛与神职人员分隔两侧。

圣物和圣龛

在圣殿中摆有相当数量的圣龛，传递出大教堂参议会想以此来提升巴黎圣母院作为朝圣教堂地位的意愿，即便与该地区其他教堂的圣殿相比，巴黎大教堂并不享有任何优势。[12]

圣马塞尔圣龛

紧邻祭坛后侧摆放的就是圣马塞尔圣龛，其内存放着巴黎第九任主教的圣骸。436 年，他被葬入西岱岛外通往意大利的道路旁的城市墓园内，即今天巴黎戈贝兰街区（Gobelins）所在的位置。他的遗骸于 885—886 年被转移到当时的大教堂内，以免遭维京人的掠夺与破坏。每逢圣马塞尔节（7 月 26 日）及他的诞辰日 11 月 3 日，都会在巴黎圣母院举办相应的庆祝仪式。[13]

此圣龛于 13 世纪 60 年代重建。在 1333 年之前就一直被放置在由四个铜质拱柱所支撑的高台上向信众展示。[14]1263 年 3 月，在雷诺·德·科贝尔主教和吉欧弗罗伊（Geoffroy）总铎的提议下，来自雷蒙·德·克莱蒙（Raymond de Clermont）司铎的遗赠被用于制作圣马塞尔圣龛。其他司铎也对这个重达 100 多千克的纪念碑式圣物盒的建造做出了相应的贡献。圣龛的造型拥有三个殿厅，两侧均带有平顶山墙的教堂，其中一侧的山墙饰有圣马塞尔人物雕像。其生活场景及神迹发生的场面被描绘于装饰"教堂"的主屋顶之上，其上设有尖塔。侧廊布满了雕刻而成的菱形百合花，彩色玻璃窗则涂以金色珐琅。整座圣龛装饰有大量的宝石。[15]

此外，大教堂还藏有不少与圣马塞尔主教有关但略显寻常的圣物，比如他曾使用过的香膏[16]和一块装饰有骑士和狮子、被称为圣马塞尔之席（sedes S. Marcelli）的珍贵布料，这些至今都保存在大教堂的圣器室中[17]。

●

圣马塞尔圣龛，1694 年 5 月 27 日的游行版画（细节图）
（BnF, Est. Rés. QB 201 [171]-FT 5）

Chaſſe St Marcel

烧灼者祭坛和其他圣龛

在圣马塞尔圣龛后侧，紧靠着半圆形后殿墙面中心位置的是晨祷祭坛或火神的祭坛，其得名于 1128 年圣热纳维芙（Sainte Geneviève）教堂内所发生的神迹。由于圣热纳维芙的代祷，几位患有麦角中毒症（亦有烧灼病之称）的病人得以痊愈，她的圣龛因此从圣热纳维芙修道院迁到了这座大教堂。在中世纪末期，其祭坛也被置于圣三位一体的庇护之下。15 世纪中叶，一幅展示了司铎团成员与圣三位一体形象的祭坛装饰屏被安置在圣坛之上。这应该就是 1447 年在主教纪尧姆·夏蒂埃（Guillaume Chartier）自费修缮圣坛上的圣龛时，在大教堂参议会授意之下所实现的（见 41 页图）。[18]

在烧灼者祭坛旁边放置了一个银质的圣母圣龛，里面装有各式圣人的遗物。[19] 其中最负盛名的是国王菲利普·奥古斯特在圣热纳维芙山坡上的圣艾蒂安德格雷教堂（Saint-Étienne-des-Grès）中所发现的，他于 1186 年 12 月 4 日将其捐赠给了大教堂。这些圣物包括了圣母的发丝、施洗者圣约翰的三颗牙齿、圣艾蒂安受石刑时用的石块，以及圣丹尼的头骨和圣安德烈（Saint André）的一只手臂。[20] 其中，仅有圣母的发丝不知所终。正是为了纪念这批珍贵的圣物捐赠，人们将此日设立为周年纪念日，为此举办每年一度的"圣物捐赠接收节"（Susceptio reliquiarum）。

1400 年，大教堂的神职人员曾对圣龛进行了一次清点[21]，确认了其中的物品内容——来自约 20 位圣人的几十件圣物。在清单的结尾提到了那些还有待查看的圣物，因为这些物品"没有人敢看，因为但凡看到的人都会失去视力"。其实，在圣龛中找到本地教会历史上伟大人物的圣物并不罕见，比如这里就包括了来自巴黎首任主教圣丹尼的圣物。

大教堂的议事司铎们实际上在不遗余力地让圣丹尼成为狄俄尼索斯传说的一部分。在巴黎，与其生命最后阶段有关的各处地点因见证了其殉道被视为圣殿，与其相关的传说得以广泛流传。传说中提到的地点包括：通往奥尔良路途中的德尚圣母院（Notre-Dame-des-Champs），西岱岛上的圣丹尼杜帕教堂和圣丹尼德拉沙特尔（Saint-Denis-de-la-Chartre）教堂，以及与西岱岛圣西姆福里安（Saint-Symphorien）教堂相邻的小礼拜堂，这里是圣丹尼在殉道前夜被监禁的地方，耶稣基督曾在此显灵，赐予其圣餐。恰好此时，博蒙苏瓦兹（Beaumont-sur-Oise）封地的领主向欧德主教捐赠的圣西姆福里安小礼拜堂 [22]，当时大教堂的主体工程即将完工，如此一来，新大教堂旁边就有一座圣殿，虽说规模不大，但由于曾是著名神迹的发生地而颇具声望。

大教堂参议会还希望能够拥有圣丹尼的头颅，这意味着本来保存了圣人圣体的圣丹尼修道院的僧侣们只能保留其身体部分，这遭到了后者的强烈反对，为此他们甚至将圣丹尼的头颅直接放在其教堂的圣龛中进行展示，长达一整年。此纷争后被提交至巴黎议会进行审理。最终，在 1401 年，根据审判结果，圣丹尼修道院将拥有圣丹尼的完整圣体。[23] 然而，大教堂参议会并未放弃，依旧借助大教堂内与这位圣人主教相关的各式圣物竭尽全力地展示二者之间的必然联系。

除了被争夺失败的所谓圣丹尼的头颅之外，大教堂拥有的是这位主教的其他圣物，尽管不大为人所知，但仍被精心地珍藏在圣器室中，包括了圣丹尼的一块髌骨（genicula）、一件主教法衣与一袭苦衣。[24]

6 世纪时的巴黎主教圣日耳曼（Sainte Germain）的圣物，也经历了类似的事情。这位主教的遗体一直被安放在圣日耳曼德普雷修道院教堂的祭坛之上。该修道院于 1163 年落成，举行了庄严的祝圣仪式。[25] 这座大教堂的圣器室里保存着与圣日耳曼有关的各式圣物：胡须、头巾、髌骨和法衣，其中一部分早在 7 世纪克洛泰尔二世统治时期就已被珍藏于此处。[26] 显然，在圣日耳曼的圣物一事上，巴黎圣母院不占据任何优势，就如同其面对圣热纳维芙的圣物一样。圣热纳维芙修道院将圣人的圣骸保存在其圣坛内，并于 1242 年转移到金工匠邦纳杜斯（Bonnardus）新制作的圣龛之中。在这座圣母圣龛内，还放有一柄勺（cocleare）和一支蜡烛，应该就是圣热纳维芙在游行中带去圣丹尼的那根蜡烛，途中，魔鬼曾试图熄灭这支点燃的蜡烛，但始终有天使伴其左右令烛火长燃。

随着时间的推移，巴黎圣母院的圣物收藏愈加丰富起来，比如1212 年努瓦永大教堂向其捐赠了圣埃洛伊（Saint Éloi）的一只手臂。[27] 此时，圣龛也已因圣母院而得名圣母圣龛，用以存放圣坛中的主要圣物，但其中并不包括与十字架和圣马塞尔遗骸有关的圣物。此圣龛中的圣物主要涉及巴黎的主保圣人——主教圣丹尼与圣人圣热纳维芙。但他们的圣体和重要圣物则被与其存在竞争关系的上述圣人同名修道院所拥有。1372—1373 年间，大教堂参议会以 400 里弗尔的价格购置了一座新的圣母圣龛。[28]

一份编写于 15 世纪末的圣物清单显示，在圣三位一体祭坛附近还放有另外五座圣龛 [29]，其中存放的主要是本地圣人相关的圣物。祭坛的左侧为一座木制圣龛，仅正面镶银，其中摆放的是圣卢坎（Saint Lucain）的圣体，这是一位殉道者，于奥尔良附近被斩首（其瞻礼日为 10 月 30 日），圣希莱尔（Saint Hilaire）曾为其施法。

在祭坛上方摆放四座圣龛：第一座为圣科莫（Côme）和达米安（Damien，瞻礼日为 9 月 27 日）的镀银圣龛；第二座为圣游斯汀（Saint Justin，瞻礼日为 8 月 8 日）圣龛，他来自欧塞尔，在戴克里先统治时期于卢浮恩巴黎斯殉道（Louvres-en-Parisis），圣龛的正面描绘了他被斩首的场景；第三座为隐士圣塞维林（Saint Séverin，瞻礼日为 11 月 23 日）的圣龛，他为圣克劳（Saint Cloud）——墨洛温王朝王子的老师；最后一座为圣根杜尔菲（Saint Gendulphe，瞻礼日为 11 月 13 日）

的圣龛，其为某个教区的主教，于 5 世纪或 6 世纪在克雷泰尔（Créteil）殉道。[30]

在圣器室第三层连接大教堂南侧廊与主教宫的通道处，存放着其余圣物、仪式用品和经文手稿。[31] 正是在这些物品中间，人们发现了 1108 年议事司铎安索（Anseau）捐赠的圣十字架残片。[32] 装有圣十字架残片的圣盒在 14 世纪得以修复[33]，此外，每逢重要的节日仪式，人们会将一个 "古老的" 可打开的象牙圣母像与其同时置于圣坛之上。[34]

14 世纪末和 15 世纪初的圣物清单中均提到了两件圣物：一件是两名天使手捧造型的水晶瓶，据记载，其中装有圣母的奶汁——实际上为来自伯利恒（Bethléem）的白泥；另一件则是两尊装有圣母遗物（具体内容不详）的金工雕像。[35]

与主祭坛处相关的照明事宜一向颇受重视。自 1253 年起，议事司铎彼得·科隆纳（Pierre Colonna）捐赠了至少 150 里弗尔，专门用于支付以下重要仪式的蜡烛费用：每年圣诞节期间的午祷和头两场弥撒举行时摆放在主祭坛周围的 37 支蜡烛，以及圣烛节（2 月 2 日）游行归来后举行大弥撒时，摆放在祭坛和圣坛内的 100 支蜡烛。[36] 在 13 世纪初，有关举扬圣体仪式的描述中也曾提及 "火炬升天"，但目前，还没有确切的文献资料证明，巴黎圣母院曾以此种形式举行过这一仪式。

大多数圣龛都集中摆放于圣坛后方，这里同样也是照明的重点区域。一支火炬日夜不熄灭地照耀着圣三位一体祭坛旁的圣母圣龛。[37] 在大教堂重要祭坛的附近更是烛火长燃，其中，两盏位于作为主祭坛的圣母祭坛，一盏在半圆形后殿后侧的烧灼者祭坛处，横梁（pertica）处也被用来固定放置照亮主祭坛正面的蜡烛，尤其是在诸如葬礼仪式等场合。[38]

咏礼司铎的司祭席

在紧邻主祭坛的位置，每日约有一百名神职人员在各种仪式举行过程中聚集于祭坛的右侧部分。对于日常的仪式，主教仅是偶尔出席，只有在重大仪式场合才会出现在祭台上，其在邻近的主教宫中还拥有一间专用的小礼拜堂。除了作为大教堂东道主的 51 位议事司铎之外，来自邻近教堂的神职人员也会出席巴黎圣母院举行的各种仪式。此外，议事司铎有时也会因为在其他较远的教区教堂兼任受俸圣职而缺席大教堂的日常仪式，为了掩饰时有发生的缺勤状况，专侍于巴黎圣母院小礼拜堂的司铎便会代其出席祭坛上举行的各类仪式。

通常，这些司铎不仅是圣母院的常驻神父，其中的大多数也在参议会任职。久而久之，他们发展成为一类新型的神职人员，专事逝者的弥撒礼。[39] 其中大部分神父还组成了行会性质的团体，但仍接受大教堂参议会的管理。直到 1431 年，其总部一直设在位于中厅北侧的第二个小礼拜堂（即圣乔治圣布莱兹小礼拜堂）处。[40]

各类仪式的准备工作，是由咏礼司铎和专侍于小礼拜堂的司铎在非受圣职人员的协助下完成的。后者通常隶属于规模较小的修会，如诵经班或晨祷会等。在他们之中，"machicot"（译注：可译为唱诗班干事）一词专指从事圣礼音乐相关工作的职位。这一词的由来不甚确切，应与"machicotage"一词有关，意指素歌独唱者们所使用的装饰音。[41] 通常有 6 位独唱者。

在中世纪末，巴黎圣母院已拥有 8 个童声唱诗班 [42]，他们有时也需要在仪式中承担类似神职人员的工作。比如，在弥撒和法定的祈祷时辰为读经者执举蜡烛，在祭坛、晚祷弥撒、举扬圣体仪式中为神职人员焚香，每个休息日要将圣水送至议事司铎的住处。他们之中最年长的成员还会在游行途中负责举着十字架。当然，他们的主要职责还是以美妙绝伦的声音为庄严的仪式献唱。

神职人员的坐席

这些坐席应该是在 1182 年开始建造哥特式祭坛时就已经安置到位。为此，唱诗班首席阿尔伯特捐赠了 20 里弗尔专门用于建造神职人员的坐席 [43]。在接下来的几个世纪中，这些座椅虽然不断地经历修复和与时俱进的翻新，但与之前的布局相比并没有发生任何重大的改变。

圣坛屏中央作为祭坛主要入口的大门将司祭席完全封闭在横厅交叉甬道东侧的立柱子之内，除了这个入口外，神职人员还可以通过从圣坛屏起的第五个跨间处南北对称的两个入口直接到达祭坛。一般来说，咏礼司铎们会使用北侧的入口，南侧则供主教通行。可以说，从北入口到南入口之间的横向过道同属两个不同机构的辖地，而过道西侧的祭坛由参议会负责，圣坛则属于主教的辖下。[44] 一道低矮的拱形栅栏将祭坛与第五跨间的过道分隔开来。[45] 其围栏是沿着大殿的立柱而建，坐席沿西依次排开直至横厅交叉甬道的立柱位置再呈直角向南排列，圣坛屏将其与横厅分置两侧。

从平面上看，司祭席座位呈 U 形排列，分为高低两排。与普瓦提埃（Poitiers）、科隆、亚眠或奥克（Auch）大教堂所采用的古老设计一样，巴黎的坐席也是以隔板分隔为有扶手的独立座位。它们最初装有"miséricordes"，这个词专指教堂中神职人员座位下可供靠坐的垫板，当它竖起时，可以为需要在各种仪式中长时间站立的神职人员提供一个可依靠的支撑点，以不引人注目的方式缓解疲劳。

司祭席的两端分别为教会 8 位显要的席位。[46] 主教的坐席与咏礼司铎坐席同处一侧，均位于祭坛北侧，而教区秘书长的坐席位于祭坛南侧，距离圣殿最近。总铎和唱诗班班长的坐席

由伊斯拉尔·西尔维斯特（Israël Silvestre）于 1650 年左右所绘制的祭坛西侧
视角图（Louvre, Cabinet des arts graphiques, inv. 33009 recto [RMN- Grand Palais/
Michel Urtado]）

相对，位于圣坛屏祭坛入口处两侧的高位，总铎在南侧，乐监在北侧。在他们旁边落座的为各位总执事，南侧的是约萨和布里（Brie）的总执事，北侧在乐监和副乐监之间的为巴黎教区的总执事。其余 43 位咏礼司铎则落座于剩余的席位。一般来说，有神父或执事头衔的神职人员占据了高排席位，其余人则占据了低排席位。

随着资历的增长，司铎们享有实际意义上的地位提升，他们在司祭席中的座位可以与教会显要们的坐席更为接近，即靠近圣坛或者祭坛西端。在司祭席中央位置的低排坐席是为唱诗班所预留的空间，让他们在仪式中诵读或吟唱。代理主教、低阶司铎、专职司铎、唱诗班干事和司祷员，均需要按照严格制定的等级制度落座，遵守祭坛南侧与北侧之间对称的等级原则，南为宣读使徒书信一侧，北则为诵读福音书的另一侧。唱诗班的儿童和尚未被授予圣职的神职人员可坐在放置于底层的长凳或矮凳之上。

教会的职责

大教堂中与仪式相关的重要活动都在祭坛处举行，每日的弥撒仪式和 8 个法定的时辰颂祷，占据了一天中的大部分时间。这 9 项日课活动分别在 3 个主要时段进行：诵读日课（晨经和晨祷），日间祈祷（午前经、午前祈祷、弥撒和午时祈祷）和晚祷（午后祈祷、晚经和夜祷）。在圣母院，日间祈祷通常于上午 8 点开始，在中午之前结束，但如果当日有游行，则提前至 6 点 30 分开始。晚祷大约在下午 3 点 30 分开始，在下午 6 点前以赞美圣母歌收尾。从这一传统建立之初到大革命期间，圣母院的晨祷都是在午夜时分进行，但不包括圣三一主日和圣母升天节期间。由于夜晚时间较短，晨祷和晚祷均是在前一天晚上 6 点左右作为守夜祈祷进行的。随着时间的推移，越来越多的教堂在黎明时分进行晨祷，圣母院因其保持午夜晨祷的传统而变得越来越与众不同。咏礼司铎或小礼拜堂的神父，以及在祭坛处的其余神职人员都必须每天晚上在钟声召唤下参加祷告。[47]

在弥撒礼中，圣体礼仪的举行标志着礼仪日活动达到了高潮。即便如此，在法定颂祷时辰中，并没有对弥撒礼时刻给予特别的重视，以突出其举足轻重的地位。1210 年，彼得·德·内穆尔（Pierre de Nemours）主教首先将"举扬"仪式引入巴黎圣母院的弥撒礼中。"举扬"指的是司祭在祝圣后，先说出"这是我的身体"（Hoc est corpus meum），再举起"圣体和圣血"供信众瞻仰朝拜。这一新仪式迅速传遍了整个王国领地、英格兰和荷兰，最终在 13 世纪被罗马礼仪圣事部所纳用。[48]

诵读圣咏诗篇为 8 个法定颂祷时辰的主要活动，每周必须完整地诵读圣咏集，从周日的晨祷到随后一周的每一日（平日）直到下一个周日，因此这也被称为平日圣咏诗篇，每位神职人员必须将其熟记于心。颂祷诗篇的内容形式包括了轮唱诗篇、赞美诗、颂歌、答唱咏和短诗篇等。[49]

平日与节日

礼仪日历区将没有任何特定纪念活动的"平日"(férie)与"节日"(fête)进行了区分。这些节日之间本身也是存在优先等级的。无论是在巴黎圣母院，还是其他地方，都是按照 6 个等级对节日进行排序，由高至低分别为：年度节庆（圣诞节、复活节、五旬节、圣母升天节）、复式节、半复式节、九课、三课，以及有关圣人或神迹的通用或地方性纪念日。[50]

对于那些重要的节日（年节、复式节、半复式节和九课），特定的仪式从前一天晚祷时分便开始举行。[51]

《奥尔加农》(*Magnus liber organi*) 曲目的轮唱部分中大多数复音形式的曲调和旋律都是在 12 世纪末之后为举行庄严仪式所演奏的圣歌而创作的。[52]

在整个中世纪期间，礼仪日历的内容也逐渐丰富起来。到了12 世纪末，据估计已包含 135 个纪念活动，其中大约 70 个来自罗马天主教礼典，至少 20 个来自法国天主教教会的传统，大约 20 个来自法兰克人的传统，大约 25 个来自当时新形成的节日传统。值得注意的是，其中有些活动在 12 世纪末之前，还仅仅属于地方性的传统，如圣克劳和圣兰德里（Saint

Landry）的瞻礼日。[53]

依据节日的重要性，其仪式的长度、内容、司仪的数量和分布都会略有不同。例如，对于巴黎的《弥撒曲集》（*Kyriale*），即由 5 首圣歌（《求主垂怜经》《光荣颂》《信经》《欢呼歌》和《除免世罪的天主羔羊经》）所组成的弥撒曲目，在 13 世纪，巴黎圣母院确定了大约 15 个节日周期，选取了弥撒曲集中的 31 首曲目，根据时间顺序（基于圣诞节和复活节节日周期的礼仪日历）安排不同的节日场合的弥撒曲目，而非像其他各地一样依据通用的圣徒日历决定曲目的顺序。14 世纪初，巴黎的礼仪圣歌曲目已经被固定下来使用了近 3 个世纪之久。[54] 就其流传的广度而言，已远超其他各地所能提供的弥撒曲目。

为了方便唱诗班成员在仪式过程中查看乐谱，在南北两侧席位低排的中央位置均摆放了两张斜面读经台。总铎和唱诗班班长也各有一张，专门用来放置弥撒经本或日课祈祷文，以确保他们可以随时跟进仪式的进展。这些放置礼仪经书的读经台在 1333 年被重新上漆。[55] 仪式中需使用的经书会被直接保存于祭台处。1409 年编纂的一份清单显示，为了防止被窃，圣咏诗、轮唱诗、升阶咏等诗篇的经书都被链条固定拴于司祭席的两侧。[56] 其余的经文手稿则是存放在圣器室中，在礼仪日当日才取出。

在最庄严的节日场合所吟唱的圣歌多为平日较少被颂唱的那些曲目，为此，增加唱诗班班长的数量相当必要。同时，增加祭坛的照明也有助于人们按仪式中的各种指示行事。在仪式进行的大部分时间中，神职人员大多待在各自的席位上。主要的颂经环节是在祭坛中央的读经台抑或圣坛屏顶部的讲台进行。根据节日的重要程度，会需要一至六名独唱者，他们通常为唱诗班干事，站在祭坛中央的读经台旁颂唱出最华美的曲段。

咏唱赞美诗篇对于他们来说意义重大，唱诗班成员必须能够在独唱者启首乐句后，齐声颂唱出所有圣歌、圣咏诗篇、赞美诗、轮唱诗篇、答唱咏诗篇和弥撒曲集的五首圣歌。在吟咏《赞美颂》和《圣母颂》的圣歌时，他们的和声将与其余唱诗班成员的合唱融为一体，例如在晚祷唱诵《不可侵犯》（*Inviolata*）续唱选段和弥撒礼前吟诵赞美诗《万福圣母》（*Ave regina*）的时候。他们会单独演唱短诗篇，这些短小的诗句穿插于轮唱赞美诗和葬礼仪式之中，最后说出"让我们祝福主"（Benedicamus Domino）这一句时标志着仪礼的正式落幕。[57] 为了给日课的吟诵和声增添色彩，在 12 世纪末和 13 世纪，唱诗班的副乐监莱昂（Léon）和佩罗丹（Pérotin）专门为巴黎圣母院创作了华丽精彩的复调形式圣咏曲[58]，令众人赞叹不已。

祭坛外的礼仪

小礼拜堂及其司铎与弥撒礼

不是所有礼仪都在祭坛和圣坛举行。随着小礼拜堂的兴建，对以拯救灵魂为意向的弥撒需求也随之增加，这就令额外的祭坛建造工程迫在眉睫，新建的祭坛可以被安置在大教堂内的各处，从而有效避免了因信众大量涌入而对大教堂的设施造成损害的状况。

"小礼拜堂"一词首先是指侍奉于祭坛的司铎为纪念逝者所举行的弥撒礼。对于逝者的追思始终被视为弥撒礼的"驱动力"[59]。目前已知最古老的小礼拜堂是 12 世纪末由王公贵族所捐建。菲利普·奥古斯特在 1186 年和 1190 年在布列塔尼伯爵杰弗里和女王伊莎贝拉·德·海诺特（Isabelle de Hainaut）入葬于祭坛时专门设立 4 个侍奉于此的司铎职位，担任此职者多为神职人员，在 13 世纪主要为司铎团成员，但从 14 世纪起，教长、红衣主教、参议会的高阶神长和没有圣职的普通教友也可担任此职。到了 15 世纪初，圣母院拥有至少 123 名专职司铎，专侍于小礼拜堂和祭坛。[60] 专职司铎制度的建立意味着大教堂需要给予专职司铎一定的资金支持。根据 1260 年的一项规定，每年至少要向小礼拜堂捐赠 12 里弗尔以维持其日常开销。事实上，13 世纪，小礼拜堂所获捐赠数额平均为 14 里弗尔，到了 14 世纪则达到 20 里弗尔。[61]

专职司铎的人数从 1250 年的 32 位增加至 1360 年的 116 位 [62]，但小礼拜堂的数量一直维持在 32 间。几位专职司铎不得不在同一日先后侍于同一个祭坛，而一间小礼拜堂也可以同时接纳不同的专职司铎。到了中世纪末期，每个祭坛所接纳的专职司铎人数已经上升到了 5 位 [63]，这意味着每天同一座祭坛都会举办好几场弥撒礼 [64]。从 14 世纪中叶开始，为了缓解小礼拜堂收入的锐减所导致的专职司铎短缺的危机，大教堂参议会提议要增加弥撒礼的数量，而非专职司铎的人数，前者的资金支持主要来自大教堂所获的捐赠、更易于管理。[65] 中世纪晚期，大教堂里每天会举办多达 120 场弥撒礼，其中大部分都是在小礼拜堂里的次要祭坛上进行的小弥撒，其不会对在主祭坛上进行的大弥撒产生任何影响。[66] 早在 1209 年，就已经对专职司铎高声和低声吟诵经文的节奏有所规定。[67]

小礼拜堂数量的增多有可能令大教堂的内部空间显得杂乱无章 [68]，为了避免这种状况的发生，人们想到了可以将大教堂侧扶壁之间的几处空间充分利用起来，首先是在中厅，其次是在祭坛。这一设计的精妙之处在于，借由打通外侧走廊的侧墙，将飞扶壁巨大立柱之间的空间整合成为教堂大殿之中新的内部祭祀空间，扶壁的立柱间的距离限定了加建小礼拜堂的占地面积。新的小礼拜堂覆以四分肋架拱顶。在不到一个世纪的时间里，大教堂内已建起一系列相连的小礼拜堂，首先是沿着中厅，随后是环绕着祭台。对于建筑本身的考证研究让我们可以推断出最早建成的应该是中厅北侧的前四座小礼拜堂，其年代在 1225—1235 年。紧随其后的则是南侧的小礼拜堂，我们找到了 3 处关于其专职司铎在 1236—1241 年的相关记载。中厅的北侧的最后 3 座小礼拜堂大约建于 1250 年 [69]。

只有两处有关记载明确提到了一座小礼拜堂的建造过程，其为施洗者圣约翰和圣玛利亚玛德琳的小礼拜堂。1288 年司铎吉尔伯特·德·萨纳为其捐赠 14 巴黎铸里弗尔年金，此外还捐赠了 100 图尔铸里弗尔的遗赠，专门用于建造这座位于祭坛北侧的第四间小礼拜堂。[70] 西蒙·德·布西主教于 1296 年所捐建的小礼拜堂更为壮观，它横跨了中轴线三个跨间，里面共设有 3 座祭坛，最初供奉着圣人里戈贝尔（Rigobert）、马塞尔（Marcel）和尼采斯（Nicaise）。[71] 布西主教捐赠了 600 里弗尔给小礼拜堂的专职司铎和 200 里弗尔用于其建造工程。[72]

用于分隔小礼拜堂与大教堂其余空间的是各式栅栏。一种花架栅栏（Treillas）曾在 1328 年的文献记载中被提及。[73] 小礼拜堂的封闭空间可以保证各种礼仪用具完好地保存于箱盒之中。祭坛最初设于小礼拜堂的东侧墙，以配合大教堂主祭坛的布局安排。这里的大部分石制祭坛还未经历过祝圣仪式，因此神职人员将一个可移动的祭坛插入其间。[74] 此移动祭坛以硬石或次等宝石镶嵌制成且经过祝圣，平日被保存于圣器室，每逢弥撒礼前才由圣器保管人交由主祭，同时每一位在小礼拜堂举行弥撒礼的司铎也会得到一支仪式专用的大蜡烛。[75]

位于中轴线的小礼拜堂（P. Lemaître）

1395 年，参议会制定了一项新规定，要求举行弥撒礼的咏礼司铎需先在祭坛入口处的圣母像前聚集，领取圣餐礼所需的圣餐饼和葡萄酒，以此来考查司铎的出勤率。[76]

当侧廊的小礼拜堂完工时，大规模的建坛运动还未停止。从 14 世纪 20 年代开始，横厅里增添了不少新祭坛，因其显眼的位置而备受赞赏。可以说，这一时期的建坛风潮是由大教堂的神职人员所引领的。这里唯一有据可考更为古老的祭坛建于 1269 年，它紧靠着横厅交叉甬道东南侧的立柱。根据彼得·德·奥格蒙主教的提议，此祭坛于 1390 年前后被重建。[77]横厅南翼设有圣马蒂亚尔（Saint-Martial）和圣艾格南圣母院（Notre-Dame-Saint-Aigang）祭坛，北翼则是圣塞巴斯蒂安（Saint-Sébastien）和圣朱利安杜曼（Saint-Julien du Mans）祭坛。15 世纪初，在祭台双过道入口处中央立柱附近新建了两座祭坛，南侧的用以纪念圣母升天，北侧供奉的是圣马丁。[78]

在 15 世纪初 [79]，大约已有 50 座小礼拜堂拥有主保圣人。圣母玛利亚、圣马丁、圣安妮和圣米歇尔成为数座小礼拜堂的主保圣人。至少有 13 位主教也加入其中。供奉圣马塞尔的祭坛曾位于祭台东端的纵轴线上，后在 13 世纪末又出现在如今中轴线处的小礼拜堂内，但很快就在 1299 年又被圣路易祭坛所取代。[80]

固定礼仪和游行

至少从 13 世纪初开始，游行传统已然形成，即在某些节日里，神职人员会在晚祷结束后离开祭坛举行游行，目的地可能是一座礼拜堂，也可能会是节日当天所纪念的圣人的雕像。在简短的仪式之后，游行队伍会再度回到祭坛，吟诵赞美圣母的轮唱咏。14 世纪时，人们习惯最终在横厅东南立柱的圣母雕像前停下脚步，并在此处颂唱"不可侵犯，完好无损，坚贞不渝"（Inviolata intacta et casta）。这一仪式因此被称为"不可侵犯的祈祷"（Statio de Inviolata），其举行得益于神职人员的大量捐赠，比如 1342 年纪尧姆·德·沙纳克（Guillaume de Chanac）主教为复活节周的庆祝活动捐出了其 25 里弗尔的年金。[81]

从 13 世纪上半叶开始，人们可以重现圣周四游行的活动内容

圣坛和祭坛平面图

大教堂主保圣人小礼拜堂
（G. Chaumet, Plemo 3D）

中厅处的小礼拜堂：
1. 圣李奥纳多
2. 圣乔治与圣布莱兹
3. 圣热纳维芙
4. 圣劳伦
5. 圣朱利安勒普沃尔与埃及的圣玛利亚
6. 圣凯特琳
7. 圣尼古拉斯
8. 圣玛利亚玛德琳
9. 圣奥古斯丁
10. 坎托贝里的圣托马斯
11. 圣迈克尔和圣安尼
12. 圣菲利普和圣雅安各
13. 圣巴蒂勒米和圣文森
14. 圣安妮

祭坛处的小礼拜堂
15. 圣约翰和圣阿涅斯
16. 圣厄斯塔什
17. 施洗者圣约翰和圣玛利亚玛德琳
18. 圣费雷尔和圣法尔耶
19. 圣米歇尔
20. 圣安妮和圣马丁
21. 圣芙依
22. 圣厄特罗佩
23. 施洗者圣约翰的头颅
24. 圣里戈贝尔
25. 圣马塞尔（1299 年起改为圣路易）
26. 圣尼采斯
27. 圣艾蒂安
28. 圣克雷平和圣克雷平恩
29. 圣雅各
30. 圣彼得和圣艾蒂安
31. 圣雷米
32. 圣杰罗
33. 圣丹尼和圣乔治
34. 圣彼得和马蒂尔
35. 圣彼得和圣保罗

横厅处小礼拜堂
36. 圣塞巴斯蒂安
37. 圣朱利安杜曼
38. 圣母
39. 圣艾尼昂
40. 圣马塞尔

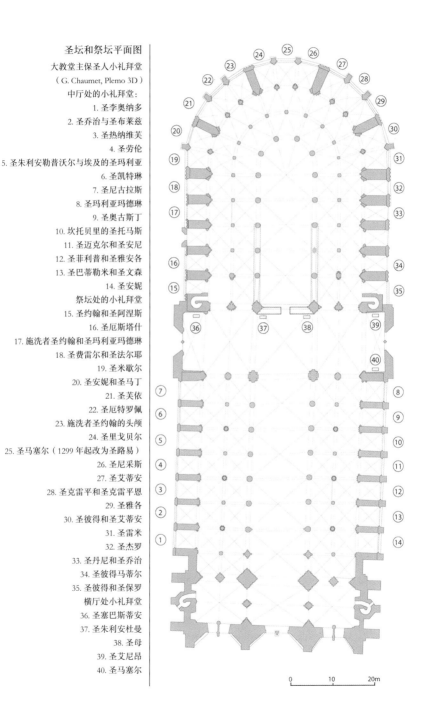

0　　10　　20m

149

和具体路线。[82] 为了前往祭台举行祝圣圣油弥撒礼，在祭衣室处（朝向今天祭台南侧过道的第三个跨间处）形成游行队伍。其最前方为司仪，随后为 2 名吟唱着短篇圣歌《哦 救世主》（ *O Redemptor* ）的辅祭及 4 名伴唱辅祭、4 名副执事、4 名执事、2 名手执蜡烛的祭童、1 名手持十字架的祭童、2 名副执事及 2 名戴有披带的执事，其下方为 2 名身着白袍加披圣礼袍的咏礼司铎分别手持圣油与圣膏，其左右两侧各有 1 名祭童，手执香炉。队伍的最后是 2 名执举大蜡烛的祭童，1 名手持十字架的祭童和首席司铎。游行队伍会从祭衣室出发，先是通过祭坛西侧圣坛屏中央的主入口，再在主教的注视下到达主祭坛，此时，执事和副执事会围站在圣坛四周，排成圆圈状（corona）。圣周四午餐后，所有祭坛会按照游行队伍经过的顺序进行洗净。

游行队伍的路线如下：首先经过的是半圆形后殿后端的圣三位一体祭坛，随后为半圆形后殿拱顶石正下方的圣母主祭坛，接下来是位于中轴线上回廊尽头的圣马塞尔祭坛。在经过位于中厅南侧侧廊最后一个跨间供奉圣玛利亚玛德琳祭坛后，游行队伍继续 "上行"，即从中厅去往祭坛方向，经过门徒彼得（Pierre）和保罗（Paul）的祭坛，再到圣科莫和达米安的祭坛和圣米歇尔的祭坛。随后游行队伍 "下行"，朝反方向的中厅行进，抵达大教堂外部的圣约翰勒隆（Saint-Jean-le-Rond）教堂——紧挨着圣母院北立面，游行队伍的最终目的地则是圣丹尼杜帕教堂的后殿。

在诸圣节期间，在前往圣殿处的三个祭坛（圣三一、圣母、圣马塞尔）之后，游行队伍会分成两队，右侧的队伍会分别前往圣玛德琳、圣彼得和圣保罗、圣莫里斯、圣科莫和达米安，以及圣米歇尔的祭坛，随后返回祭坛处；左侧队伍则在前往圣托马斯的祭坛，以及大教堂外的圣克里斯托夫教堂、圣约翰勒隆教堂和圣丹尼杜帕教堂后，返回主祭坛，此时，两队会再度合并为一支队伍 [83]。

愚人节

相对于大教堂臻于完美、令人敬畏的各式礼仪规定，圣诞节后一周举行的愚人节庆祝活动以其叹为观止的喧闹程度成为一个例外。约翰·拜莱特（Jean Beleth）大师在其著作《神职的理性解析》（*Rationale divinorum officiorum*）中指出，由执事、神父、辅祭和副执事所负责的 4 个节日可被视为年轻的神职人员宣泄旺盛能量的一种渠道。[84] 首先会在 12 月 6 日的圣尼古拉斯日，选出一位小主教，标志着节日庆祝正式拉开序幕。其次，在诸圣婴孩殉道庆日（12 月 28 日），交由辅祭们去举行一场嘈杂喧闹的庆祝活动。

最著名的是愚人节，它由副执事们在耶稣受割礼日（1 月 1 日）进行庆祝。活动内容包括了穿越整座城市的游行和为圣母举行的礼拜仪式。这一系列活动可以令年轻的副执事有机会以戏谑的方式模仿神圣的礼仪，并容许其中的放纵行为。当日所展现的福音书段落是有关出埃及记的内容，由神职人员饰演圣玛利亚与圣约瑟夫。该仪式被称为驴的仪式，因为有一头货真价实的驴被带入教堂参与演出。由于此愚人节被视为年轻神职人员的节日，它极有可能也吸引了城市中年轻学生的广泛参与，尤其是因为圣尼古拉斯通常也被认为是学子的守护神。

神学家彼得·尚托尔则对这类娱乐活动持反对态度。在愚人节期间，教会的权威与其象征物——权杖，被交到一个被称为"节日主教"的副执事手中。彼得严厉谴责此节日的暴力性质，并提醒神父们与之保持距离，以免他们被充气的母鸡膀胱做成的气球砸到头，或被沾到尿液。还有一些狂欢者随意持剑玩耍，误伤自己或他人，以至于血洒教堂！1198 年，教皇特使彼得·德·卡普亚（Pierre de Capoue）也对诸如此类的过分行径大为抱怨。[85] 这些强调秩序重要性的呼吁显然没有得到任何重视，因为在 15 世纪，还能见到诸多关于愚人节各式夸张行为的记载。[86]

墓葬

对于生者来说，大教堂的空间等级森严，对逝者来说亦是如此。除了王室成员之外，只有主教才享有被葬于祭坛的特权待遇。从 14 世纪起，议事司铎葬入小礼拜堂及其周边空间的情况越来越常见，然而对于普通信众来说，葬入教堂内的可能性仍然微乎其微，这足以证明教会的神职人员对大教堂的绝对控制权。[87]

逝于 1208 年的欧德主教是第一位在这座哥特式大教堂下葬的主教。他的墓碑就矗立于大教堂祭坛的中央，正对着第一个跨间的拱顶石。附近还葬有他的诸位继任者巴蒂勒米（Barthélemy，1223—1227 年在任）、戈蒂埃·德·沙托蒂埃里（Gautier de Château-Thierry，1249 年在任）、胡戈·德·贝桑松（Hugues de Besançon，1325—1332 年在任）和艾蒂安·德·巴黎（Étienne de Paris，1363—1373 年在任）。此外，还有彼得·德·贝勒佩什（Pierre de Belleperche），其曾为参议会总铎，后成为欧塞尔的主教（1306—1308 年在任），成为其职业生涯的顶峰[88]。

除了位于咏礼司铎司祭席处的 5 座主教之墓外，圣殿里还有 6座同类型的主教之墓，包括彼得·德·内穆尔之墓，位于主祭坛后侧。艾蒂安二世·坦皮尔（Étienne II Tempier，卒于 1279 年）与艾梅里·德·梅尼亚克（Aimery de Maignac，卒于 1384 年）均被葬入彼得·德·奥格蒙的墓脚下，该墓位于祭坛的围栏处。[89] 此外，还有路易七世的兄弟菲利普·法兰西之墓，他逝于 1161 年，曾为巴黎教会的总执事，在 1159 年拒绝了主教任命。他的黑色大理石坟墓上刻有白色的大理石铭文，位于圣马塞尔圣龛之下。[90] 他的遗骸应该是从原先的大教堂处搬迁而来。对其棺椁的制作材料的分析表明，此石墓是在其死后建造的。

小礼拜堂内通常会安放其资助人之墓，绝大多数为主教或议事司铎。他们当初为礼拜堂捐赠往往也是出于希望被葬于此地的心愿。[91]1259 年，议事司铎彼得·勒·儒纳（Pierre le Jeune）被葬在南侧侧廊的第三个小礼拜堂中，他曾为圣詹姆斯和圣菲利普祭坛建立了两间小礼拜堂。西蒙·德·布西在 1304 年被葬入他于 1296 年捐建的中轴线小礼拜堂内，是当时唯一一位被葬入祭坛之外的主教。

从圣母院这一时期的墓志铭记载中可以得知，大约有 20 座坟墓分布在祭坛小礼拜堂或其周围的侧廊和回廊中。[92]它们中的一些集中于红门附近，一般议事司铎通过此门从北侧的围栏进入祭坛。更多的则分布在呈辐射状排列的小礼拜堂内，其中位于中轴线的小礼拜堂及其周边最为密集，共有 8 座墓碑。到了 15 世纪初，整个横厅仅有 3 座，中厅则有大约 15 座，大部分集中在中厅的东端。至此，我们可以大致总结出巴黎圣母院的棺墓分布特点，即多集中在半圆形后殿和中厅的东端。

在 18 世纪，墓碑逐渐被新的石质铺面所替换，加上此后大教堂也经历多次改建工程，令我们很难再以此为基础去了解亡者及为其所建纪念碑对中世纪的大教堂所产生的真实影响。即便如此，我们还是观察到了以下特征：平地墓是最常见的类型，由一块大石板组成，上面刻有死者的浮雕雕像和墓志铭，时光的流转，这些装饰细节会随着信众和神职人员日复一日的踩踏而愈加模糊难辨。铜制棺墓也同样常见。最具气势且堪称纪念碑的棺墓是相当与众不同的，比如饰有欧德主教雕像的青铜棺墓放置于咏礼司铎的坐席中央，在礼拜仪式中，它始终处于人们的视线之中。

从 14 世纪起，大教堂中的主教雕像日益增加。西蒙·德·布西主教的大理石卧像出现在由他所建的中轴线小礼拜堂左侧墙下，就在一幅绘有置身于圣丹尼和圣尼采斯——即小礼拜堂的主保圣人之间的圣母与圣婴的壁画前。[93]在这间小礼拜堂的入口处，还有一尊布西主教的雕像被摆在立柱的顶端，其上刻有他的墓志铭。[94]此后，他的一位亲戚艾蒂安·德·苏西（Étienne de Suisy）也沿用了这一做法，此人为布鲁日的总执事，曾任法兰西掌玺大臣（1303—1307 年在任），他为其主保圣人捐建了两间小礼拜堂，毗邻南侧的圣尼采斯小礼拜堂。他于 1311 年去世，葬于圣约翰德拉昂修道院，但他的全身雕像立于圣母院半圆形后殿的小礼拜堂入口处，与布西主教的雕像相对，他曾在后者主教任期结束之时协助其进行教务工作。[95]

红衣主教米歇尔·杜·贝克（Michel du Bec），曾任圣母院议事司铎和圣康坦总铎，于 1318 年在尼姆去世。1320 年，他的遗体被送回了巴黎，埋葬在加尔默修道院。但与布西主教和艾

西蒙·德·布西主教的大理石卧像（A. Tallon）

蒂安·德·苏西一样，在位于呈辐射状分布的小礼拜堂北侧的
第一间入口处，有一尊其身着红衣主教长袍的全身雕像，这间
小礼拜堂由他捐建，用以纪念他的主保圣人。除了这尊雕像之
外，贝克还作为捐赠者出现在小礼拜堂的彩色玻璃窗上，展现
了其手持小礼拜堂模型的形象。[96]

1351 年逝世的议事司铎彼得·巴里埃（Pierre Barrière）被葬
入圣艾蒂安小礼拜堂，紧邻中轴线小礼拜堂的南侧。他希望能
在小礼拜堂里安装一扇彩色玻璃窗，一侧是耶稣受难图和从菲
利普四世到菲利普六世的法国国王的图案——据此我们可以推
测他有可能担任过国王的书记官，另一侧为圣母玛利亚、耶稣
基督和圣彼得的图案。[97]

彼得·德·奥格蒙的石墓位于圣坛北侧，令人难以忽视，其白

绘有布西主教之墓的壁画，位于中轴线小礼拜堂的南侧墙面（巴黎圣母院负责人）

色的大理石卧像置于黑色大理石制成的石台之上。[98]

除了王室成员之外，非圣职人士葬入大教堂的情况在 15 世纪之前是罕见的，即便有特例，也仍属于精英人士的特权。第一个获得参议会准许葬入巴黎圣母院的是艾梅琳·德·肖蒙（Émeline de Chaumont）和她的丈夫伯努瓦·德·圣维克多（Benoît de Saint-Victor，于 1237 年下葬）。他们仅获准葬于室外的墓园，于"水滴之下"（sub stillicidio）[99]，意为在其所葬之处，即从大教堂内院通往圣丹尼杜帕教堂的小路之上，可接受从大教堂后殿外檐流淌而下的雨水。[100] 圣路易王的顾问约翰·萨拉钦（Jean Sarrazin）于 1275 年左右逝世。他在生前对圣母院相当慷慨，圣母院本该以他的职位"内侍"命名一座铸钟，但最终就连其希望葬入由他所捐建的小礼拜堂的遗愿，都因为教会的强烈反对而无法实现。后来他只能被安葬在圣维克多修道院。[101]1400 年以前，唯一有据可循的普通信众的坟墓属于骑士彼得·米勒（Pierre Millet），它紧邻红门东侧的施洗者圣约翰和圣玛德琳小礼拜堂，亦有感化院之称。[102]

约翰·拉维作为大教堂的建筑师，也属于少数能被获准出现在大教堂之中的平民，他的雕像早在 1344 年就出现在祭坛北侧的围栏之上。要知道在这一时期，巴黎圣母院根本不允许其建筑装饰中出现普通教友的雕像。直到 15 世纪，这一规定方得以改写，这才令巴黎地区的权贵家族在此事上能拥有一定的特

红衣主教米歇尔·杜·贝克小礼拜堂，绘画作品，17世纪（Fonds Gaignières [BnF, Est. Pe 11a rés. p. 147]）

权，但参议会对此所持的态度还是相当的谨慎。

查理六世的内廷总管安托尼·德·埃萨赫（Antoine des Essarts）的经历颇具代表性。[103]1412 年 10 月，他表示希望在横厅建造一个祭坛。参议会持反对态度。他的兄弟、巴黎市长彼得也提出了同样的请求，同样遭到了拒绝。在 1413 年的巴黎卡博奇暴动之后 [104]，安托尼声称他的出狱要归功于圣克里斯托夫的代祷。这次，为了还愿，他终于获准在中厅中央大殿南侧的第二根立柱旁竖起了一尊高约 9 米的圣人巨像。在中世纪晚期，圣克里斯托夫的类似雕塑并不罕见：据说，但凡看到他的雕塑，死亡便不会在当日降临，为了避免来不及忏悔的突然死亡，人们希望在各处都能看到他的圣像。[105]

直到 1437 年，彼得·德·埃萨特（Pierre des Essarts）才获准在放置此巨像前的便携式祭坛上以其个人名义举行奉献弥撒礼。[106] 1474 年，安托万的儿子菲利普·德·埃萨赫获准在圣克里斯托夫的巨像旁建造一个固定祭坛，立起一尊其父的雕像，且每周举行一次弥撒礼。[107] 到了 1786 年，在参议会的提议下，圣克里斯托夫巨像最终被毁，在此之前，它以一种先声夺人的姿态，提醒人们铭记一位来自巴黎显贵家族的成员，但不得不说，这仅是一个罕见的个案。

我们将在下文继续讨论君主、国王、王后和王子等王室成员与大教堂之间的联系。值得注意的是，在中世纪末以前，除了前

18 世纪的大教堂中央大殿。在此图右侧前景处的便是由彼得·德·埃萨特于 1413 年所捐建的圣克里斯托夫巨像（BnF）

者之外，巴黎教会的神职人员似乎并不希望任何普通教友葬于此处，由此可见，在该建筑所划定的势力范围之内，教会的神职人员依旧拥有绝对的话语权。

第五章

圣母院的信众

我们已经对大教堂的神职人员有所了解，相较而言，想要获知教堂信众的情况则困难得多。每逢重大节日，他们的数量可达几千人，如果以教堂的接待量进行推断，除了祭坛外，其占地 3 800 平方米，足以容纳约 7 500 人。[1] 几乎难以找到有关信众的直接资料，与其相关的材料多来自神职人员，但他们在定义其牧灵工作时仅将信众视为一个毫无个体差别的群体。在当时有关大教堂主体工程竣工的相关的记载中，罕见地出现了一段对"普通"公众而非文人的描述。这段来自 13 世纪中叶或更早时期饱含讥讽色彩的文字在字里行间嘲讽那些来首都观光的农民。在《二十三种农民的举止作风》（*XXIII manieres de vilains*）一书中，写有这样一段话：

有如猴子般丑陋的农民们在巴黎圣母院前，看着国王的雕塑说："我们看到丕平，我们看到查理大帝。"然后有人把他们的钱偷走了 [2]......

这位匿名作者明显是在嘲笑这些行为举止像猴子一般的农民，他们站在大教堂的外立面前，试图辨认出众王廊中的国王雕像，结果却被扒手偷走了钱财。

除了表达以上的讽刺之意以外，令人忧心的还有游客文化素养的缺失。就神职人员而言，他们急于对大教堂的信众行使引领之职，尤其是让文化程度较低的公众接受牧灵指导，了解这座庞大且规矩繁杂的建筑之中的种种禁忌——某些空间为禁地或是无法轻易获准进入。在祭坛所举行的各种礼仪是普通信徒几乎无法接近的。但是，在某些情况下，他们可获准进入半圆形后殿的环形回廊，从那里可以透过其镂空的围栏隐约看到装有圣物的金工圣龛。不然，如何能证明在半圆形后殿留出巨大的通行空间是正确的决定呢？此外，在小礼拜堂举行的仪式是对信众开放的。早在 14 世纪，曾有人提到过"懒人祭坛"[3]，它紧挨着横厅交叉甬道东南方向的立柱，得名于这一礼仪安排：上午 11 点钟进行的最后一次早间弥撒就在此祭坛举行，选在这个位置意味其向普通信众开放。

信徒的管理

彼得·尚托尔在其著作《关于祷告》（*De oratione*）中对神职人员做出了如下指示，即引导信众崇拜十字架、向圣母祈祷、常去祭坛参加礼拜，以及定期瞻仰圣人的圣物。[4] 如果这些是具有通用意义的指示，那么也适用于在圣母院为信众们提供一个表达其虔诚的行为指导框架。

信徒们无法在祭坛拥有一席之地。当神职人员在祭坛举行仪式时，一道圣坛屏将信众完全隔离在外，令其沦为彻底的局外人。[5] 彼得·尚托尔建议目不识丁的信徒只需在教堂内专注于个人祷告即可，与此同时，还需因其所犯下的不同罪责而选用相应的祈祷姿势。他总共描述了 7 种姿势：站、跪和卧等。[6] 其还建议这些信徒需反复背诵《天主经》（*Pater noster*），日间祈祷 100 次、晚间祈祷 30 次、黄金时段 20 次、弥撒期间 50 次 [7]，但对于这些建议是否被信徒所采纳和执行，就不得而知了。

教会鼓励信徒对大教堂进行个人捐赠。最常见的是信众对教堂火烛开销的慷慨解囊。他们可以选择规模较小的小礼拜堂祭坛进行捐赠，比如兰伯特和佩特罗尼拉夫妇在 1269 年选择了位于中厅南侧廊的第一间小礼拜堂中的圣安妮祭坛，定期供应其中一盏灯上所需的所有蜡烛。[8] 可以说，紧邻横厅交叉甬道东南侧立柱上的圣母雕像是众信徒竞相捐赠的对象，它所获得的奉献足以令其像前烛火长明。1425 年，巴黎市政府就将一根重达 100 法磅的蜡烛置于此像之前。[9]

对于不定期的烛火奉献，信徒们会直接从大教堂正门南侧的圣安妮门前的摊铺进行购买。为此，摊主往往需向教会支付高额

圣母祭坛，1626 年
（Colombier 1966,
p. 104）

圣安妮大门山花墙下层左半侧浮雕：圣母玛利亚与圣约瑟的婚礼（C. Gumiel, CAC）

的租金，1410 年的租金为 20 金法郎。[10] 圣安妮门的山花墙下层浮雕装饰所描绘的就是与圣安妮和约阿希姆有关的献烛场景，这应该与附近正在进行的贸易活动不无关系。

有大量病患来到圣母院，希望可以通过祈祷得以痊愈，特别是那些备受圣火症或烧灼症折磨的人们，其实这些均为麦角中毒的症状。造成这一现象的原因，是人们希冀能够再现 1128 年所发生的神迹：人们认为在圣热纳维芙的圣龛被送入大教堂后，由其代祷所发生的神迹也同样能在此地重现。[11] 也正是为了纪念这段历史，位于半圆形后殿尽头处的晨间祭坛亦被称为"烧灼者祭坛"。其所在空间因处于主祭坛和圣龛附近，照明强度比较高。病人被获准夜间可以留在大教堂的中厅里，为

约翰·富凯的画作《艾蒂安舍瓦里的祈祷时辰》，圣维兰的神迹，约 1450 年（Musée Marmottan, Giraudon，The Bridgeman Art Library）

此，在 1249 年，参议会在中厅北侧廊第三间圣热纳维芙小礼拜堂处添置了六盏大灯，并令其上的烛火整夜燃烧。[12]

画家约翰·富凯（Jean Fouquet）的作品呈现了在大教堂中厅北侧侧廊中所发生的圣维兰神迹治愈被附身者的场景，足以让人联想到当时类似的事件发生时所能引发的关注度。[13]

兄弟会：席位有限[14]

在这座哥特式大教堂建造之前，就已经出现兄弟会形式的信众组织。根据 9 世纪末或 10 世纪初的有关记载，圣母院当时已建有一个十二使徒兄弟会或博爱会（de societate duodecim apostolorum）。[15] 在 12 世纪，又另建了一个为了纪念当时名声大噪的烧灼者神迹[16]，但它似乎在 14 世纪因黑死病瘟疫的肆虐而解散。巴黎圣母玛利亚早起者兄弟会（Confraternitas Beatae Mariae Parisiensis surgentium ad matutinas）由神职人员和其他居住在大教堂内院或附近的虔诚的信众所组成，他们在午夜时分与神职人员一起进行晨祷。[17] 然而，此会在大教堂内并未设专用的小礼拜堂，它从 1205 年起将附近的圣玛德琳教堂作为聚会地点[18]。这些由虔诚信徒所建立的组织似乎与其他常见的行会组织有所不同，后者是将共同从事某项专业活动的人士聚集在一起的组织。

实际上，直到近两个世纪之后，大教堂才接纳了一个由手工艺人组成的兄弟会，即鞋匠行会，鞋匠师傅们于1393—1394年[19]才开始捐建圣人克雷平兄弟（Saint Crépin et Crépinien）小礼拜堂。该堂于1417年竣工，位于呈辐射状分布的小礼拜堂的中央跨间处，与中轴线小礼拜堂的南侧相接。[20]此会在得到查理五世颁发的特许证后于1379年7月6日所建。当时，他们见到其行业守护神圣人克雷平兄弟的雕像出现在圣母院之中。[21]后来，当巴黎圣母院在1414年获得了苏瓦松圣克雷平勒格朗修道院（Saint-Crépin-le-Grand）教士捐赠的圣物后，圣人克雷平兄弟的声望大增。随后，参议会准许此兄弟会出资制作一个银质圣龛盒以放在其祭坛上进行展示，并指定此祭坛所得到的奉献均划入教堂财产管理委员会的账户。[22]

当时欧洲北部其余隶属于第三等级的兄弟会，往往更崇尚尽显奢华的奉献方式，比如布鲁日或安特卫普等地。但巴黎圣母院的兄弟会始终保持低调，这与其说是出于他们本身的意愿，不如说是来自参议会的压力所致，因为对于后者来说，唯有始终保持礼仪及圣歌展现出来的豪华场面才最为重要。[23]

雕刻装饰，是对布道的回应

在此借用6世纪末教皇格里高利一世的说法，大教堂的雕刻装饰，特别是大门处，并非真正意义上的"石雕圣经"，而是神

版面作品《圣母加冕门》，摘自勒让蒂尔·德·拉加莱西埃（Le Gentil de la Galaisière）于 1788 年出版的著作

职人员以此来布道，通过这种方式让信众熟悉教规教义、主题内容与圣人圣事。

莫里斯主教较早被译成法文的 67 篇布道中所涉及的内容，不难在圣母院的大门山花墙处的雕刻图像中找到对应的元素，两种艺术表达方式，语言与造型在此相互依存、彼此支撑。尽管缺乏确切的相关文献资料，但无论是具有象征意义的雕塑装

170

饰，还是庄严神圣的礼仪，都可被视为是牧灵指引工作中不可或缺的部分。圣母升天节之际的布道宣讲 [24] 所述，圣母玛利亚赎免了夏娃的罪责，如同圣母加冕大门的门间柱基座浮雕所展现的那般。随后的布道内容提到，她在耶稣基督的指引下抵达天堂（u elle siet e regne ensamble a son fil）并在那里日夜为罪人祈祷。其内容在同一座大门的山花墙浮雕所呈现的圣母加冕场景中亦有所体现。

布道者反复告诫信徒要放弃可能会循环往复的罪行：如信仰异教、贪食、贪婪、放高利贷、盗窃、私通、通奸 [25] 等。更具象征意义的是，圣枝主日的布道会提及在当日举行的游行活动，其终点为巴黎圣母院，路线的安排象征着信徒们将远离魔鬼，朝上帝走去：

> 如果一切顺利，我们可以放下榔锤。让我们从邪恶走向圣洁，从骄傲走向谦卑，从仇恨走向仁慈，从放荡走向清澈，从悭吝到慷慨。[26]

从放弃恶习到接纳美德这一被拯救的过程也相应地由中央大门基座上的浮雕装饰一一呈现了出来。在大门的两侧，代表 6 种罪行的场景以圆形浮雕的形式出现在下层，而刻画崇高美德行为的画面则高高在上。此处的布道风格相当符合当时巴黎神学思想的内核，将救赎与美德行为紧密地联系在了一起。[27]在巴黎圣母院西立面中央大门基座上所呈现的是以罪行及美德为主题的内容，而大门山花墙顶部的浮雕装饰所展现的则是《最后的审判》之中的场景，这也完美地印证了末世论的观点在当时占据了上风——神职人员的使命即陪伴信众寻求救赎。

几十年后，纪尧姆·德·奥弗涅主教曾在其一篇布道宣讲中谈及其对大门雕塑装饰的看法，也提到了有关圣母升天的内容[28]：

> 她身着盛装，以黄金打造的长袍，饰有盾形纹的皮衣，尽显其千变万化的圣洁之美。她已身着盛装，她拥有最纯真无瑕的衣衫，以及最纯洁的心灵和信念……一条象征力量的腰带，一件殉道者的外衣，其中包裹着平和与坚韧，一件红色的斗篷由里及外充满着爱意与善心，最谦逊的头饰，仁慈与荣耀的宝冠。

布道宣讲的结尾处讲道，圣母最终抵达天堂，上帝的众选民：殉道者、处女、忏悔者和天使都希望她能留在这里，但他们随即察觉到她高洁的心灵令其必然不会停下脚步，于是对她说："最温柔的女士，请继续前行。"最终，她行至耶稣基督所在之处。如今，我们能在大教堂的圣母加冕大门的拱券间看到诸多上帝选民的浮雕像，他们位列山花墙的顶部，以虔诚恭敬的姿态侧立于两边，让圣母居于荣耀之地——基督的身旁：

> 随后，她上前走到荣耀的王之子面前，如同所罗门王对待其母拔示巴，他起身迎接，为她设座，她坐于其子的右

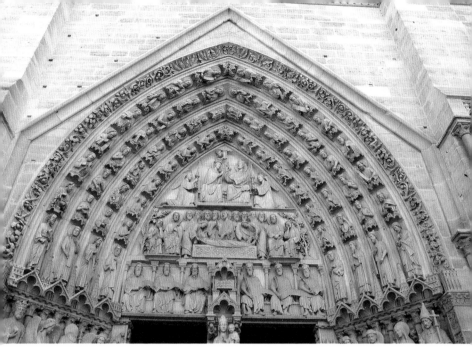

圣母加冕门的山花墙及其拱券部分（C. Gumiel, CAC）

侧。在他们的宝座之前，使徒们别无所求，而我们要大胆上前，只为得到怜悯。

颂扬大教堂圣物的装饰风格

虽然将布道宣讲的内容与具体某件艺术品建立起直接联系并非易事，但毫无疑问，在圣母院，大部分建筑装饰所具有的象征意义都与大教堂所拥有的珍贵圣物有关，二者皆可堪称惊世之作，必要时，在处理建筑装饰设计时也会采用与圣龛造型图案相同的图像象征图谱。

十字架圣物

自 1108 年起，巴黎圣母院所拥有的一件十字架圣物 [29] 足以解释为何这一典型的基督象征符号在大教堂内随处可见——半圆形后殿、横厅北翼和中厅北侧廊的拱顶石之上，原始祭坛的立面之上，廊台层和高窗层之间的圆窗之上。这可能也对为何在 12 世纪中期中央大门门楣顶部会出现一个十字型光环装饰提供一种解释。在一个世纪之后的 1240 年左右，《最后的审判》场景中出现的耶稣基督头像就出现在此十字型光环的位置。此外，从教堂建筑的形制来看，横厅的纵深发展可能也与此圣物有关。在其东侧，圣坛屏正中入口处饰有一组耶稣受难像 [30]，它与西立面中央大门上两天使之间的荣耀圣母像遥相呼应。

无所不在的圣母

整座大教堂都在不遗余力地颂扬圣母光辉圣洁的守护神形象。早在 13 世纪，人们就开始将巴黎大教堂简称为"圣母院"。这足以表明圣母玛利亚与这座敬献于她的专属教堂之间的紧密关系。[31]

在大教堂西立面三座大门的众多雕像装饰中，圣母无疑是其中两座大门所呈现的核心人物。在南侧大门上，她端坐于"智慧宝座"（sedes sapientiae）之上，膝间坐有圣婴。在她的右侧为一位主教与陪同他的经师，她的左侧则是一位呈跪姿的国王。

关于这幅图像，我们在之后还会继续进行分析。这幅由 3 块石板所组成的纪念性浮雕像约完成于 12 世纪中叶，原本是为之前的大教堂所作，后才在 13 世纪初用在了现在的大教堂外立面上，大门拱券和门楣处出现的大多数浮雕所遭受的经历也是如此。其展示了圣母玛利亚的生平事迹："圣母进殿"，"圣母访亲"途中的三次"圣母领报"。先知以赛亚、大天使加百列和其表妹伊丽莎白所带来的有关"基督降临的三次预报"，在基督诞生地由大祭司和经师向牧羊人宣告其诞生（马太福

西立面圣安妮门的山花墙（A. Tallon）

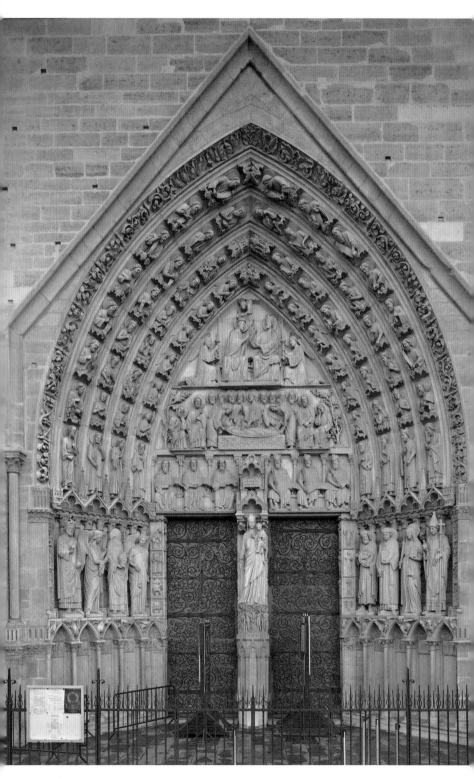

音），向希律王和三王宣布其诞生。宣告"道成肉身"的重要意义不言而喻，因此，圣诞节才被视为一年中最重要的庆祝盛典。

门楣下方的雕塑装饰是 13 世纪初大门重建时新增的内容之一。它以叙事的手法细致地描绘圣母玛利亚的母亲圣安妮的一些生活片段（如向安妮与约阿希姆报喜，其右侧为拒收安妮和约阿希姆供奉的场景）。大教堂南侧廊的第一间小礼拜堂，即最靠近大门入口的位置，敬献对象即为圣安妮。大门斜侧墙底层的装饰雕塑分为圣彼得和圣保罗、众先知与大卫、拔示巴夫妇，门间柱的两侧则是圣马塞尔的雕像。[32]

位于西立面北侧的大门的雕塑装饰也以圣母为中心，且与其相关的内容反复出现。门间柱上为圣母子立像（于 19 世纪重修），其柱顶楣梁处以圣龛为饰，约柜摆放于其中，由众王与诸位主教精心守护：这里明确地传达了提供庇护的圣母教堂这一象征意义。[33] 其上一层，展现了横卧于灵床之上的玛利亚被两位天使轻轻抬起，他们似乎是遵从了出现在十二使徒中间的耶稣之告诫。将"圣母之死"与"圣母升天"两种图像符号相结合的方式在当时并不常见，这显然与圣母升天节的庆典传

◀
西立面北侧的圣母加冕门（A. Tallon）

统有关，它是大教堂每年举行的四大主要瞻礼之一。山花墙部分所展现的主题为耶稣基督在天堂为圣母加冕，我们可视之为在中央大门处呈现的"最后的审判"主题内容之序曲。

在此，圣母图像所表达的象征意义与末世论的观点相互呼应，与后者相关的图像表达集中体现在外立面最底层的浮雕之中。在中央大门的山花墙所呈现的最后审判日的场景中，圣母也出现在耶稣基督的身旁。

在西立面的高层，圣母图像再次出现，这次是位于众王廊之上，其身旁各有一名天使。目前这组雕像为后世的复制作品，与其原件相关的资料被载入一份源自 16 世纪的文件之中，证实了这组雕塑早在 13 世纪就已经出现在大教堂的外立面上。如今的这座荣光圣母之像，是完全按照其原作尺寸进行了复原，凌驾于众王廊，关于后者，我们将在后面的章节进行论述。值得注意的是，中世纪时期，从大教堂广场的尽头到西立面的距离约为 35 米，从这里看到的荣光圣母雕像，其头部恰好位于玫瑰窗的中心圆窗之前，看上去如同为其添加了一个巨型圣光环。营造出此种如同巧合般的视觉效果其实并非无心之举。

这扇巨型的玫瑰玻璃圆窗制作于 1220 年左右，从大教堂内部看到的彩色玻璃窗，其图案主题以圣母为中心，周围紧邻的第一圈环绕着十二位先知的图像；其外围则展现了如同百科全书

西玫瑰窗前的荣光圣母像。这组雕塑为 19 世纪作品（C. Lemzaouda, CAC）

般的图像知识谱系，将自然界的规律与黄道十二宫的星座、各个月份的劳作内容一一对应，同时也呈现了分别代表美德与恶习的象征图像之间的一一对比。在这扇玫瑰窗之上，与西立面的 3 座大门雕塑装饰的相关主旨元素再次得到强调：中央大门的道德主题、圣母加冕门的自然主题和圣安妮门的圣经与先知主题。[34]

在大教堂内部的圣坛屏附近，紧邻横厅交叉甬道东南侧立柱的是圣母祭坛，它向所有信徒开放，这里供人们虔诚祭拜的圣母玛利亚雕像是由纪尧姆·德·梅隆（Guillaume de Melun）于 1331 年所捐赠。几顶金工制王冠被珍藏于圣器室，每逢庄严的仪式场合便会取出，佩戴于圣母和圣婴的头顶。[35] 直到1855 年，来自圣艾尼昂小礼拜堂、建于 14 世纪的圣母子立像取而代之，被摆放于同一位置。

从 13 世纪末起，祭坛北侧的围栏上出现了一组以基督的童年为主题的彩绘浮雕装饰，其中圣母依旧占据举足轻重的地位。除此之外，在大教堂横厅北翼大门处也能看到大量以圣母玛利亚为主题的装饰图像。其中门间柱上的圣母子立像是唯一一尊在法国大革命暴乱中幸免于难的全身雕像。与此同时，山花墙处的装饰图像以基督童年经历为主题，其中的一部分内容在几十年后又出现在祭坛围栏的装饰图像中。在红门处反复出现的是圣母加冕这一主题，它距侧廊外围的大型浮雕装饰仅有几米远，司铎们每日进出大教堂都会经过此处。大约在 1255 年，位于横厅北翼的玫瑰窗最大程度地刻画了《旧约》中宣告了耶稣诞生的众多人物，圣母子（重建）居中，被至少 80 个人物所环绕，其中不乏先知、法官、国王和主教。[36]

毫无疑问，小礼拜堂里也拥有大量的圣母图像。在中轴线上的小礼拜堂里，现存的唯一一幅《庄严圣母》画像，经历过大规模的修复，它原本在 14 世纪初饰于西蒙·德·布西主教的棺墓（见 157 页图）。[37]

圣马塞尔

马塞尔主教逝于 436 年，他的圣体是大教堂中唯一保存完整的圣骸。他的雕像立于西立面左侧大门中央，他身着主教服，用他的权杖末端制服了准备吞噬棺椁中尸身的怪物（见 182 页图）。[38] 这座造于 12 世纪中期的雕塑是最早被饰于门间柱位置的古老圣像之一，在 13 世纪初建造如今的大门时又被小心翼翼地安置于现在的位置，这足以证明了人们对这位巴黎大教堂守护圣者所葆有的虔诚之心。戴有主教礼冠的圣马塞尔图像也占据了横厅南翼的山花墙处。在 15 世纪初，这里被称为 "圣马塞尔门"，这一说法一直沿用至 19 世纪初。[39] 之后，维奥莱勒杜克无缘无故地将其换成了一尊基督赐福雕塑。

在红门处能看到更为细致刻画圣马塞尔生平事迹的一系列雕刻作品，有可能是根据与其在同一时期（约 1260）制作的金

工圣龛上所呈现的同主题浮雕图像所复制的[40]（见183页图）。顺着大门拱券左起第一尊雕塑（原本由维奥莱勒杜克重新制作，现为2012年再次以后者为原型制作的复制品[41]）继续往上看，依次展现了以下场景：圣马塞尔为犹太人驱魔，为犹太人洗礼。在其主持的弥撒礼中，即将悔改的罪人接近祭坛，对神职人员进行指导，圣马塞尔（时任副执事）制服了企图伤害妇女的恶龙，令普鲁登修斯主教再度发声，后者曾因殴打年轻的辅祭明图斯而受到上帝的惩罚。

圣马塞尔雕像，圣安妮门的门间柱，克吕尼博物馆，inv. Cl. 18640（F. Raux, RMN）

红门的山花墙及拱券间的浮雕装饰（A. Tallon）

圣丹尼、圣艾蒂安、施洗者圣约翰和圣热纳维芙

在北塔楼底部圣母加冕门旁的斜侧墙上，圣丹尼、圣艾蒂安、施洗者圣约翰和圣热纳维芙的雕像分立于大门中间的圣母子像两侧，这一图像结构明显与圣殿中摆放的圣母圣龛装饰有所呼应。二者之间所形成的镜像图像结构，后被用于亚眠大教堂圣菲尔明马蒂尔之门的装饰图像中。[42]

巴黎首位主教的图像曾两次出现在大教堂的西立面上，分别位于立面处最南端圣安妮门拱券高处的壁龛和圣母加冕图门

圣丹尼雕像，来自圣艾蒂安门的斜侧墙，现藏于克吕尼博物馆，inv. Cl. 18649（RMN）

左边的斜面侧墙上，其身侧伴有两位天使（约1210—1220）。在勒让蒂尔·德·拉加莱西埃于1788年出版的著作中有一幅关于大教堂大门的版画作品[43]，呈现了圣丹尼手执本人头颅的图像，完全符合大教堂参议会相关文献记载中的描述。不久之后，此图像被复制于圣马图林德拉尚教堂的大门入口处。该教堂隶属于圣母院，位于前森斯教区。

在巴黎圣母院大门处经现代复制的圣丹尼雕像的下面，一个四边形浮雕图像描绘其被斩首殉道的整个过程。半个世纪之后，另一尊圣丹尼雕像被放置于横厅南翼大门处，紧挨着教皇圣克莱门的雕像，据说圣丹尼曾被教皇派往高卢进行布道。[44]
尽管已有残缺，但其双臂以及头像的上部依旧清晰可见，这也
符合参议会对于圣丹尼的描述："保留有大部分头颅的殉道者
圣丹尼"（magna pars capitis sancti Dionisii martiris）。在同一
座大门的第二道拱券中，又出现了圣丹尼的雕像，他依旧用手
托着自己戴有主教礼冠的头颅。

圣艾蒂安的图像出现的频率颇高，这是因为自中世纪早期起，
他一直被视为大教堂下辖的不同教堂的主保圣人之一。自 13
世纪 20 年代以来，他的雕像一直位于西立面圣母加冕门左侧
的壁龛内。然而，随着 1258 年起横厅南翼新建大门的出现，
他的雕像被放在了更为显眼的位置——门间柱上，不仅如此，
整面山花墙的图像呈现的也是圣艾蒂安与主教们辩经的画面，
柱头处是他正在布道的场景，在最上层分别为他受石刑和下葬
的场面，在拱门顶部，其灵魂得到了基督赐福，在庇佑之下被
两位天使带入天堂。约翰·勒贝夫神父（Abbé Lebeuf）发现
在离大门不远的祭坛南侧外墙处也能见到石刑的图像，即便身
处主教宫的庭院中，此浮雕依旧在视线范围内 [45]。这一图像
的泛滥可能是因为大教堂所珍藏的圣物之中包括了在圣人殉道
的石刑中被使用过的石块。大门山花墙所刻画的投石者也在提
醒信众，这些圣物就藏于此处（见 186 页图）。[46]

在巴黎圣母院，圣热纳维芙的图像出现在圣母加冕门右侧的斜
面墙上，与圣丹尼的雕像相对。她手执一根被大教堂视为圣物

位于横厅南翼圣艾蒂安门山花墙处的石刑图案（A. Tallon）

的大蜡烛，魔鬼与天使分别停留在其肩两侧，燃烧的蜡烛代表着神迹的存在，魔鬼不断地将其熄灭，天使则令其重燃，烛火这一诗意的隐喻象征着圣徒永不熄灭的信仰之心。在圣热纳维芙修道院西立面大门处也出现了这一图像。[47]

施洗者圣约翰的图像也出现在圣母加冕门处。大教堂收藏了他

施洗者圣约翰的雕塑残像，
在中世纪放置于圣坛屏处
（D. Sandron）

的三颗牙齿作为圣物。他也出现圣坛屏之上，这一点可以从位于廊台处"的雕塑残像得到证明，他身上所披的骆驼皮即可证实这位"基督先驱者"的身份。[48]

位于横厅南翼外立面的大门为圣艾蒂安门（Saint-Étienne），亦被称为殉道者之门[49]，门上的雕像原件在法国大革命期间遭到毁坏，现保存于克吕尼博物馆[50]，其中包括了多位主教与殉道者，大教堂大多收藏了与他们相关的圣物。除了圣丹尼和他的两个同伴鲁斯提库斯（Rusticus）和埃莱厄特（Eleutherus）、圣马塞尔、圣日耳曼和圣马丁之外，在大教堂中，还可以看到根杜尔菲（Gendulphe）、卢坎（Lucain）和游斯汀（Justin）等圣人，他们的圣龛也被安放于祭坛之中。[51]

当大教堂的彩绘和雕塑装饰渐渐消失，诸多圣人的图像表现形式也随之减少。圣马塞尔、圣丹尼、圣日耳曼与众多巴黎主教一同出现在位于祭坛高处的彩色玻璃窗装饰图案之中。此处的窗户于 14 世纪 30 年代重建，直至 18 世纪被毁。[52] 在此期间，即便是只能进入到中厅和回廊部分的信众也能轻易欣赏到祭坛上方恢宏绚丽的彩色装饰图案。

前所未有的感官体验

能够流传至今的关于对大教堂的记述可谓是凤毛麟角。约翰·德·詹顿 [53] 不止一次曾提到在接近、走进大教堂时所感受到的巨大震撼。这种感官体验一定会让生活在中世纪的人们无所适从，毕竟大教堂与他们的日常生活环境形成了强烈的对比。

凭借其恢宏的建筑规模，丰富且变化多样的建筑构件，诸如立柱、窗户、拱顶和华丽精致的建筑装饰，大教堂构建了一个世外之境，与其被视为每个基督徒心之向往的上帝之居所之象征意义完美吻合。大教堂的规模显然超越了城市中的任一建筑或公共空间，当然，不仅在于其高度。通往教堂前广场的新圣母街堪称中世纪的巴黎最宽敞的街道之一，而大教堂中央大殿的宽度多达 12 米，是前者的 2 倍。而中厅的长度也多至教堂前广场的 2 倍。

以我们今天已适应高亮度的视觉习惯来看，尽管添置了现代的人工照明设备，巴黎大教堂的内部空间依旧显得尤为幽暗。除了 3 面大型玫瑰窗之外，几乎其他所有的玻璃窗原件都不复存在，这就令按原貌对其进行修复基本难以实现。可能是由于除了墙上的彩绘装饰外，墙面本身的主色调并不晦暗，以白色和黄赭石色为主能更好地反射自然光线。而通常那些已被烛火熏黑的墙面只会吸收光线。横厅外立面背面的盲拱廊的衔接处采用了鲜亮的色彩进行装饰[54]，此处的雕刻装饰也是如此。即将进行的大教堂清理工作应该能为我们带来一些惊喜。

12 世纪大教堂的彩色玻璃窗应与保存于圣丹尼教堂所有窗户或沙特尔大教堂西立面三面高窗的制作工艺相当接近，玻璃颜色较浅，相对透明。而 13 世纪初的彩色玻璃窗通常采用由深红色和深蓝色为基调形成的一系列色彩变化，二者结合在一起又为整体增添了紫色色调。巴黎圣母院和邻近的圣礼拜堂的彩色玻璃窗都明显地体现了这一变化。到了 13 世纪 20 年代，尽管中央大殿高窗的面积有所增加，但并没有改变玻璃窗的总体质量，不能排除当时将灰色单色画技法（grisaille）广泛用于玻璃窗制作的可能性，即彩色玻璃窗以无色玻璃制成，其中的图案完全以灰色单色画法进行绘制。此类画作的"颜料"是由金属氧化物与玻璃粉末调配而成，可完美地熔入平面玻璃之中。

1344 年之前，由于议事司铎彼得·德·法耶尔的慷慨解囊，对祭台高处彩色玻璃窗的修复成功地提升了这一空间的光线亮度：由纯灰色与黄色组成，后者很有可能是银黄色，其制作技术在 14 世纪初刚刚得以完善。议事司铎米歇尔·德·杜塞尔特（Michel de Darency，卒于 1358 年）运用此种技术重新制作了祭坛廊台层的窗洞，该处刚刚进行了扩建。[55] 在 19 世纪所进行的修复工程中，受维奥莱勒杜克的委托，玻璃艺术家斯坦赫尔（Steinhel）负责制作大教堂的大部分彩色玻璃窗，这次的修复令教堂内部的空间变得更为幽暗。自 20 世纪 50 年代以来，尽管玻璃艺术家勒·舍瓦利耶已为大教堂制作了更为明亮的彩色玻璃窗，但却并没有改善其内部空间的亮度。

最受重视的祭祀空间为照明的重点区域，每逢重大节日或仪式，无论是用于装饰礼仪用具和圣龛的奇珍异宝，还是地毯与挂饰的色彩，都在光线的映衬下显得熠熠夺目。

在此类场合中，除了礼仪本身，与之相关的活动更能烘托出其庄严的宗教氛围。在圣诞节，《将临期大对经》的颂唱尤为隆重，想必能传到不久将沉浸于愚人节狂欢活动的信徒耳际，尽管这一节日遭到了神职人员一致谴责。复活节期间，令在四旬节斋期时被遮掩的雕像和浮雕装饰重现于信众眼前也是一项颇受瞩目的活动。到了五旬节，庆祝圣灵降临的节日活动可谓壮观：在教堂拱顶处放飞鸽子和其他飞鸟，洒落鲜花、燃烧的麻绳和祭饼"乌布丽"，后者得名于产自本地的一种糕饼。巴黎圣母院的第四个重要节日为教堂的主保圣人圣母玛利亚的升天日（8 月 15 日），人们会在教堂的地面上铺一层被称为"颜料"（pigmentum）的新鲜花草作为装饰。

通常，圣母院祭坛处唱诗班的歌声是无法传递到聚集在中厅的信众耳边，除非是在某些节日增加唱诗班人数的情况下才可能实现。从 14 世纪开始，人们开始使用管风琴演奏圣乐。大教堂对于此乐器的最早记载可追溯至 1332 年，当时已经雇用了管风琴师在国王节和圣米歇尔节（9 月 29 日）进行演奏。[56]可以证实的是，在 1333—1334 年，为了配合管风琴的演奏，会特意在祭坛处放一座钟，用钟声来提示管风琴师何时开始与结束演奏。这也表明当时管风琴所在的位置相对离司祭们较远，唯有这种方式才能让演奏者同步得知仪式的进程。当时，管风琴还未被安置在西立面的背面，可能是位于大教堂的中厅，紧邻中央大殿其中的一个櫺沟墙。之所以能确定其位置，是因为根据相关记载，当它在 15 世纪初被拆除时，原先被其挡住的以石膏刷白的玻璃窗显露了出来，为此，不得不为其安装新的玻璃。后来，贝里公爵慷慨解囊，命其御用的管风琴制作师弗雷德里克·尚班茨（Frédéric Schambantz）于 1401 年为

大教堂制作了一架全新的乐器。两年后，它被安置在了西立面背面玫瑰窗下的位置，直至今天。

第一批大教堂专职的管风琴师来自王国的北部地区，如约翰·德·布鲁日（Jean de Bruges，1333—1334 年在任）和约翰·德·图尔奈（Jean de Tournai，1373—1374 年在任）。[57] 管风琴弹奏起来，声音深厚且有力，但却无法诠释音色的细微变化，这就令其无法为颂唱圣歌进行伴奏。在演奏时，风箱由侍从们负责操作，每逢在重大节日有贵宾到访时，就会有多达 6 人负责对其进行操控，比如红衣主教约翰·德·拉格朗日（Jean de la Grange）于 1376 年 3 月 24 日到访的场合。[58]

15 世纪初，尚班茨为巴黎圣母院所制作的新管风琴拥有 600根音管。它的规模不及同时代的亚眠大教堂，后者在 1429 年投入使用时拥有 2500 根音管。它的轮廓造型由 3 个高大的排管所构成，在伊斯拉尔·西尔维斯特 1650 年左右所绘制的一幅画作中（见 138 页图），仍然可以清晰地看到这 3 个高耸的排管出现在西立面的背面。此架管风琴曾历经多次修复，直到1730 年才彻底退出历史舞台。

◀

巴黎教会的《时辰祈祷书》，约 1420 年巴黎圣母院的五旬节庆祝场景（藏于美国洛杉矶盖蒂博物馆）。这是现存最古老的关于巴黎圣母院内部空间的图像资料，我们能从中看到廊台层的盲拱装饰和祭坛处的高窗并非每日都会有管风琴的乐声回荡于大教堂的厅殿之中，仅在重大节日的场合，才能欣赏到其充满穿透力的音色与旋律。从巴黎圣母院在 1415 年与新任管风琴师亨利·德·萨克斯（Henri de Saxe）所签订的合同便可得知，他只负责在需要敲响教堂大钟的 23 个节日场合进行演奏。[59] 由于其与祭坛的距离较远，管风琴师只能在唱诗班演唱素歌时为其伴奏，或二者以旋律与吟唱轮换交替的形式相互配合进行演出。由于管风琴位于中厅的最西端，其所处的位置更便于在游行仪式、国王或教皇的登基仪式和谢主恩活动中发挥其作用，且远离祭坛，不会干扰正在举行的重要仪典。[60]

教堂的敲钟活动同样也是根据礼仪日历的节日优先等级所进行的。当重要人物、王公贵族或主教来访时，在祭礼过程中钟声便会响起[61]，其雄厚的声音足以突破教堂所在的街区，响彻整座城市。

维护和治安

大教堂的日常维护和治安工作由"教堂管理员"（matricularii）负责，此职位原先由圣母院的管堂雇员或侍从承担，自 1204 年起又任命了 4 位神职人员担任此职。到了 1208 年，之前仅由一名在俗教友所承担的管理员一职也增设至三个，直接受教会领导。[62] 当时大教堂的主体工程进展顺利，同时也需要维持教堂的日常运作。此时，教堂管理员的职责就是守护整座大教堂除圣殿之外的区域。后者通常是议事司铎的职责。从 1328 年开始，教堂管理员的职责范围扩展至侧廊的小礼拜堂。

大教堂全天开放。傍晚时分，在大门关闭后，教堂管理员与被称为夜间"纠察队"（Gaitte）的两名军士会一起进行巡视或"搜查"，以确认是否有入侵者进入大教堂内。前者为主教的代理人，后者则通常由参议会任命，是唯一有权在教堂内携带武器的人。巡视结束后，他们会把教堂的钥匙交由军士进行保管，直至第二天。这两位军士一般会睡在教堂正门附近，而教堂管理员或他们的侍从则睡在位于教堂两端的两个房间里，房中配有一张床和一个箱子。[63]

教堂管理员往往难以忍受夜晚的孤寂，因此他们偶尔会带着妻子或侍从一同为教堂守夜。1245 年，面对此种行为，欧德主教扬言要将如此行事的人逐出教会。[64] 这一约束导致教堂管理员夜间职守的缺席率居高不下，为此，他们备受指责。在午夜举行的晨祷仪式上，教堂管理员负责打开回廊侧的两扇大门，即横厅北翼的大门和红门。仪式结束之后，这两扇门由守卫军士负责关闭。早上，同样是由他们打开了大门，再把钥匙交还给教堂管理员。

大教堂如同任何一个人流熙攘的公共场所一样，总会存在一些意图不那么单纯的来访者：贩卖货品的商贩、赌徒、妓女和扒手，他们在教堂内和教堂前广场伺机而动。[65]尽管处于严密看守之下，大教堂内还是频频发生盗窃事件，尤其是在人流较少的非高峰时段，如礼拜仪式之间或用餐时段。主教往往需要为珍贵物品的失窃负责。正因为如此，1268年在两盏银灯被盗时，司铎们要求主教尽快添补上缺失的物品。[66]

值得一提的盗窃事件发生于1218年6月，一名英国人试图从圣器室中偷盗礼仪用品，他从拱顶处进入教堂时打翻了蜡烛，烧毁了祭坛处的挂饰。[67]当时，犯下罪行的人们被要求向大教堂公开缴纳罚款。类似的事件还有，一名王室执达吏的亲信在殴打了一名参议会的侍从后逃跑。在被抓捕归案后，由于无力支付高达100里弗尔的罚款，王室行政部门将他移交给教会处置，随后，他在1275年举行的耶稣升天日游行时需身着（涂有硫磺的）衬衣（译注：当时被判处火刑的人在行刑时需身着涂有硫磺的衣服）走在游行队伍之中。[68]

对于隶属于非法组织的人，尽管他们诸多品行不端的行为经常受到神职人员的谴责，却将大教堂的高处特别是塔楼视为避难所，以至于就连大教堂的议事司铎都开始将南侧的塔楼称为"荒淫之塔"，这一说法在14世纪非常流行。[69]对此，教堂管理员应负有相当一部分责任。教会指责他们以低廉的价格将在塔楼敲钟的资格给予那些不甚体面的人们，而后者又将其同伙带进此处。教会严格禁止妇女在此处过夜。[70]但依旧有些人能在塔楼找到容身之地，比如一位名叫彼得·德·斯塔布利斯（Pierre de Stabulis）的人走投无路，只能在"克拉斯蒂纳"（crastine）过夜，这一词专指塔楼中为难民提供的栖身之处。[71]

无论是晨祷时不敲钟，或是不按照规定的时长或方式敲钟，还是这种有失体面进入塔楼的状况，这些与敲钟活动相关的堕落行为都让司铎们始终表示痛心。司铎彼得·德·法耶尔被彻底激怒了，他在1328年制定的一项规定中明确表示反对在敲钟的塔楼上再出现此类行为，他强调：这是我们敲响圣钟的地方，绝非"荒淫之塔"！塔楼中的一些人根本就是谋杀犯。[72]最终，在1368年，参议会曾想方设法将一位名为赛蒙·莫维斯（Symon Mauvès）的人强行驱逐出塔楼！直至1402年，这位曾经的敲钟人才锒铛入狱。[73]

早在两个世纪之前，维克多·雨果已经在其小说中细腻地刻画了生活于1482年的这一特定人群。诗人维永（Villon）在其讽刺诗中也谴责了声名狼藉的巴黎圣母院敲钟人，其字里行间都在调侃两位巴黎富有的市民约翰·德拉加德（Jean de la Garde）和纪尧姆·沃兰特（Guillaume Volant），想象他们在诗人本人的葬礼上，为这名贫寒的学子敲响圣母院大钟的场景。[74]

中世纪末期巴黎圣母院所在的街区。从塞纳河上的小桥到西岱岛的末端，依次为
主宫医院、主教宫、巴黎圣母院及其北侧的司铎内院（J.-C. Golvin）

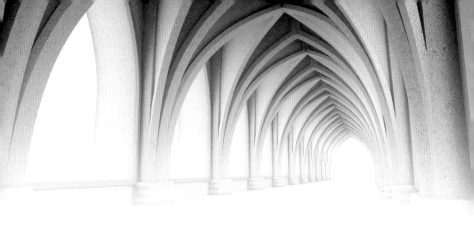

第三编　城市中心的
主教座堂与其教区

1340 年镌刻于特鲁瓦大教堂铸钟上以腰韵相押的诗句来自一首两行诗，其后重现于路易十四时期为巴黎圣母院所重铸的著名铸钟艾曼纽尔的钟轭之上[1]：

我赞美上帝，我召唤人民，我召集众教士
（*Laudo Deum verum, plebem voco, congrego clerum*）
我为逝者哭泣；我驱赶瘟疫；我装饰节日
（*Defunctos ploro; pestem fugo; festa decoro*）

如同响彻于整个城市上空甚至可传递至更远方的钟声，当我们望向大教堂时，也需要将视野从其在首都所辐射的势力范围拓宽至整个教区。

---

[1]　　Gilbert 1821, p. 147-148.

尽管圣母院的钟声可以用于提示某些职业工作时间的起始，像木匠，但正如艾蒂安·博伊洛（Étienne Boileau）在 1268 年所出版的《职业之书》（*Livre des métiers*）中所写 [1]，其最常见的用途是提醒众人颂祷时辰的开始，并召唤神职人员和相关工作人员从其所居的内院及其周边地点前往大教堂。除了议事司铎与小礼拜堂的专职司铎之外，大教堂同样也接纳了众多其他神职人员一同参加各种礼仪。

14 世纪时，教会内院也住有来自其他教堂的神职人员：圣丹尼杜帕教堂的十位议事司铎、圣约翰勒隆的八位议事司铎、圣艾尼昂小礼拜堂的两位专职司铎和两位代表。[2] 城市及其周边地区的不少宗教机构也与大教堂所举办的礼拜仪式密切相关，来自圣莫尔德福塞（Saint-Maur-des Fossés）修道院、圣马丁德尚修道院以及圣维克多等修道院，圣日耳曼欧塞尔（Saint-Germain-l'Auxerrois）、圣马塞尔协同教堂和圣丹尼德拉沙特尔教堂，总共六位代理主教常驻于巴黎圣母院。

---

[1]　Bonnardot et Lespinasse 1879, p. 87.

[2]　Longnon 1904, p. 360

此外，还有十二位来自该市最古老堂区的红衣主教会在每年重大节日举办期间在大教堂协助主教工作。[1] 这一份名单写于 1260 年前后，其中还包括了塞纳河右岸的圣日耳曼德沙隆内（Saint-Germain-de Charonne）、圣杰瓦（Saint-Gervais）、圣雅各德拉布什里（Saint-Jacques de la Boucherie）、圣约翰恩格里夫（Saint-Jean-en-Grève）、圣劳伦（Saint-Laurent）、圣梅里（Saint-Merry）和圣保罗（Saint-Paul）等机构，来自左岸的则有德尚圣母院、圣伯努瓦（Saint-Benoît）、圣朱利安勒普沃尔（Saint-Julien-le-Provre）、圣塞维林（Saint-Séverin）和圣维克多等。[2] 由此可见，就举办重大仪式的相关事宜上，巴黎圣母院从未孤立于该市的其他众多宗教机构。

[1]　Friedmann 1964, p. 30-33.

[2]　Longnon 1904, p. 360.

第六章

大教堂所在的街区

今天，圣母院的东面、南面和西面前基本上视野开阔，并无任何建筑遮挡。19 世纪大刀阔斧的城区改建直接导致了大教堂周边建筑的消失，其中不乏那些自这座哥特式教堂建成就矗立于此的房屋。因此，我们需要全面梳理巴黎圣母院的街区所经历的第一次真正意义上的城市规划项目。它自 12 世纪启动，目的是为大教堂及其周边打造一个全新的区域，令主教宫、教会街区、教会学校、主宫医院等建筑均与大教堂西立面前的广场相通。[1] 此举不仅令宗教权力机关的势力日益强大，也重申了大教堂神职人员在宗教礼仪方面，同时也在司法、教育和慈善领域发挥了举足轻重的作用。

主教宫

巴黎圣母院建造项目的发起人莫里斯主教，在任期开始时决定要重建其位于大教堂南侧、塞纳河小支流岸边的宅邸，以及扩

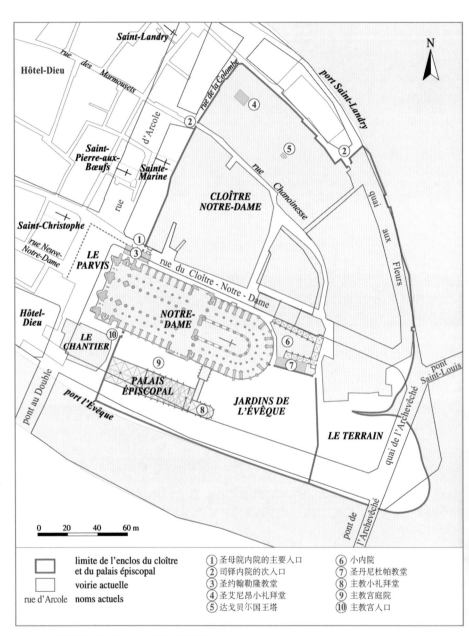

大教堂街区的平面图（《中世纪巴黎地图》，Parigramme，2006，Bénédicte Loisel）

Veüe de l'Archeuesché de Paris, et du pont de la Tournel, prise de dessus le pont de l'Hostel Dieu.
dessigné et Graué par Jsrael Silvestre 1658

伊斯拉尔·西尔维斯特作品，主教宫，17世纪上半叶（BnF）

充可在此举行的仪式种类与内容。[2] 早在 1170 年，主教的新官邸及其小教堂就已有据可查。[3]1179 年，一场著名的典礼在此举行，健康状况欠佳的路易七世在王公贵族与重臣面前宣布其子菲利普将成为他的继任者。

之所以决定重建主教宫完全是因为之前的建筑过于陈旧且狭仄。而新主教宫的规模与恢宏的大教堂更为相得益彰，尽显巴黎教会及其贵要所拥有的显赫权势。这一类型建筑拥有三个具有代表性的空间元素：门厅（aula）／大厅、小教堂和塔楼。

主教宫建筑与大教堂横厅南翼外立面相对，在塞纳河畔形成了一个巨大的"羽翼"。底层是以一排立柱所分隔成的两个呈纵向布局的厅殿，位于上层的大厅相当宽绰，其顶层为镶板式屋顶结构，长 30 米、宽 14 米，比兰斯塔乌宫中保存下来的大主教大厅（37 米 ×12 米）略小。[4]13 世纪末，布西主教帮助其前任主教雷诺·德·霍姆布利埃（Renaud de Homblières），用其所捐赠的 500 里弗尔实现了他的愿望，即向西扩展宫殿的主翼，并在莫里斯主教所建的大厅上加建一座两层高、三跨间宽的建筑，作为他的私人住所。[5] 扩建的新建筑的最西端饰有山墙，其两侧各有一个小塔。自此，这组建筑沿着塞纳河的小支流依次排列，呈现出长达 80 米的外立面，一直从建筑最西端延伸到主教小教堂的半圆形厅殿。

莫里斯主教所建的这座宅邸在其东翼与双层小礼拜堂直接相连，通过底层厅殿和上层的大厅可分别直接进入其上下两层。来自 15 世纪的一段铭文提到，底层小礼拜堂是由莫里斯主教为纪念圣母、殉道者圣丹尼、圣文森特、圣莫里斯等所有圣人而兴建，而上层所供奉的是圣文森特。[6] 这是一个尖肋拱顶结构建筑，每一层都遵循相同的设计布局，由三个跨间构成，末端为半圆形后殿。整座建筑以扶壁支撑。主教如彼得·德·内穆尔于 1210 年、纪尧姆·德·奥弗涅于 1243 年和西蒙·德·布西于 1300 年左右均在下层捐建了小祭坛，此外还有一座是某位名为玛利亚·拉·托托尼克（Marie la Teutonique）于 1243 年捐建。[7] 总共有多达 7 名专职司铎侍奉于小礼拜堂。

一座高大的四边形塔，以转角扶壁支撑，立于小礼拜堂的北面。它所加建的巡逻走道带有突堞这一防御性结构，强调其牢不可破的建筑外观，显示其作为监狱的功能，以此向众人昭告主教所拥有的司法权，具体的审判工作则授权于宗教裁判官。[8]此塔楼同时可作为粮仓，其中也放置了一座铸钟，专为在主教宫的小礼拜堂举行礼仪时所用。

主教宫通过上下两层通道直接与大教堂的南侧廊或廊台层位于祭坛的第三跨间相连。根据 1185 年的相关记载，底层通道被称为"长廊"（porticus）。[9]自 1249 年起，巴黎圣母院的祭衣间和圣器室均位于这两条通道内。[10]

在主教宫内所进行的各项活动接连不断，无一例外地彰显了主教的尊贵地位。其作为主教的宫邸，也容纳了所有为主教及其亲信（familia）管理财务收入，打理日常生活起居相关事宜的工作人员。[11]在莫里斯主教任期之内，这些工作人员具体包括了专职司铎、秘书，以及料理下列事宜的人员：面包储藏与分发、侍酒、厨房、马厩、马蹄铁锻造和卧房等。简而言之，无论是主教的财库、其官邸相关事宜，还是出行的车马安排和相关的门房事务，均由专人负责。

同时，我们注意到，在 12 世纪 80 年代，工作人员的数量有所增加，特别是专职司铎的人数由 1 人增加至 3 人，而且，秘书处也招聘了文员，这些都是新的变化。巴黎主教们所拥有的工作人员数量之大，令与其同时代的人们感到震惊，如约翰·德·图鲁兹（Jean de Thoulouze）确信，其几乎与菲利

位于横厅南翼的浮雕：审判之梯（C. Lemzaouda，CAC）

普·奥古斯特的随从人员数量不相上下。[12]

司法行政部门占据了宫邸相当大一部分空间，尤其是位于底层的主教庭。多达上百名公证人或书记员在此宣誓就职。据记载，1343 年福尔克·德·沙纳克（Foulques de Chanac）主教任期内，将司法人员的数量减至 80 人。[13]巴黎圣母院横厅南翼大门高处的十字形雕刻装饰图像也强调了主教宫所履行的司法职能，刻画了一位被绑在梯子顶端的妇女依习俗被公开羞辱，胸前所挂的标牌写有其罪行。[14]

主教宫小礼拜堂半圆形后殿的东侧是马厩。此处的花园与喧嚣的主教宫还有一定距离，相对而言，划出了一方宁静的小天地。为了令主教的生活更为舒适，主教宫历经数次改建，其中，以布西主教在 1300 年左右主导的工程为最。即便如此，其实主教们在此处停留的时间极为有限。事实上，这座宫殿与其说是作为显要的官邸而建，不如说是巴黎主要势力之一的权力中枢的象征。除了令人仰视的建筑规模以外，其所附设的塔楼与建于顶端的突堞令其看上去犹如一座堡垒。无论是从塞纳河的左岸，还是从东边沿塞纳河航行或是从西边由下游进入首都，这座堡垒始终都处于视线所及范围之内。

在对如此具有代表性的建筑的评论中，也不乏谴责之声，认为尽管其与巴黎圣母院齐名，却欠缺神圣的灵性之光。彼得·尚托尔对于主教宫的抨击更甚于他对教会中所盛行的奢侈之风的批驳，他毫不含糊地描绘了这样一个场景，主角为两名主教，其中一位在责备另一位为何要进行如此这般的建造工程：

> 你为何想要建这么大的房子？你的塔楼和堡垒有何用处？你认为这能阻止魔鬼翻墙而入吗？不，要我说，这样做反而会让你与魔鬼为邻，与其为伴。[15]

显然，尚托尔的谴责是徒劳的，谁也无法改变巴黎教会想要展现其不朽的辉煌功绩的决心。

参议会内院

作为与主教宫相对应的机构，参议会占据了大教堂北侧的区域。[16] 公共区域集中位于大教堂半圆形后殿附近。到了 12 世纪末卡洛林王朝时期，议事司铎已经放弃了大教堂参议会建立初期所规定的集体生活方式。[17] 至少从 10 世纪初叶起，参议会已经开始拥有属于自己的房产。[18] 历任议事司铎小心翼翼地守护着其专属领地所能享有的种种豁免权。即便主教本人，想要以私人身份进入内院或仅穿过大教堂东侧隶属内院的区域回到主教宫都需征得参议会的同意。[19] 任何侵犯教会或内院特许权的行为都会被处以 100 巴黎铸里弗尔的罚款。[20]

该区域之所以被称为内院（claustrum），皆因其封闭式的形制

（见 198 页图），以围墙将其与西岱岛的中心部分隔离开来。
直到 19 世纪中叶，在其原址还保留有围墙的遗迹。其南北向
的围墙一直延伸至大教堂的外立面。相对于北塔而言，它略
微向东倾斜。此墙的外沿与科隆布街（Rue de la Colombe）相
接。其北侧，将圣母院的码头区域划在其范围之外。进入内院
可经过四道门，均在夜间落锁。大门开向圣约翰勒隆教堂北面
的广场，后者与大教堂的西立面相接。再往北一点是马穆塞门
（Marmousets），得名于通往该门的街道名称。内院北侧的大
门开在圣兰德里港（Saint-Landry），靠近塞纳河。最后，则是
东侧被称为"土地"（Terrain）的大门。

前三道门均与城市公共道路网络相通，直接将外部的道路与内
院内部的道路相连接：沿着圣克里斯托夫教堂广场北边的圣
克里斯托夫街经由内院街（rue du Cloître）直抵内院，而马穆
塞街则经司铎街（rue Chanoinesse）延伸，后者路势曲折，顺
着西岱岛东端的轮廓而下。最北侧的圣兰德里街似乎一直延
长至内院北门的交叉口之外，在转弯处之前形成了香特尔小
巷（ruelle des Chantres），这个名字自 16 世纪起才开始出现于
文献资料中。[21] 这种与城市公共交通网络相连的特点表明，
在内院建造之前，城市道路规划已然存在。西岱岛的东端仍然
是一个相对空旷的空间，由堤坝堆积形成 [22]，依次被称为"土
地"、"*terrale*"（1258）、"*terrail*"（1296）或"教皇之丘"（mota
papelardorum，1283）[23]。白天，主宫医院的修女们会在此清
洗衣物，马匹也在此处饮水，但它同时也是一个垃圾堆放区，

通常认为人们较少在夜晚丢弃垃圾。[24]

尽管司铎们已经开始放弃集体生活的形式，但并没有导致内院中相关的建筑彻底消失，其中一些依旧不可或缺。首先是"参议会"（chapitre）一词是指大教堂东北面的建筑群，其中主要包括了参议会会议厅。日常会议每周举行三次，通常为周一、周三和周五。到场人员均可得到 6 德尼的报酬。会议一般于早上 8 点开始，在大弥撒礼开始之前结束。

为了讨论重要事项，参议会在一年中会定期举行一般性会议。14 世纪末召开了 4 次，在施洗者圣约翰日（6 月 24 日）和圣巴蒂勒米日（8 月 24 日）的会议持续不少于 5 天，在圣西蒙、圣裘德节（10 月 28 日）和圣马丁节（11 月 11 日）召开的会议一般持续 4 天。[25] 会议中所商讨的议题包括与参议会的章程、规定和与各礼仪活动相关事项。[26] 会议厅旁边为大礼堂，议事司铎在此处裁定内院内部涉及的司法纷争。在不同的楼层也设有不同的服务部门，如档案馆和图书馆。[27]

紧邻圣母院中轴线的圣丹尼杜帕教堂，早在 9 世纪就被证实其曾为隶属于圣母院的堂区教堂。教堂的名称"Saint-Denis-du-Pas"可能因为其所在之地邻近塞纳河（译注："pas"在法语中有"脚步"之义），在某些时候需涉水而至。[28] 在参议会会议厅与圣丹尼杜帕教堂之间还有一个小内院，其长廊形成了一个不规则的狭长四边形，与圣母院半圆形后殿的北半部相接，为供议事司铎专用的墓地。[29] 随后，其又被改造成公墓，但司铎们早期在此地所留下的种种遗迹仍旧依稀可辨。与之前的建筑布局相比，哥特式大教堂所占据的地块逐渐向东延伸，这令其在平面图上显得不太规整，而且也导致了小内院西侧回廊的消失。

从内院前往大教堂，议事司铎会经过圣丹尼小巷，它沿半圆形后殿的北侧而设。14 世纪初，侧殿小教堂的修建令小巷变窄，人们开始将大型浮雕图案砌于小巷两侧的墙基处，其呈现了与他们的主保圣人圣母玛利亚在最后的审判进行之前的相关图像，从右至左可以依次看到"圣母之死""圣母的葬礼""圣母升天""提奥菲勒斯的奇迹"等内容。这些浮雕石板专为经过此处往来于内院和大教堂的议事司铎与其他神职人员使用，因此其在墙面的高度与人的视线相当。这些展现了高超手工技艺的浮雕装饰的存在反映了当时司铎们精致的生活细节。遗憾的是，由于常年处于室外环境，其保存状态不甚乐观。

继续沿此路前行，便能抵达位于祭台第三跨间处的小红门，它得名于这扇门的颜色。如今的大门则与祭坛侧廊处后建的小教堂看齐，新建的大门在 1260 年左右取代了原先位于祭坛侧廊第三跨间第二个檐沟墙处的红门。在大门拱券间的浮雕描绘了圣人的生活场景，年轻的圣马塞尔（时任副执事）令普鲁登修斯主教再度发声，后者曾因殴打年轻的辅祭明图斯而受到上帝的惩罚。在此处选用这一图像必然与当时有众多年轻的神职人员通过此门不无关系。

大教堂半圆形后殿北侧小礼拜堂墙基处的浮雕：圣母升天；此为藏于法国历史古迹博物馆的模型（D. Sandron）

在同一时期建造的横厅北翼的大门，可能是专为举行庄严仪式的场合所用。其山花墙处的装饰图像大多与圣诞节庆祝活动相关，尤其得到了那些沉溺于某些放纵行为的年轻神职人员的欣赏。此外，还有关于提奥菲勒斯的传说的浮雕，它对于居住在附近的神职人员则起到了警示作用。在离教堂不远处的马西永街口，还有一口专供内院人员使用的水井。

◗
红门处拱券间的浮雕，圣马塞尔与普鲁登修斯主教（C. Gumiel, CAC）

以《基督的童年》和《提奥菲勒斯的传说》为主题的浮雕装饰（A. Tallon）

紧邻内院西侧与巴黎圣母院西立面北侧的是圣约翰勒隆教堂。[30] 此处原为一座建于 6 世纪的圣洗堂，后被教堂建筑所取代，后者一直存留至 1748 年。该圣洗堂的建筑形制应为集中式，直到 13 世纪，教堂的平面结构才变为矩形。在 12 世纪末期，由于西岱岛内已建有多个堂区，圣约翰勒隆教堂不再是仅存的巴黎圣洗堂。随后，它取代了圣丹尼杜帕教堂，成为内院在俗教友的堂区教堂，其中包括了司铎的佣人或因钟爱此街区宁静氛围且拥有特权的租户。教堂受圣母院参事会的管辖，拥有两位受俸专职司铎，其可参加大教堂内举行的各种仪式，但在司祭席不享有席位。他们无疑在参事会中处于最低等级，有时难免会因此而产生冲突。[31] 1296 年，大教堂参议会决定为其增设 3 位执事和 3 位副执事。

为了维持教堂的正常运转，随着教堂空置的状况频发，参议会只能决定将圣约翰勒隆教堂神职人员的俸禄减半，这与 1282 年圣丹尼杜帕教堂所发生的状况如出一辙。[32] 自此，洗礼只能为居住在此堂区的居民举行。而 1334 年宣布禁止妇女居住于内院的禁令必然也令洗礼仪式的数量锐减[33]，但被放置于教堂门前的弃婴则可在教堂接受洗礼[34]。在古典时期对教堂进行改造之前，该教堂外立面大门顶部精美的三角楣装饰足以令其与圣母院的外正面大门相媲美，这一点也可以帮助我们将其建造时间追溯至 13 世纪初。[35]

14 世纪时，内院总共有 46 间房屋，其中 37 间专供议事司铎所用，其余房间则供各式服务人员（如佣人、厨师、屠夫、面包师）和值班人员居住。至少从 13 世纪中叶开始，十几名手持象征其权威的 "正义之杖" 或装备有武器的军士，开始负责内院和大教堂内的安保工作。[36] 当议事司铎数量过多时，也会将多余的神职人员安置在内院之外、参议会名下的住处。后者享有与居住于内院司铎同样的地位，只接受参议会的管辖。路易六世曾失误地将内院外一栋议事司铎所居住的建筑夷为平地，为此，他不得不做出经济上的补偿。[37]

为了获得居住在内院的资格，必须证明其已在教堂服务了 20 周。当一间房屋因居住者离世而空置时，工作人员会立即对它进行核查。如需进行维修，则由逝者的遗产进行支付。参议会会对房屋进行定价，用以支付逝者相关纪念日仪式的费用。每间房屋都拥有土地和租金收入，但也需要为此支付一定的费用。

关于这一点，我们只找到关于一间房屋的准确信息，这是一间被称为"梨树"（Poirier）的房屋，其位于内院大门附近，在大教堂中厅的北侧。[38] 参议会的契据集显示，"梨树"房的年收入主要来自德尚圣母院附近的葡萄园，其位于如今圣雅各杜厄帕教堂的位置，拥有穆萨瓦尔（Mausavoir）、巴涅厄（Bagneux）、奥利（Orly）等地的土地，来自尚麦拉赫（Champ Maillart）的埃弗里（Ivry）的谷物征收，以及在犹太城（Villejuif）、梦斯维林（Moncevrin）和珀罗塞尔（Perrousel）等处的土地收入。作为回报，房屋的居住者必须支付某些费用，比如在举行重要弥撒礼时，支付在一年中的某些节日向司祭所分发现金或实物的费用，后者多为面包或酒，其全部费用为 13 里弗尔 7 苏和 149 个面包的费用。除此之外，还需加上为与大门相关事项所捐赠的 30 苏，此费用专用于维护和守护内院大门，大门通常由一名军士看守。此外，还需要向征收年贡的领主，即土地的所有者，支付 7 苏 4 德尼的特许权使用费。与此同时，房屋的持有者也可从中获利。议事司铎约翰·德·凯洛雷（Jean de Kérolay）在 1378 年因其所住的房屋享有来自奥利的土地和沙特内（Châtenay）葡萄园的年收入，为此必须每年两次向教会支付 4 巴黎铸里弗尔和 36 个面包或等值现金的费用。[39]

内院里的房屋一直为议事司铎所觊觎，他们人数多达 51 位，其实并不适合居住在此处，更别提其家人或其他社会上颇具影响力的人也对此心生向往。相对于居住者的社会地位来说，这些房屋的住宿条件可谓相当舒适。圣艾尼昂小礼拜堂是内院中唯一保存下来的中世纪建筑，在其建造过程中神职人员所显露的小心谨慎足以凸显这个在 12 世纪被重新开发的街区所具有的精英主义特征。这座拥有十字形拱顶的小礼拜堂装饰精美，建于 1120 年左右，是在巴黎教会最著名的人物之一艾蒂安·德·加朗德（Étienne de Garlande）的推动下而建，其为总执事，同时也是国王的掌玺大臣和宫廷总管大臣。[40] 此小礼拜堂拥有两名专职司铎。

大多数内院的房屋为三层高。一楼是一个相当大的房间，通向厨房和储藏室。[41] 二楼有书房和卧室各一间，通常还会有一间小教堂。三楼则被细分为几个房间，其中一间为"鹪鸪房"（chambre aux tourterelles），就像 1417 年议事司铎尼古拉斯·德·巴耶所住的房子。[42] 此外，司铎的房屋通常还包括一个大小各异的花园及其附属建筑：一个地窖，一个存放谷物、蔬菜、水果和油的仓库，以及一个马厩。[43] 由于马匹的存在，就需要考虑到马粪的处理等卫生措施。[44] 这可能也解释了为何要在内院及其周边的道路尤其是大教堂周围的街道铺

圣艾尼昂小礼拜堂（inforcatho）

砌路面，以免这些街道堆积马粪。[45]

根据 16 世纪最古老的巴黎骑兵图之一特鲁舍和霍尤地图（plan de Truschet et Hoyau），亦称为巴塞尔地图，我们所看到内院外观与几个世纪之前相差无几。内院的西北部靠近繁忙的圣兰德里港口和格拉蒂尼街（Glatigny），邻近此处的内院房屋多少深受其害。格拉蒂尼街为当时主要的色情场所之一。15 世纪

西岱岛的东半部，巴塞尔地图，约 1530 年（CAC）

时，它被人们称为"爱之谷"（Val d'Amour），距大教堂仅一步之遥，却会聚了当时从事非法活动的各色人等。[46] 与之相反，位于更东边的房屋，不仅地块面积较大，还可以俯瞰塞纳河畔的花园，简直一屋难求。

在内院中的日常生活需遵守相关的规章制度。和其他地方一样，要求司铎们衣着得体，至少每隔三天要剃头一次，不能让头发生长，并且要保持剃度后的发型整洁。[47]

妇女禁止在夜间出现于内院，在文献资料中能看到对于有关驱逐事件的记录（1334）[48]，但教士的母亲、姐妹、其余的女性、旁系亲属，以及地位高贵的妇女则可排除在外。禁止司铎出售葡萄酒，除非是整桶售卖，否则就会将其没收，供主宫医院所用。1245 年 11 月 2 日教皇特使欧德·德·沙特鲁宣布了一项条例禁止饲养猎狗、猎鹰、熊、鹿、乌鸦或猴子等有害或无用的动物。[49] 这意味着曾有某些司铎饲养过这类动物。他们对这些与贵族生活方式相关的活动有所期待，这也许曾是他们童年生活的一部分。除了在圣诞节、圣尼古拉斯节和圣凯瑟琳节之外，禁止玩骰子或被称为"格里卡"（griesca）等带有赌博色彩的游戏。尽管当时此类游戏仅作为一种消遣，不需投入金钱进行下注。[50]

同样被禁止的还有球类游戏，尽管当时网球类游戏非常盛行，但在 14 世纪末，议事司铎不得不将小内院的区域封闭起

提奥菲勒斯的奇迹，祭坛浮雕（D. Sandron）

来，以防止人们在附近打球时打破邻近教堂的彩色玻璃窗。[51]
对规章制度的反复重申其实反映了参事会的权威也会时不时
面临挑战，当时也证明了吵闹的年轻人的存在，尤其是年轻
的神职人员和辅祭，他们沉迷于这个时代所流行的种种休闲
活动。

提奥菲勒斯的奇迹所描述的情节为：这位野心勃勃的教士为了
成就事业而与魔鬼签订了契约，他懊悔不已，恳求圣母的拯
救，以从魔鬼中夺回契约。此段关于奇迹的事迹两次出现
在大教堂的雕塑装饰中：横厅北翼大门处和祭坛侧廊的一幅
浮雕。对于住在大教堂附近的神职人员来说，这一图像的反

复出现显然是有警示意义的。因此，我们难以想象鲁特伯夫（Rutebeuf）笔下所描绘的提奥菲勒斯奇迹能与其他圣人的图像一同出现在内院的雕塑装饰中。[52]

主教学校和唱诗班

在 12 世纪初，主教学校仍属于内院机构的一部分，被称为"特利桑提亚"（Tresantia），可能位于大教堂后侧。[53] 议事司铎们指责是来自外部的学生（scolares externi）引发了学校的混乱状况，最终，主教艾蒂安·德·森利斯与教会达成共识，将学校搬迁到其主教宫附近，位于塞纳河畔的大教堂南侧一栋名为"工地"（Chantier）的房屋内。[54] 这栋一直保留至中世纪末的房子形成了埃韦克港小巷的西侧，另一侧则由后来建成的主教宫西墙所设。莫里斯主教在其任期开始时就确认了这一搬迁计划，并严令禁止议事司铎再将房子租给学生，甚至也不能让其留宿。[55] 这无疑促使学校从内院搬出，先是迁至小桥附近，然后再到左岸。而正是在这里，从 13 世纪起，大学开始出现了。

从内院迁出的学生中并不包括唱诗班成员，神职人员希望能将他们留在身边，与外面的世界有所隔离。凭借扎实的拉丁语和音乐教育，这里成为培养出未来的执事、神父甚至主教的摇篮。早在 12 世纪，人们就发现礼拜仪式时圣歌颂唱的重要性。不晚于 1208 年，他们已经在一位"唱诗班指挥"（magister cantus）的指导下进行学习。在 14 世纪末期，他们开始跟随另一位老师"语法教师"（grammaticus）学习拉丁语。[56]

1411 年，掌玺大臣约翰·格森（Jean Gerson）以《教义》（*Doctrina*）为题，记录了唱诗班成员需遵守的各种规章制度及行政管理指令，为我们提供了自 12 世纪以来有关本地传统的汇编资料。[57] 在中世纪末期，有 8 位新加入的唱诗班成员来自巴黎的中产阶级家庭。"斯佩"（spe）一直通常由年龄最长的成员担任，他应该是已经经历了变声期的年轻人，作为声乐老师的助理，管理其余的成员。通常来说，当非圣职职位有空缺时，他就会成为晨祷时间的"唱诗班干事"（macicotus/machicot），而他此前的职位将由另一位唱诗班最年长的男孩所担任。如果支付相应的费用，教堂唱诗班之外的男孩偶尔也可以在此学习，但是不能与其他成员一同在教堂吟颂圣歌。

从 14 世纪中叶开始，担任唱诗班指挥一职的神职人员不再仅仅是默默无闻的大教堂低阶人员、晨祷时间的圣职人员和圣约翰勒隆或圣丹尼杜帕的专职司铎。[58] 他们中的一些声名鹊起，让我们可以尝试复原其职业生活轨迹，比如，雅克·拜赫（Jacque Barre）出生于 1391 年，在 8 岁时加入唱诗班，15 岁时开始侍奉于晨祷时间，18 岁成为"唱诗班干事"。在他 24 岁时，托马斯·霍皮内尔（Thomas Hoppinel）于 1415 年卸任唱诗班指挥一职前往勃艮第宫廷，拜赫接任了此职。1462 年，他在大教堂去世时，已成为圣艾尼昂小礼拜堂的领俸教士。[59]

在中世纪末期，唱诗班的神职人员与成员都住在圣丹尼杜帕教堂后面的一栋房屋中，紧邻"土地"（terrain）。[60]

主宫医院

大教堂神职人员所肩负的使命中特别重要的一项即对贫穷的人、病人和朝圣者给予关怀与照顾。慈善之心为大教堂中央大门雕饰中所强调的三种神学美德之一，在每年于圣周四举行的"命令"（Mandé）仪式中亦有所体现。自卡洛林王朝时代起，在这一天，大教堂的主教和教士们会为 12 名穷苦人洗濯双脚。[61]但其实这一行为每天都会在大教堂附近的主宫医院发生。此处向受疾病折磨的人和过路的人，尤其是朝圣者敞开大门。[62]据说这一传统是由巴黎的第 28 任主教兰德里（Landry，650—656 年在任）所创建。

尽管在教会成立之初，巴黎已经存在慈善机构，但直到 829 年，我们才看到相关的文献记载，显示在大教堂以西几十米的圣克里斯托夫教堂附近确有一间慈善机构。[63]昂查德（Inchade）主教曾宣布，将把他向参议会交纳的领地收入中的什一税转捐给救助穷苦人的医院或圣克里斯托夫医院，在这之前，主教一

以《慈善的托喻》为主题的浮雕装饰，位于中央大门 (D. Sandron)

直是该医院的唯一负责人。[64]

自主教雷诺·德·旺多姆（Renaud de Vendôme，991—1017年在任）放弃了他对圣克里斯托夫医院管理权后，主宫医院便完全隶属于参议会。教皇约翰十八世在1006年批准了这一变动。直到1505年，医院的管理权被彻底移交至巴黎市政府手中。[65] 因此，从11世纪到16世纪初，主宫医院一直处于参议会的直接管辖之下，只有参议会才有权为销售、购买、交易、仪式服务和接受遗产馈赠等事项签发许可证。它同时也是医院可用资金的保管人和监护人，并对工作人员有人事管理权。它还对医院拥有临时属地及属灵管辖权。每位司铎在去世时都需将他的被褥交给医院，这并不会对其他捐赠产生影响。

总铎艾蒂安·德·兰斯（Étienne de Reims，1216—1221年在任）编纂医院章程[66] 时无疑受到了蒙迪迪埃主宫医院（l'hôtel-Dieu de Montdidier）章程（1207）的启发，其后，前者又继续为后来在圣波尔苏特诺瓦兹（Saint-Pol-sur-Ternoise）、特鲁瓦（1263）和沙托蒂埃里（1304）等地创建的主宫医院提供了参考。在14世纪初，主宫医院可被视为"一个致力于慈善和救助陷于贫困与疾病人群事业的庞大组织的领导机构"[67]。这就解释了为何1502年在桑斯大教堂里摆放了一个用于收集救济金的箱子，而这笔钱将被送往巴黎的主宫医院。[68] 参议会组建了一个常设委员会，专门负责对主宫医院进行管理。委员会成员包括了一名医院院长和2～4名成员，后者被称为"主任"或"检查员"，每年换届一次。[69]

14 世纪时，主宫医院的工作人员大约有 100 人：5～10 名修士，3～5 名由神职人员协助的专职司铎，大约 40 名修女（根据 1293 年所规定的人数限制[70]），30 名见习修女和初学修士，最后为 16 名佣人。修士们通常在 7 岁时作为辅祭进入主宫医院，在 16～25 岁间获得其法衣，之后被授予圣职，可为信众举行各种神圣的仪式。在获得等级较低的圣职后，修士们可成为检察员、管家和会计。会计负责管理医院的财务收入，是院长的得力助手，经常被视为院长的继任。作为主宫医院负责人的院长，在人事任免、领地管理、财务和档案管理方面都拥有绝对权力。医院 8 个行政部门中的 7 个都由他负责管理：管家部（或巴黎驻地服务部）、小教堂管理部、地窖、厨房和肉铺、面包贮藏和分发处、行李箱部和衣帽间。[71]

见习修女均为年轻女孩，希望能在此给予"可怜的病人"无微不至的关怀与照顾。她们一般在 12～20 岁进入主宫医院，因身着全白的服饰，亦被称为"白衣女孩"。其服饰包括了亚麻布长袍、围裙、皮罩衣、长裙、外套及头巾。[72]与修女一样，她们也听从修道院院长的管理，后者通常为主宫医院内修女团体的负责人，她负责安排工作时间和制定监督纪律规定。

13 世纪初，主宫医院被改组为医疗机构，随即也制定了新的工作章程，先后任命了一名外科医生（1221）和一名全科医生（1231），二者有可能并非神职人员。在此之前，看护工作很可能是由进修过医学的司铎和修士承担。第一位在此就职的外科医生为迈特·休伯特（Maître Hubert）。他以 40 苏的价格租住在圣朗德里附近的一所住宅，为此，他承诺免费为残疾人、病人和工作人员进行治疗，无论其病情发展如何。[73] 第一位全科医生文森·德·布瓦（Vincent des Bois）也承诺为主宫提供免费的诊疗服务，他甚至为之捐赠了 40 里弗尔。后来，在 1231 年，主宫医院的修士们决定向这位"陷入财务困境"的老医生支付 4 里弗尔的年金。[74]

当法国国王在 14 世纪初对这种情况开始有所了解之后，查理四世在 1328 年 1 月 16 日发布的法案中规定，主宫医院的病人今后由 2 名其御用的在沙特莱（Châtelet）宣誓就职的外科医生进行治疗，为此他们每天可获得 12 德尼的津贴。到了 14 世纪末，凡是担任此职的医生会被授予"进驻主宫医院的国王御用外科医生"这一职衔。[75] 实际上，任职医生的薪酬出乎意料地微薄：在 1444 年，外科医生彼得·马莱西（Pierre Malaisié）所获得薪水为 100 苏，相当于厨师工资的一半，与厨房的二等、三等帮佣和掏粪工的收入相同！[76]

作为一个非官方的公益机构，主宫医院主要依赖来自个人的善款捐赠维持其运作。每一位捐赠者似乎都在他人历经痛苦时感同身受，无论是因为其本人或亲人拥有类似经历、体会过同样的苦痛，或者仅仅是担心自己成为受害者。正因为如此，主宫医院收到了大量的善款，积累了数目不小的资产。[77]
它在西岱岛上拥有数量众多的房产，尤其是在紧邻帕鲁德市场
街（Marché-Palud）和在北面与之相邻的萨布隆小巷（Ruelle
du Sablon）的区域。捐款时也可明确指定接受捐助的对象或
事项。例如，一位名叫亚当的人是努瓦永大教堂的议事司铎，
也是菲利普·奥古斯特的书记官，在 1199 年向主宫医院捐赠
了两栋在圣丹尼德拉沙特尔的房产，并明确指示：房产收入应
用于每年在捐赠者忌日为医院病人购买所需的所有食物。[78]

莫里斯主教秉持着务实的精神，在 1168 年要求总铎和参议会做
出承诺，要求他们本人和他们的继位者在卸任或离世时，将其
寝具（床垫、枕头和床单）交予"教堂前受祝福的玛利亚招待
所"（hospitale Beate Marie quod est ante portam ecclesie）。每一
套寝具至少价值 20 苏。这类捐赠形式在 15 世纪依旧可见。[79]
任何接受巴黎教会管理的市镇的行政长官也需要相应地进行捐
赠。[80] 类似的状况还有，1208 年，每当菲利普·奥古斯特离
开巴黎在其他地方过夜时，都会把皇宫里和其卧室中的麦秸捐
赠给主宫医院，作为制作病床褥垫的材料。[81]

直到 12 世纪，医院一直矗立在圣克里斯托夫教堂的南面，该
教堂为主宫医院的礼拜堂。随着哥特式大教堂建筑工程的推
进，其周边的街区规划也发生了相应的调整。例如，向西开通
的新圣母街导致主宫医院沿塞纳河小支流不断扩张，直至主教
宫西侧的位置。在大约一个世纪的时间里，它又延伸至位于圣

主宫医院平面图（《中世纪巴黎地图集》
重版于 2018 年）

雅各街轴线上的小桥。

这些建筑在 13 世纪几经扩建，将一个个分散的大厅整合了起来，如病房、用于举行仪式的相邻礼拜堂、医务室、修士、修女和管理者院长及女院长的住所，还有各种服务设施。建筑群东西横跨大约 120 米，几乎和附近的大教堂等长。1195 年之前，在新址上建立的第一批建筑是圣丹尼大厅和圣克里斯托夫礼拜堂。在布兰奇·德·卡斯蒂利亚（Blanche de Castille）女王的支持下，1234 年之前建造了一个供奉有圣托马斯的新大厅。[82] 随后再建的大厅被称为医务大厅，建于 13 世纪上半叶。但很快人们就发现，这些大厅还是太小了，无法容纳日益增多的病人，不得不在 1260 年左右又建造了一个更大的新厅。为此，两位来自巴黎的中产阶级人士将他们在小桥附近的房子售卖给了国王，就是为了巴黎主宫医院工程的实施（ad opus Domus Dei Parisius）。[83]

路易九世跟随其母的脚步，承担了主宫医院扩建工程的大部分工作。这个新建的大厅在 17 世纪之前一直被称为"新厅"（Salle Neuve）。1260 年左右，西面的扩建工程在靠近小桥的位置修建了两座供奉圣阿涅斯和圣塞西莉亚的小礼拜堂。根据 1473 年 4 月 2 日的一份文件可得知，两间小礼拜堂在 15 世纪的消失是为了给更具规模的圣阿涅斯礼拜堂的修建工程让路，后者拥有两扇格外"华丽的大门"。[84]

在此之前的修复工程主要涉及修女的医务厅和食堂，这主要得益于巴黎贵族彼得·德·埃萨特的慷慨解囊，他在 1325 年捐赠了 200 里弗尔。[85] 原先此处的礼拜堂可经由大教堂广场进入，在 1384 年至 1394 年，巴黎的一位货币商欧达尔·德·莫克雷为礼拜堂的重建和扩建工程捐了款。他逝世后也葬在了这里。捐赠者的图像雕刻于十字架下的一块小牌之上，如今位于圣朱利安勒普沃尔教堂之内。[86]14 世纪末，在传道者圣约翰礼拜堂和修士的住所之间，建起了一座新的会议大厅。它所在的位置是由巴黎主教的测量师纪尧姆·德·鲁伊（Guillaume de Rueil）测量后选定的，后在时任大教堂建筑师的雷蒙·杜·坦普尔的见证下，拆除了原址上的两座房屋。[87]

在中世纪末，主宫医院平均接收了 400 ~ 500 位病患，在流行病肆虐期间，病人数量在高峰期可多达 870 人。其中有病人、老人、遭遇不幸的人、普通穷人和极度贫穷的人、儿童，同时也有寄宿者。后者有时指那些正值壮年，但希望在主宫医院结束余生或停留一段时间的人。他们须与相关负责人签订合同后方能获准入住。[88]

效仿大教堂在耶稣升天节、五旬节、基督圣体节、施洗者圣约翰节和圣母升天节等重大节日期间的装饰，主宫医院也以挂毯（tapiz ystoriees）来装饰病房。但这种做法并不能掩盖其残酷的现实环境，即恶劣的卫生条件实则导致了相当高的死亡率，又因杂乱拥挤的状况令死亡率居高不下。不但每张床上睡两三位病人，而且附近环境也并不适宜病患休养，且不说经常在萨布隆小巷出没的妓女和她们所造成的噪声，最要命的是附近还是肉店的垃圾场，整日臭气熏天。[89] 但即便缺点数不胜数，直到近代，主宫医院仍然被视为巴黎最具规模的医院。

第七章
堪比城市规模的大教堂

主教和参议会的领主权势

大教堂的神职人员在巴黎拥有数量可观的资产可供其支配，在很长一段时间内，主教与国王一样，都是巴黎的主要领主。主教的资产大多分布于塞纳河的右岸，他声称拥有从圣丹尼街以西一直延伸到夏洛特单跨桥和蒙马特高地下的整片区域，以及主教城小村。而参议会则在西岱岛中部内院周围拥有数间房产，除此之外，在塞纳河两岸，尤其是左岸也拥有大量的领地。[1]这表明，教会可以从巴黎这座城市惊人的扩张速度和规模及其作为欧洲主要商业消费中心之一的税收收入等方面获利颇丰。

经济上的利害关系使他们与王室行政当局产生了冲突，其大多通过 1222 年签署的和解协议得以解决 ——《和平协议》(Forma pacis)。该协议规定了主教和国王之间的权力分成，尤其是"主教之地"的分成 (Terre l'Évêque)。该地位于巴黎右岸，一直延伸至夏洛特高地。[2] 在此情势下，我们就不难理解主教在位于塞纳河右岸、王宫对面新建的"主教堡垒"（For-l'Évêque）监狱大门处所采用的装饰图像了。拱形大门山花墙处的浮雕图案是如此设计的：

> 中间人物为国王和主教，从正面看，二人一同跪在圣母面前，象征着菲利普·奥古斯特和巴黎主教纪尧姆·德·塞涅莱之间所缔结的和平条约。浮雕的一角是法国的纹章图案，为直角相交的鸢尾花；而另一角为一位穿着长袍和戴有帽子的法官；在另外两处，一边是陪审员，另一边为一位装扮成神职人员的书记官。[3]

勒贝神父认为这扇大门已存在 4 个世纪之久，因此可将其历史追溯至 14 世纪，但也不能排除这种可能性，即它早在 1222 年就随着《和平协议》的签署而即刻被投入使用。巴黎教会对这一装饰图像相当满意，1652 年在约翰弗朗索瓦·德·贡迪（Jean-François de Gondi）主教主持的监狱重建工程中，特别采用原先监狱大门的装饰元素。最终，该建筑于 1780 年彻底消失。[4]

教会与巴黎市政当局的关系并非那么敏感。[5] 市政当局的示好之举相当明显，比如 1357 年，在法国于波瓦第尔战败、国王"好人约翰"（Jean le Bon）被英国人俘虏一年后，巴黎市政府向圣母院捐赠了一根与巴黎城墙等长的蜡烛，后一直存放于大教堂内。[6]

大教堂对城市地形的影响

广场

圣母院西立面前为广场。在 20 世纪 60 年代和 70 年代进行的考古挖掘中所发现的遗迹可以帮助我们确定当时广场的边界，也就是今天广场地面所铺设的石块颜色较浅的区域。[7] 中世纪时期的广场面积也比今天要小得多，这其实是奥斯曼时期城区改造工程所带来的结果。当时广场的宽度几乎等同于大教堂西立面的宽度，但其实这时主宫医院的东北角已经侵占了其相当一部分区域 [8]，导致广场东西向的长度仅为 35 米（见 231 页图）。广场的范围大致相当于以前此处所建的大教堂所占的面积，与如今取而代之的新哥特式大教堂相比一直向西延伸了不少。尽管当时巴黎圣母院的广场面积并不大，但极有可能的是，在规划之初就考虑到要为其预留出更开阔的广场空间，不然也不会在选址时选定了更东侧的位置。

广场用地属于教会的资产，由主教和参议会共同管理 [9]，曾以矮墙为界，从主宫医院向北延伸，直到如今内院街的位置再转向圣约翰勒隆教堂的方向，后在 17 世纪之后被拆除。广场上立有示众柱以象征主教所拥有的司法权 [10]，参事会则要求同时拥有民事和刑事管辖权，这在 1272 年得到了艾蒂安·坦皮尔主教（Étienne Tempier，1268—1279 年在任）的同意，但对蜡烛贸易的审判权除外，这一项是主教为自己保留的特权。[11]

不论广场的面积多小，它都是巴黎这座城市的主要广场之一。每逢某些节日和仪式典礼举行之时，便会吸引人群聚集，如主教登基或君主首度来访、游行队伍出发或返回，以及著名的圣物抵达等场合。这里也是不少重要历史事件的发生地，如 1314 年 3 月 11 日发生的圣殿骑士团相关事件。教皇克莱蒙五世的特使在大教堂广场上示众柱旁所搭建的平台上宣读了教皇的法令，宣布了对大团长雅克·德·莫莱（Jacques de Molay）、阿基坦地区的团长和圣殿骑士团其他重要人物的罢免与指控。对此，作为被告的骑士团成员予以否认。他们最终在西岱宫被宣判为已归附于异端，于当晚在西岱岛西侧的犹太岛（île aux juifs）被施以火刑。[12]

除了这些特殊和偶发事件外，教堂前广场上的日常活动也相当密集，尤其是某些特定的商业活动，可谓是生意兴隆，比如贩卖蜡烛的摊铺。[13] 大教堂周围地区的人流量也吸引了各式各样的商贩，既有售卖羊皮纸、学校课本 [14] 的摊位，也能买到祭饼"乌布丽"——圣玛德琳教堂所在街区制作生产的一种特有的糕饼。[15] 当时，一间肉铺的摊位租金为每年 60 里弗尔。画家、雕塑家、刺绣师、珐琅师和印章制作师也在此处开店。商店（operatoria）大多分布于广场四周，其中一些商店内还建有地窖（celarium）用于储存货物。[16]

1699 年的大教堂外立面和前广场（dessin d'Antier, BnF）

中世纪末的巴黎市中心是从皇宫的圣礼拜堂和圣米歇尔小拜堂和圣母院所在的西侧圣母院到两侧岛东端。通过圣米歇尔桥和小桥可到达左岸，视线范围内首先有圣安德烈德阿尔茨（Saint-André des Arts）附半圆形后殿，其次为圣塞维林（Saint-Séverin）和圣朱利安勒普沃尔教堂。在右岸的格雷夫广场 place de Grève）便可将圣约翰昂格格雷夫教堂和圣热尔维教堂及其以西几十米的河景尽收眼底。（J.-C. Golvin）

自 1222 年以来，在复活节和与圣母玛利亚相关的重要节日期间，广场上都会举办集市 [17]，其中火腿展销会在当时远近闻名 [18]。勒贝神父还曾提到，在 13 世纪，"拥有圣职"的医生们会在大教堂入口处南塔楼底部接待病患的求诊。[19]

新圣母院街（Rue Neuve-Notre-Dame）

有据可查，新圣母街早在 1164 年就已开通，可令人们有可能从犹太区街（rue de la Juiverie）直接抵达广场和未来即将兴建的大教堂。这条街已成为贯穿西岱岛的交通要道，通过小桥的延伸部分，可直达左岸；在另一个方向，可经过巴里勒利街（rue de la Barillerie）抵达大桥（le Grand-Pont）。这一由莫里斯主教所发起的新街建造工程 [20] 可谓重塑了巴黎的心脏。为了实现这一目标，他不得不通过购置、交换周边地区房产或获得捐赠等方式为工程扫清障碍。

在这个建筑物密集的区域，一系列具体行动依次迅速展开：1163 年，在主教的要求下，参议会将两栋房屋赠与亨利·莱昂内尔（Henri Lionel）和他的妻子佩特纳尔（Pétronille），以换取他们先前所住的房子，为了新街的建造铺路。[21] 第二年，莫里斯主教又以 40 里弗尔的价格从这对夫妇手中买下那两栋房屋，同时又赠与他们一块位于圣克里斯托夫教堂附近价值 20 里弗尔的土地（platea），还包括了其上已建好的一栋房屋，此后一直供莱昂内尔夫妇自由支配使用。[22] 主教还一直与某

从巴黎圣母院北塔楼俯瞰教堂前广场。浅色的石板铺面标记出原先新圣母街的位置（A. Tallon）

位名叫杰瓦·德·图厚德（Gervais de Thourotte）的人士不断交涉，以期获得他在大教堂附近的部分房产，同样也是为了给新街道的修建让路。[23]

新圣母街是中世纪巴黎最宽敞的街道之一，其平均宽度为 6 米 [24]，达到了在北侧与之平行的古老的马穆塞街的两倍。尽管以今天的眼光来看，这一街道并不算宽广，但在当时对于前往大教堂的众多信徒和节日游行队伍的通行来说都是不可或缺的。它的宽度只有大教堂中央大殿的一半，后者约 12 米宽。然而在 13 世纪初，大教堂周边繁忙的贸易活动其实并不利于交通的通行顺畅。约翰·德·加朗德曾提及在这个新建的街区（platea nova）有各式各样的鸟禽出售，包括鹅、公鸡和母鸡、山鸡、鸭子、鹧鸪、野鸡、云雀、燕雀、鸧、鹭、鹤和天鹅、孔雀和斑鸠。[25]

一个全新的堂区版图

这座哥特式大教堂的建造令巴黎教会的堂区版图发生了深刻的变化[26]，其中，西岱岛所受的影响最为深远[27]。直到 12 世纪初，大教堂似乎是岛上唯一一间堂区教堂。当时在西岱岛，无论是小礼拜堂还是祈祷室均依附于不同的机构。尽管该地区的居民已经开始频繁出入这些场所，但后者并未行使与堂区有关的职能。一个世纪之后，1205 年的教会契据集统计了教区中的堂区数量，提到了西岱岛上至少有 12 个堂区。同时还要加上宫廷（圣米歇尔小教堂）和圣母院内院（圣丹尼杜帕教堂）的两个堂区[28]。

堂区的出现是分阶段进行的。早在 1128 年，圣热纳维芙修道院的一名司铎就被派往西岱岛圣热纳维芙教堂行使其职能。圣克里斯托夫教堂的情况也是如此，大教堂参事会向其派出了一名神职人员。12 世纪中叶，岛上其余五个教堂也开始有神职人员进驻[29]：在圣日耳曼老教堂（Saint-Germain-le-Vieux）[30]、圣兰德里教堂和圣约翰勒隆教堂，已各有两名神职人员负责为信众提供洗礼仪式。圣丹尼德拉沙特尔教堂和圣彼得奥博伊夫教堂是位于王宫附近的圣埃洛伊修道院的下属机构。圣彼得奥博伊夫教堂和与其属于同一修道院的另外三座小礼拜堂，即圣

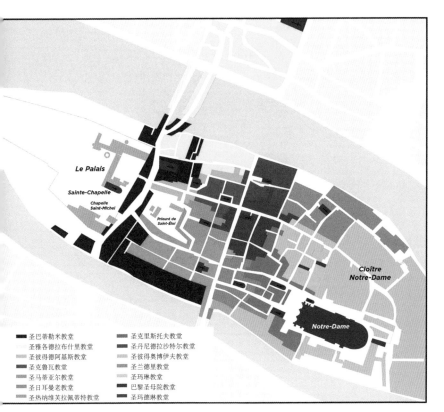

西岱岛堂区分布图（G. Chaumet, Plemo 3D）

马蒂亚尔（Saint-Martial）、圣彼得德阿基斯（Saint-Pierre-des-Arcis）和圣克鲁瓦（Sainte-Croix），很可能在 1125 年至 1134 年，当圣埃洛伊修道院将其管辖权暂时归还给巴黎主教时，成为堂区教堂。[31]

在 1205 年教会契据集之前的文献资料中，圣玛琳和圣玛德琳教堂并不属于堂区教堂。它们是西岱岛唯二直接受主教管辖的机构。圣玛琳教堂的神职人员专门为监狱的犯人和主教宫的在俗员工提供宗教服务。据说，当时来教堂举行婚礼的人们还包括那些已经生活在一起的夫妻，他们也希望以此种方式令婚姻得到祝福。在仪式中，夫妻双方会在手指戴上以芦苇或稻草制成的戒指，在仪式后将其烧掉。[32] 在菲利普·奥古斯特于 1183 年第一次将犹太人驱逐出巴黎后，向苏利主教让步，让位于犹太区街的圣玛德琳教堂取代了犹太教堂的位置。[33]该教堂成为巴黎唯一一座由主教发起建造的全新教堂。这也标志着西岱岛上以增加堂区数量为目的的运动圆满落幕。

从简朴的救济小礼拜堂过渡到堂区教堂，这一变化也反映了西岱岛人口数量的增长。[34] 我们只有 13 世纪末的人口统计数字，准确地说，仅是部分数字，主要依据是人头税的纳税人名册。其中自然不包括可以免于此类税收的神职人员与贵族。[35]除了这两类人之外，12 个堂区至少拥有 16 530 名居民。其中不同堂区之间的人口数量可能差异悬殊，在 1 ～ 20 倍不等，比如圣玛琳堂区仅有 150 名居民，而圣日耳曼老堂区则有接近3 000 名居民。堂区神职人员的主要工作包括对忏悔和圣餐礼等圣事圣礼的管理。洗礼继续在圣约翰勒隆教堂进行，葬礼则在大教堂举行。但直到 1248 年才出现有关圣兰德里教堂墓地的相关记载，在此之前，一直没有关于新堂区范围内墓地状况的任何记录。[36]

其中一些教堂的建立，像圣玛德琳教堂是在 1182 年大教堂新祭台的祝圣仪式之后才刚刚建成，当时大教堂中厅的工程开始启动，旧有的祭坛无法继续举行仪式，这也导致了它们的迅速消失。[37] 是否可以以此来解释新堂区教堂出现的原因？正如诸多材料所显示的那般，教会所奉行的实用主义原则可能会令其在大教堂建成之前，采取临时的解决方案以继续接待信众。但可能事实并非如此，我们不能无视其所昭示的政治野心，并以此来重申大教堂不容置疑的显赫地位，其"不再仅是巴黎的主教座堂，也成为法国历史上最重要的堂区"[38]。

如果放眼整座城市的变化，就不得不提到另一个同样也是由主教所发起的堂区重组计划，它将整个城区及其市郊划分为两个总铎区。1191 年，巴黎市还仅有一名总铎。[39] 到了1205 年，根据当年的契据集的记录，在左岸圣塞维林教堂已有一位总铎；而另一位巴黎教会总铎（Parisiensis ecclesie archipresbyter）先是被安排在西岱岛或右岸的教堂，随后很快成为圣玛德琳堂区总铎。

如此大规模的堂区重组与 12 世纪下半叶以来巴黎城区大张旗鼓的改造工程有关。在菲利普·奥古斯特的提议下，于 1190年开始，先是在右岸修建了新的城墙，随后在 13 世纪初又在左岸也建起了城墙[40]，这就导致了旧堂的分割和新堂区的出现。此过程并非风平浪静，莫里斯主教宣示了其对圣约翰杜蒙堂区（后于 1225 年左右成为圣艾蒂安杜蒙堂区）和西岱岛圣热纳维芙堂区的管辖权，而后者原本隶属于圣热纳维芙修道院。在后者的教堂中，"根据艾蒂安·德·图尔奈（Étienne de Tournai）的说法，是一位年轻的执事（juvenis archidiaconus）甚至殴打和驱逐了服务于此处的神职人员，还抢走他的法衣"[41]。

1211年，彼得·德·内穆尔根据与圣日耳曼德普雷修道院院长签订的协议，获得了以新城墙为界划分的左岸新堂区以及圣科莫和圣安德烈德阿尔茨等堂区管辖权。同时，位于城墙外的圣苏尔皮斯教堂堂区（Saint-Sulpice）也归其管辖。1230年左右，圣尼古拉斯杜夏东内教堂（Saint-Nicolas-du-Chardonnet）也被从圣维克多堂区（Saint-Victor）分割了出来。

13世纪初，塞纳河右岸的发展令人不容忽视。这里本拥有众多历史悠久的堂区，但因过于庞大而无法确保对所有信徒的管治，只能将其分割，导致了大量小堂区的出现。大堂区圣日耳曼欧赛尔被分成了圣伊诺森（Saints-Innocents）、圣卢弗（Saint-Leufroi，约1205）。圣厄斯塔什（Saint-Eustache）则取代了圣阿涅斯（1212—1223）、圣索韦乌（Saint-Sauveur，1216—1284）和圣欧普图尼（Sainte-Opportune，约1220）等堂区。圣杰瓦堂区在1213年被拆分，以建立圣约翰恩格里夫堂区，在此之前，该堂区仅是圣尼采斯·德·莫兰（Saint-Nicaise de Meulan）修道院的一个分支，依附于贝克赫鲁安修道院（Bec-Hellouin）。

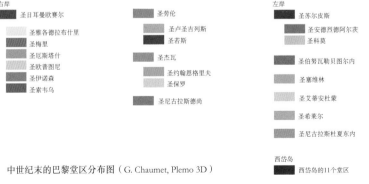

右岸

- 圣日耳曼欧赛尔
- 圣雅各德拉布什里
- 圣梅里
- 圣尼斯塔什
- 圣欧普诺尼
- 圣伊诺森
- 圣索韦乌

- 圣劳伦
- 圣卢圣吉列斯
- 圣若斯
- 圣杰瓦
- 圣约翰恩格里夫
- 圣保罗
- 圣尼古拉斯德尚

左岸

- 圣苏尔皮斯
- 圣安德烈德阿尔茨
- 圣科莫
- 圣伯努瓦勒贝图尔内
- 圣塞维林
- 圣艾蒂安杜蒙
- 圣希莱尔
- 圣尼古拉斯杜夏东内

西岱岛

- 西岱岛的11个堂区

中世纪末的巴黎堂区分布图（G. Chaumet, Plemo 3D）

菲利普·奥古斯特所建的城墙导致了圣劳伦堂区一分为二：1235 年左右为圣劳伦的城区教民所建造的圣约瑟小教堂在 1260 年成为一个堂区。位于圣丹尼街的圣卢圣吉列斯小教堂（Saint-Leu-Saint-Gilles）是圣马格卢瓦尔（Saint-Magloire）修道院（有"修道院之镇"之称）周边市镇的信徒们经常前往的小教堂，它是与其距离较远的西岱岛圣巴蒂勒米堂区的一个分支机构，也获得了一定程度的自治权，但直到 1617 年才正式成为一个堂区。[42]

这次大规模的堂区重组构成了巴黎自 13 世纪起到现代时期维持不变的堂区版图格局。在此过程中，巴黎主教确立了其对于新城墙内所有教堂所拥有的管辖权。值得一提的是，13 世纪初圣母院主体工程竣工之时也恰好是巴黎堂区重组计划进行到白热化的阶段。

宗教游行

大教堂的神职人员会走访城市中的不同角落，尤其是在中世纪末期因重大节日或特殊情况而更频繁出现的游行中。圣马塞尔圣龛是大教堂的珍贵圣物，会在庄严的游行场合被抬出教堂，以迎接圣热纳维芙修道院的圣热纳维芙圣龛。两列队伍在后者的引领下，将按照既定的路线行进，随后将由主教护送圣马塞尔圣龛返回圣母院的圣殿之中。每逢悲剧性的事件、气候灾害

（水灾、旱灾等）、政治或军事危机发生时，便会组织类似的宗教游行，以祈求神的怜悯令灾难终结。[43]

有些游行会行至离大教堂较远的区域。以大斋期为例，在 5 周期间，每周都会举行 3 次由神职人员所参加的圣母圣龛游行 [44]，第一周分别在西岱岛的圣丹尼德拉沙特尔、圣埃洛伊和圣巴泰勒米；第二周于左岸的圣伯努瓦和圣艾蒂安德格雷；第三周仍然在左岸，主要在圣热纳维芙、圣维克多和圣马塞尔等地；第四周为右岸的圣日耳曼欧赛尔、圣欧普图尼和圣梅里；最后一周仍在右岸，以圣马格卢瓦尔、圣马丁德尚（Saint-Martin-des-Champs）、圣玛利亚埃普蒂安（Sainte-Marie-l'Éptienne）或蒙马特等地为主。这 15 次游行足以覆盖整个巴黎及其周边地区。

每逢大教堂的主保圣人日，参议会成员也会前往巴黎地区的各个教堂 [45]，例如在 6 月和 7 月乘船前往圣保罗和圣维克多教堂，沿途可受到圣约翰恩格里夫和圣热纳维芙等地神职人员迎接。在圣马丁德尚修道院，参议会可行使特权释放被囚禁在那里的小偷或强盗。这足以证明大教堂与城市中所有教堂之间的密切联系，前者无疑被后者视为精神主宰。除了宗教机构之间的联系得以加强，众多游行活动也令巴黎地区的信众和游行途中所吸引而来的男女老少与教会之间的联系更为紧密。

在大祈祷日（les Rogations）期间，耶稣升天节之后的游行活动格外受欢迎。在为期三天的游行过程中，一条以柳条制成的巨龙会出现在巴黎的街道上。它让人想起圣马塞尔在 5 世纪将他的披肩缠绕于食人怪物的颈部以令其驯服。圣马塞尔教堂圣殿内摆放的巨蜥圣物被认为是该怪物的遗骸。当"巨龙"经过人群时，人们会将水果和蛋糕扔进其以柳条编成的大嘴中。这一颇具民俗色彩的元素直到 18 世纪才消失。[46] 这一传统至少可以追溯至 14 世纪，据记载，1380—1381 年，在耶稣升天节游行队伍中出现的"巨龙"曾经由画家尼古拉斯的修复和重绘，为此画家得到了 5 苏的报酬。[47] 1332—1333 年，人们还为它重装了"牙齿"![48] 正如雅克·勒·戈夫（Jacque Le Goff）所推测的，此龙很可能是在 12 世纪末或 13 世纪初首度出现。1180 年左右的巴黎的礼仪专家约翰·拜莱特曾详细介绍了龙所象征的魔鬼意涵。

著名的宣道士雅克·德·维提（Jacques de Vitry）在一次布道中曾提到关于大祈祷日游行的内容：在游行的头两天，"龙"会出现在游行队伍的最前方，在神职人员携带的十字架和旗帜之前面，它的长尾巨大且上扬。[49] 但到了第三天，它被打发到游行队伍的末端，其尾干瘪且低垂。在雅克·德·维提看来，此龙就是魔鬼的化身，大祈祷日的三日庆典分别对应着历史上的三个时期。在前两个时期，魔鬼大行其道，但进入到第三个时期，随着耶稣基督的胜利，魔鬼坠入人间、化身为龙，面对人类，威力全无。

通过游行活动，圣母院的雕塑装饰图像得以流传至城市的每一个角落。比如，西岱岛的街道上曾短暂地出现关于圣母生平事迹的装饰图像正是以大教堂祭坛围栏处的图案为原型的。[50]

圣母院建筑对城市的影响

当大教堂被一些规模甚小或者更为华丽的建筑（如主教宫及其塔楼）所包围时，会更凸显其整体建筑的气势恢宏。正如画家约翰·富凯 15 世纪中叶在其画作中所描绘的那般。它不仅依旧是西岱岛上最具规模的建筑地标，而且得益于得天独厚的地理位置：当人们由东到西从城市的一端穿行至另一端时，坐船显然是更为便捷的交通方式。在现代巴黎的地形图中，人们可以找到某些古老的中轴线，其上所示的某些地点即便与西岱岛距离甚远，但仍旧可以将圣母院置于视线之中，无论是置身于圣殿街、圣安德烈德阿尔茨街，还是在沃吉拉尔街（Vaugirard），总能突如其来地将圣母院的塔楼或尖塔收入眼中，在此之前便是一排排鳞次栉比的普通建筑。大教堂就是这样慢慢地展现在穿街过巷最终抵达前广场的信徒面前。

巴黎圣母院对其堂区教堂建筑的影响也不容忽视，后者也颇为密集地采纳了大教堂的建筑与装饰元素。[51] 由于自 15 世纪开始的重建工程所涉及的范围过广，当时几乎没有留下关于其在 14 世纪末之前所经历改造工程的文献资料。前圣日耳曼欧赛尔协同教堂的主入口处在设计时必然要以圣母院的外立

约翰·富凯的画作《艾蒂安舍瓦里的祈祷时辰》，展示了上帝之手驱除恶魔的场景，约 1450 年
（Metropolitan Museum of Art, New York, The Bridgeman Art Library）

圣苏尔皮斯小礼拜堂的大门，建于 1330 年，水彩画，绘于 19 世纪初（BnF）

面为参考，为此，一些雕塑家不得不奔波于各个工地之间。[52]
位于左岸的圣塞维林教堂，其中央大殿的前三个跨间的立面为
三段式布局，建于 13 世纪（见 256 页图）。这一结构不禁让人
想到 1220 年左右，大教堂将其高窗扩展之后的立面结构。这
种改动令三段立面之间的关系更为平衡，每一段都占据了内立
面大约三分之一的高度。

需要注意的是，在 15 世纪，圣塞维林教堂的多期扩建工程进一
步强调了其与大教堂之间的附属关系。它最终复制了大教堂五
个殿厅的平面布局和环绕以一系列小礼拜堂的双回廊设计。[53]
圣母院建筑所体现的诸多典型特征，在中世纪末甚至之后众多
教堂的建筑工程中被反复采纳，如圣尼古拉斯德尚和圣厄斯塔
什教堂。三段式立面的平衡结构也在圣艾蒂安杜蒙教堂或圣维
克多修道院业已消失的教堂中出现，其大多建于 16 世纪。在
中世纪末期，大教堂的横厅大门所呈现的经典传世之作也于
1330 年左右出现于圣苏尔皮斯小礼拜堂（见 255 页图）和于
1470 年出现于主宫医院圣阿涅斯小礼拜堂的大门之上。

大教堂建筑所产生的深远影响在其建筑工程结束之后仍在继
续，这可以解释为它作为主教座宫所代表的权威令其治下的众
多下属教堂也成为此建筑遗产的一部分，从而彰显它在整个教
区范围之内所独享的尊贵地位。

◀
巴黎圣塞维林教堂的中厅（D. Hayot）

257

第八章

教区的主教座堂

大教堂是作为教区首领的主教的座堂，因此必须明确其在教区之中的地位，即"母教堂"（mater ecclesia）。[1]在中世纪，巴黎教区的面积约为 2 500 平方千米。其范围北起卢扎尔什（Luzarches）、南至科贝尔（Corbeil）、西起康弗兰圣奥诺林（Conflans-Sainte-Honorine）、东至拉格尼（Lagny），同时在森斯教区附近的尚博拥有两块飞地。[2]为了更好地管理其教区，从 12 世纪末开始，主教将其权力下放至参议会 3 位身居要职的总执事。他们各自的权力行使区域，根据 1268 年的明确规定，与古代巴黎城区所划分的 3 个区（pagi）相对应。

事实上，总执事区的行政管理区划是由穿越教区的两条主要河流即塞纳河和马恩河所形成的自然边界所确定的。两条河流以北为巴黎总执事区，塞纳河以南是约萨总执事区，马恩河和塞纳河以东为布里总执事区。这三个行政管理区大致上分别对应于巴黎（Parisis）、于尔普瓦（Hurepoix）和布里等市镇。其治下包括了至少 407 个堂区，它们又分属于若干总铎区，每个总铎区都由一名总铎负责管理。[3]总执事将教堂及其资产的管理权分配给主教先前所任命的负责拯救信徒灵魂的司铎。总执事负责监管堂区，征收教区内的各项税款并行使主教的管辖权。教区的管理机制形成了一个严密的行政网络，令主教的权力得以逐级执行直至信徒，后者在神职人员的引领下学习圣经，聆听布道，进行忏悔。这一系列活动在 13 世纪初已相当常见。[4]

主教及参议会的土地权力

主教和参议会对教区所行使的权力已经超出了严格意义上的传教框架，不仅触及司法领域，更涉及因其所拥有的大量土地和不动产产业所带来的领地权力。教会在中世纪社会中可谓位高权重，令众人敬畏，而其所下达的指令也会以最快的速度下达至信众。

除了作为信众的精神主宰之外，主教和参议会本质上都是封建领主，拥有一定数量的财产和特权，这些构成了他们的主要收入，后者还需细分为主教的收入和参议会的收入。与财产收入相关的事项均交由其附庸管理。在主教就职圣典的那一天，附庸们也会出现在大教堂。[5]除了象征意义之外，二者之间形成的封建从属关系也强调了主教的权力范围。

在这些附庸之中，主教们经常会提及其中一些重要的领主，如阿朗松（Alençon）、布卢瓦（Blois）、内韦尔、莫兰、圣波尔苏特诺瓦、布列塔尼（Bretagne）、巴勒杜克（Bar-le-Duc）等地的伯爵，以及波旁（Bourbon）、蒙莫朗西（Montmorency）、博蒙（Beaumont）、圣马克（Saint-Marc）、加朗德（Garlande）、谢弗鲁斯（Chevreuse）和布鲁诺伊（Brunoy）等地的领主。[6]就这一点来看，法国国王的情况大相径庭，但在此就不作论述了。

主教和参议会所掌管的巨额资产令其成为巴黎及其所在大区最富有的人群，他们的资产包括了村庄、土地、城堡、教堂及其附属建筑、房产、由特权带来的各种收入（什一税、租税、年金、捐赠）和来自宗教仪式的献仪等。在圣母院建造期间，专门为由主教直接管理的财产设立了一个等级分明的行政管理机构。14世纪，在以下城镇设有至少10名行政官吏：圣克劳（Saint-Cloud）、马恩（Marnes）、加尔什（Garches）、詹蒂利、维苏斯（Wissous）、莫伊西（Moissy）、康布斯拉维勒（Combs-la-Ville）、圣丹尼（圣克鲁瓦小教堂的土地）、查宁顿和梅松苏塞纳（Maisons-sur Seine）。主教的行政官吏们接受执达官的管理，但市镇长官和其他负责村庄事务的官员则听令于行政官吏。[7]

议事司铎也制定了同样的行政制度来管理他们的收入。从卡洛林王朝开始，他们的收入持续增多[8]，大多来自主教或其他赞助者，从国王到收入最低微的领主。正是这接连不断的捐赠令司铎们的收入越来越丰厚。14 世纪初，参议会所拥有的土地和具备的经济实力都达到了顶峰。[9] 从菲利普·奥古斯特统治时期开始，参议会已经在下列地点任命了 12 个教务长的职位 [10]，分别位于弗农（Vernon）、维里恩弗曼多伊（Very-en-Verman-dois）、罗扎伊恩布里（Rozay-en-Brie）、米特里（Mitry）、埃弗里、拉尚（Larchant）、克雷泰尔、科布雷斯（Corbreuse）、伊特维尔（Itteville）、沙特内、安德雷西（Andrésy）和巴涅厄（Bagneux）。参议会在巴黎大桥也任命了一名教务长。[11]

在 12 世纪末，巴黎教会的土地资产分散于 80 多处，其中大部分在巴黎教区的范围之内 [12]，可根据其地理位置分为几个集中区域。大教堂的神职人员、主教和参事会在巴黎周围的肥沃土地上拥有相当可观的资源供自己支配。巴黎的平原地区（米特里、莫里、鲁瓦西、古桑维尔、埃皮亚斯、卢扎尔什和雅格尼），巴黎南部的谷地（詹蒂利、埃弗里、维特里、巴涅厄、克拉玛特、沙特内、弗雷斯纳、奥利、马西、帕莱索、蒙雷里、圣米歇尔苏奥尔热、布雷蒂尼、阿夫兰维尔、拉迪和拉菲尔阿莱斯），巴黎塞纳河谷下游（圣克劳、塞夫勒、马恩、加尔什、鲁伊、梅松、康夫兰圣奥诺林和安德雷西），马恩河谷（尚皮尼、克雷泰尔、博纳尔、切纳维耶、古尔内、托尔西和拉格尼），以及布里地区的边界（苏西、布瓦西－圣莱热）。此外，还有于尔普瓦和布里地区的林地，以及位于各地的城堡和领地（图南、蒙杰康夫兰、卢扎尔什、古尔内和布里康特罗贝尔）。

一座教区建筑

在将整个教区的资源集中到大教堂的修建工程的过程中，神职人员为项目资金的筹集做出了决定性贡献。与此同时，圣母院将其强势的影响力扩展至教区内的每一间教堂。众多教堂不同程度地借用了圣母院的建筑设计和装饰元素。这一现象令我们可以将教区建筑等同为一种市政工程，大教堂在其中起到了主要的推动作用，以一砖一石呈示出教会这一等级森严的机构所象征的威严与权势。

像圣母院这样一座具有标榜性且颇具雄心的建筑，无论是从其字面上的含义还是寓意来看，都堪称典范。一方面，其建筑工地的规模令其在很长一段时间内聚集了来自各地、数量众多的能工巧匠。甚至那些还在学徒阶段的工匠们也会频繁来此地取经。另一方面，大教堂的声望也令其成为其他教堂业主竞相效仿的对象。[13] 正是这两条历史轨迹构成了这一哥特式建筑的历史研究框架，几乎所有关于这一主题的研究都围绕它们展开。

一本以巴黎圣母院为主题的专著的作者马塞尔·奥贝尔

（Marcel Aubert）在谈及其"影响力"时指出，可以说其在照明方面的处理对之后的建筑工程产生了一定的"负面"影响。[14]但积极的影响包括了：

> 首先是，在它周围所建造的小教堂和一些大型纪念性建筑的建筑师都或多或少曾在巴黎圣母院的工地学习取经或者单纯地前来欣赏这座无与伦比的建筑。[15]

奥贝尔引用了安提姆·圣保罗（Anthyme Saint-Paul）的观点，在 1913 年指出：

> 在法国（以法兰西岛为例）的学校中，精英学校、核心学校成为固定传播哥特式建筑相关知识的场所，此外，还有一类小型的学校，也是更为隐秘的学校，它们只是一些坐落于圣母院方圆十里（译注："里"为法国古里，约合今天的 4 千米）或更远的建筑，却更为淋漓尽致地展现了巴黎圣母院的影响力。[16]

奥贝尔还补充说道：

> 巴黎圣母院一直被巴黎地区小型教堂视为建筑典范，它们都或多或少地模仿了它各处的建筑设计和不同角落的装饰细节。而这一现象不仅可以解释为村中的石匠师傅（原文即如此）对恢宏的大教堂建筑所抱有的仰慕之心，

也展现了参议会和主教的强大行动力。他们是富有、强大且地位尊贵的业主，他们派建筑师来制定计划、监督工地和核实工程进展；同时后者也经常能获得大笔津贴补助。

以圣母院的建筑师约翰·勒·布提勒为例，他于 1358 年和 1359 年专门前往教区各地巡视隶属于参议会的建筑。[17]

在奥贝尔看来，关于巴黎圣母院是如何对教区各界施加其影响力这一问题，始终说法不一。其中圣母院的建筑师和乡村石匠师傅所共同产生的影响是否存在还有待考证，但他们所能发挥的作用与主教和参议会所给予的资金支持不无关系。尽管布提耶的经历可以证明建筑师在其中所扮演的角色，但不得不说，以现有的历史资料来看，奥贝尔所提供的解释并没有涉及教会当局对宗教秩序的关注，对不同建筑业主所发挥的作用也只字未提。此外，对于堂区教堂的财产管理委员会、修道院、教会团体和严格遵循教会主要章程的修女院等方面，他也有所忽视。因此，根据奥贝尔的分析，竞相效仿大教堂建筑这一风潮的形成动机纯粹是从专业性（建筑师的项目）和经济性（来自教会高层的资助）的角度出发所进行的考量，既不关乎宗教意义也与政治意图无关。

对于奥贝尔来说，这一过程还展现了某种建筑机会主义，那些同源的建筑装饰形式反映了相应时代的潮流风格。此时，对于我们来说，不可能再继续忽视业主本身在建造过程中所做决策背后的深刻动机及其所揭示的在教区严明的管理框架之下，教会等级、宗教现实与艺术文化的呈现之间不可分割的联系。

12 世纪中叶至中世纪末期对法兰西岛的宗教建筑的实地调查可以为我们提供一些思路。在这一时期，该地区的任何建筑都无法与圣母院的建筑规模相提并论。当然，当时也出现了个别风格与之极为接近的建筑，但除此之外，这一时期的所有建筑工程都会吸取巴黎圣母院建筑上的某些元素，当然这也取决于各项工程的资金预算。我们并不需要在教区各地的教堂中寻找与大教堂如出一辙的建筑细节，因为并非所有教堂都具备如主教座堂般的经济实力，但它们已清晰无误地传达出其向这座建筑丰碑致敬的心意。在 13 世纪初一个拥有 407 个堂区的教区中，根据 1205 年的教会契据集[18]，在 "哥特" 时期保存下来的 186 座堂区教堂中，有 41 座显示出与巴黎圣母院建筑之间的密切关联[19]。这算是一个相当保守的估算，因为中世纪结束后，众多教堂被摧毁或得以重建，原先的建筑特征业已消失。根据 1525 年的教会契据集，在记录在案的 456 座建筑中，大约 255 座在先前的统计中被忽略了。无论这一数据是否具有代表性，有 41 座教堂曾或多或少地采用了大教堂的建筑设计元素却是不容忽视的事实。

简朴的堂区教堂，如巴黎南部的阿奎尔教堂（Arcueil），经常采用两段式或三段式的立面结构，其中立柱之上的大拱门和拱顶下的圆窗立即能让人想到巴黎圣母院原始立面的第一和第三层。如果有中间层的话，最常见到的则是装饰性的廊台层或拱廊，其二联或三联的韵律分别能让人想到大教堂祭坛或中厅的廊台层。教区内具有上述特点的十几座教堂资助人不尽相同，包括了由主教所资助的（布执维亚、布西圣马丁、费里耶尔恩布里、卢维森和维特里苏塞纳），受参事会赞助的（巴涅厄、朱伊勒穆蒂埃），以及圣丹尼（阿奎尔）、圣日耳曼德普雷（维伦纽夫圣乔治）、圣马丁德尚（尚皮尼苏马恩）和位于沙特尔教区的库洛姆斯修道院（马瑞尔马利）所扶持的诸多教堂。但在其余的教区，教堂圆窗设计出现的频率远不及巴黎教区，这只能解释为后者深受大教堂建筑的影响。在大教堂内立面结构中，圆窗位于廊台层与高窗层之间。[20]

支持一个教区应拥有其独特建筑特征这一观点的又一论据来自此教区之外的建筑所共有的特征。它们之中的绝大多数隶属于巴黎的教会机构、主教、大教堂参议会或首都及其周边地区的大修道院。无论它们是位于与森斯教区接壤处（伊特维尔和拉尚教堂，其赞助人为巴黎大教堂参议会）、莫城（受参议会资助的罗赛昂布里，受圣日耳曼德普雷资助的维伦纽夫勒康特），还是博韦（由圣马丁德尚赞助的博蒙）或鲁昂（圣丹尼资助的沙尔）。

圣马丁德尚博教堂（Saint-Martin de Champeaux）（见 267 页图）是一块位于桑斯教区的巴黎教区飞地，其中厅的内立面（1180

圣丹尼德阿奎尔教堂（Saint-Denys-d'Arcueil）（G. Chaumet）

年—13 世纪初）也大量了采用了巴黎大教堂中出现的建筑元素（平坦的立面、排列整齐的柱群、开向侧廊顶层的圆窗、简单的高窗和六分肋拱）。[21] 尽管柱墩的交替出现和立面底层双拱的使用都源自森斯大教堂，但这些元素明显在尚博教堂处于次要地位，来自圣母院的建筑元素无疑居于中心地位。[22]

与此情况类似的教堂建筑可谓数量众多，在 12 世纪至 13 世纪之交的几十年间，同时有几十处工程同时进行，这就排除了所有建筑项目都是由同一位建筑师负责的可能性。当然，有可能出现一位建筑师同时参与了圣母院和某个教堂两项建造工程的情况，如圣马图林德拉尚教堂，其位于森斯教区，但同时隶属于巴黎大教堂参议会。在这种情况下，尽管二者的建造方式不同，但在墙面造型和装饰的处理手法上会有诸多相似之处。

圣马丁德尚博教堂的中厅（A. Tallon, MFG）

负责建造大教堂中厅的巴黎圣母院副首席建筑师很有可能同时设计了拉尚教堂。[23] 但显然，他需要先得到大教堂参议会的同意才能从事类似的工作。由于资料的缺乏，我们始终无法确认是否有建筑工匠也同时参与了大教堂和其他教堂的建造工程。没有理由如安提姆·圣保罗所想象的那般，由"堂区内和邻近的工匠"所建造的乡村建筑与由"外国建筑师和来自全国各地的工匠"所建造的大型建筑之间存在一个完美界线。[24]这样的观点多少有些不合时宜。

堂区教堂项目管理组织结构的多样化令各方难以表达及达成统一的意愿。即便仅是适量地借用大教堂的建筑元素，也可能是受到后者卓越地位的鼓动。在堂区教堂建筑上出现与大教堂类似的元素象征着每个堂区与其主教座堂之间神圣且悠久的联结。

当我们谈论大教堂对远方世界所产生的影响时，需要先排除的是它源自人与人之间的接触这一假设。尽管巴黎圣母院并非一个孤立的案例，但在中世纪末，它在其教区范围内的众多教堂中留下了自己的印记。其中的一些堂区教堂在 13 世纪因展露的古风而颇受指摘，如在拉尚、卢浮恩巴黎、罗赛昂布里和蒙特勒伊苏博等教堂所采用的六分肋拱更多地显示出对大教堂建筑的致敬，甚至是对其效仿的意愿，这与在当时同一地区所展现的追求最新建筑风格的潮流形成了鲜明对比。从传统艺术史的角度来看，这些反常的行为并不能以常规的美学思维来解释。它们的形成是基于一个比当时任何其他宗教都远未制度化的组织框架，其顽固到不必赘述的地步。

教区内所形成的等级分明的教堂网络更利于堂区教堂对主教座堂的借鉴。除了商人和信徒的流动所带来的效应，教会当局对其制度框架的不断巩固是促使其广泛传播的基本原因。

教会始终在其神职人员、主教身后鼓励，甚至默许他们效仿被视为典范的主教座堂，他们的借鉴有时大张旗鼓，大多情况下是相当低调的，但无论怎样都是显而易见的。

从教区层面来看，其治下的堂区教堂选择借鉴其"母教堂"建筑元素的意愿表达与教区主教管理体系的等级构建是同时并行的。对于大教堂建造工程来说，工匠及其所具备的技能始终起到了决定性的作用，而这一事实实际上助长这一效仿之风。因

圣马图林德拉尚教堂祭坛外部（D. Sandron）

为在教区各地教堂建筑工地工作的石匠、木匠和其他工种的工匠必然都或多或少对圣母院的建筑工程有所了解。[25]

如果我们在相隔几十年甚至几个世纪之后，再度看到类似的借鉴，那么便可以再次证明神职人员在教堂的建造过程中所发挥的决定性作用。

一个相反的案例：可享受豁免权的教堂建筑

在中世纪时期的巴黎教区，最具权势的宗教机构可享受相应的豁免权，即可不受主教的监管。其中就包括了以下几间修道院：圣日耳曼德普雷、圣丹尼和圣热纳维芙修道院。颇具讽刺意义的是，前两间修道院却直接关乎主教的尊严，皆因其中珍藏着著名主教的圣骸。这些修道院相当重视此项豁免权，因此会定期向教皇进行确认。在莫里斯主教任期内，圣日耳曼德普雷修道院至少获得了4次来自教皇的授权，而圣热纳维芙修道院则获得了至少5次。[26]

这些获得豁免权的修道院在举行授品典礼、降福仪式、圣化圣油礼、祭坛祝圣仪式、神职人员的圣秩礼和其他在主教职权范围内的仪式活动时，可以要求任何基督教世界中由教皇认可的主教来为其主持。从法律角度来看，这类修道院只听命于教皇及其代理人，而巴黎主教无法对其行使任何管辖权。总之，如果教区主教对神职人员的任命拥有推荐权，那么他们也相应地拥有参与其堂区教务会议和对其进行巡视的权力。[27]

对圣丹尼修道院来说，其与参议会之间频频发生的冲突围绕着对阿根特乌尔隐（Argenteuil）修院院长一职的共同要求，该隐修院于1129年苏执院长任期内重新归属于修道院，但无论是莫里斯主教还是其继任者欧德主教，对此都拒不承认。于1207年，此事再度引发了争端。[28] 我们之前已经提到过这两个机构之间就圣丹尼头颅的所有权一事所出现的争议。

而围绕着圣热纳维芙修道院所引发的是关于圣约翰杜蒙堂区管辖权的问题，该堂区原本位于修道院教堂祭坛下方的地下室，在 1220 年改名后搬进了一间新教堂，随即该堂区也改名为圣艾蒂安杜蒙。[29] 如果主教有权任命由修道院所推荐的神父，那么他也有权对此堂区颁布禁令或将其逐出教区，同时也可以对神父的人选质疑，但他既不能拥有巡视权，也不能要求召开教务会议。尽管这项规定得到克莱蒙三世的批准（于 1188 年 1 月 13 日），但当时修道院的院长约翰·德·图西（Jean de Toucy）对此置若罔闻，因此莫里斯主教禁止圣约翰杜蒙堂区甚至整个城镇的宗教活动。为此圣热纳维芙的神职人员直接向教皇提出抗议，最终获得了教皇的支持。[30]

1200 年左右，教皇特使屋大维明确提出，如果他邀请欧德主教在圣热纳维芙修道院共进晚餐，那么主教在该机构中出现时其权利不会受到损害。[31] 在 1220 年左右，修道院的外立面进行重修时，圣热纳维芙的雕像被放置于中央大门的门间柱上，位于圣彼得和圣保罗的两座雕像之间，特意将教皇的两位主保圣人放置于此可谓用心良苦，毕竟这座古老的修道院所拥有的尊贵地位直接仰仗于教皇的恩泽。

面对主教与获得豁免权的机构之间的敌意，大教堂的神职人员也参与其中发表了某些主张。其中不乏知名人士，比如彼得·尚托尔，他讲述了有关修道院苏执院长毫无历史根据的轶事。据说，他在 1151 年去世前曾向巴黎主教蒂博（Thibaut,

1143—1159年在任)坦白，圣丹尼的豁免权是魔鬼所给予的。[32]尚托尔还抨击了兰德里主教，说他尽管是圣人，却把圣母院所拥有的某些权利卖给了圣丹尼修道院，在尚托尔看来，这等同于犯下了买卖圣物的罪行。[33] 也许，正是这种负面的传闻令这位圣人没能出现在大教堂的圣徒图像之中。

我们了解到，1163年，在圣日耳曼德普雷修道院教堂祭台的祝圣仪式上发生了一件颇具代表性的事件。在教皇亚历山大三世的见证下，应修道院院长胡戈·德·蒙索（Hugues de Monceaux）的要求，在4月21日，教皇在红衣主教和众主教的簇拥下前往教堂，其中也包括莫里斯主教。僧侣们情绪激动，将其拒之门外，他们担心一旦允许莫里斯主教入内，他们将会丧失长久以来所拥有的独立性。在听取了红衣主教的建议后，教皇也要求巴黎主教退席。[34] 莫里斯主教只能服从，但他抗议说，即便该修道院不受其管辖，但他依旧有权进入该修道院。次年5月19日在图尔召开的主教议会再度驳回了他的要求。[35] 但大教堂建造工程的即刻启动，又令其神职人员在这场权力角逐之中开始占据上风。

巴黎主教和大教堂参议会与获得豁免权的机构之间几乎一直处于针锋相对的状态，人们不禁会问，这些机构在其宗教建筑的施工过程中所做的种种决策是否也在一定程度上映射了二者之间一触即发的紧张关系，至少也是希望可以让自家的建筑与大教堂之间做到泾渭分明。圣日耳曼德普雷修道院教堂在圣母

院开始建造时已经完全竣工，而圣丹尼修道院教堂则在 13 世纪初经历了大规模的改建工程。其在正面的北塔楼上方重建了一个石制尖顶，高达 86 米，成为巴黎及其周边地区的最高建筑，还从 1231 年开始重建了修道院教堂祭坛高处的部分，以及在 1281 年完成整个横厅和中厅的重建。这些变动在当时未免略显过时，显然与大教堂建筑毫无关联。[36]

圣丹尼的全新横厅的双侧侧廊的拐角处还留有四个塔楼尚未完工。整个横厅的设计呈现出一个具有集中式形制与陵墓类型相近的建筑，尤其适合安放王室成员的棺墓。[37] 这一设计令其与圣母院的原始横厅形成更鲜明的对比，后者相对来说简朴得多，其南北两翼并未从建筑两

位于圣热纳维芙修道院教堂中央大门门间柱处的圣热纳维芙雕像，造于约 1220 年，藏于卢浮宫雕塑部 RF 1187（RMN）

侧伸出，也不设侧廊。13 世纪初，圣热纳维芙修道院教堂也开始按照厅堂式布局对中厅的一部分进行重建，其侧廊与中央大殿等高，而后者饰有盲拱，明显也与大教堂所采用的设计大相径庭。

1220 年左右，圣热纳维芙决定为修道院的创建者——法国第一任国王克洛维一世重修棺墓，此时邻近的大教堂的主体工程已竣工。这一工程的启动表明了修道院的教士们更关心的是如何更为积极地展示他们与王室之间的联系。其实对于之前所提到的拥有豁免权的宗教机构来说，这才是重中之重，无怪乎其自诩为王室墓园。而大教堂的神职人员也不遗余力地炫耀着他们与历任法国国王之间的特权关系，尤其是大教堂建造期间。

第四编　历任国王与圣母院

历任国王与巴黎大教堂之间所产生的关联并不仅限于前者对建造工程所给予的财政支持，也体现在后者所展示的极其丰富的王室图像，对此，我们需要厘清其间所蕴含的真正意义。在 12 世纪末和 13 世纪初，圣母院的建筑对于王国内与国王或其亲信相关的建筑工程产生深远的影响，这绝非偶然，而是映射了一种借由艺术表现形式来表达政治意愿的模式。

第九章

国王与巴黎圣母院

国王对大教堂的支持

卡佩王朝的君王们给予了大教堂巨额的个人捐赠，并承认神职人员的各种权利、豁免权和特权，这为大教堂建造工程的进展提供了诸多便利。大教堂财产管理委员会收到了来自路易七世和菲利普·奥古斯特的捐赠，分别为 200 里弗尔和 100 里弗尔。[1]路易七世的遗孀阿黛尔·德·香槟（Adèle de Champagne）也为它留了 20 马克银的遗赠。[2] 这些与主教捐赠数额相当的款项自然不可忽视，但与之形成鲜明对比的是，英格兰国王约翰（Jean sans Terre）在 1202 年向刚遭受火灾的鲁昂大教堂捐赠了 2 000 英镑。[3]

国王主动放弃或减少其享有的对教会行使的某些特权（如国王特权，译注：特指法国国王征收空缺主教的收入及任命其所属宗教职位之权）实际上鼓励了神职人员对大教堂的建造工程进行资助。当然，国王的此种做法并非仅仅出于王室对工程项目的支持这一考量。菲利普·奥古斯特为确保巴黎圣母院建造工程的顺利进展，于 1190 年宣布委托巴黎圣母院的总铎和乐监在十字军东征期间出现主教职位空缺时负责招募教堂管理员，即便仅是一个负责安保工作的职位任命，也须得到国王的批准认可，这也显示了他对大教堂建造工程的支持。[4]

尽管路易七世和菲利普·奥古斯特在财政方面对大教堂所给予的支持相对较少，但这二人与这座主教座堂之间的联系却是密不可分的。国王和他的亲信们曾向大教堂的主祭坛捐献了相当贵重的供物。路易七世捐献了一个重达 2.5 马克的圣餐杯，作为每日举行的大弥撒礼中所使用的礼仪用品。其子菲利普·奥古斯特所捐献的应该是一件祭坛装饰屏（Dossale）。另外，还有一个装有从君士坦丁堡带来的十字架圣物的圣龛盒，一张描绘有七类博雅教育内容的挂毯（tapetum）和大量珍贵的织物。关于后者在其讣告进行了详细说明。[5] 英格堡王后所捐赠的则是一件红色锦缎刺绣外套（pallium）。[6]

获得王室赠送的圣物也是提高大教堂威望的另一途径。1186年 12 月 4 日，在菲利普·奥古斯特的提议下，新近在位于圣热纳维芙山坡上的圣艾蒂安德格雷教堂所发现的圣物被送到巴黎圣母院，极大丰富了大教堂的圣物收藏。这些新到的圣物立即被安置在新落成的祭坛处。

120 年后，菲利普四世（Philippe le Bel）于 1306 年将其祖父

圣路易的一根肋骨捐赠给了大教堂。[7] 虽然这件圣物并不及他藏于圣礼拜堂的头颅或留在圣丹尼的遗体更为珍贵，但它足以见证历代法国君王对巴黎圣母院的重视。

熟知大教堂的国王们

国王对大教堂神职人员的熟悉程度是有目共睹的。路易七世回忆道，他几乎是在圣母院的内院中长大的，对于他来说，这里"如同身处母亲的怀抱"（quasi quodam gremio maternali）。[8] 他有一个名为菲利普的侄子，后来成为博韦的主教（1175—1217 年在任），也曾在参议会的内院中生活。[9]

路易七世的弟弟菲利普·德·法兰西（Philippe de France，1125—1161），曾为议事司铎和总执事，他在 1159 年拒绝接受圣职，故彼得·伦巴第成为巴黎主教。他于 1161 年去世，被葬入祭坛处。1699 年起，当对圣殿进行整修时，在圣坛后侧的圣马塞尔圣龛下发现了他的石膏棺墓。这应该是在新祭坛建成时被搬到此处的，因为当他的墓被发现时，其状况是这样的：

> 有别于其余棺墓发现时的状态，其头部转向右侧，脚转向左侧。其上仅覆以一块大石，其中仅有头颅、一些骸骨、皮拖鞋和小型的红色陶罐，里面装有炭与香。[10]

当国王身在巴黎时，他会在复活节星期日那天前来大教堂参加圣餐礼。[11] 在有国王出席的场合下，在诵读使徒书信之后，将特别吟唱源自卡洛林王朝时代的"皇家赞美颂歌"（laudes regiae）。最初仅在王室加冕仪式之后举行的弥撒礼中加入了颂唱"圣歌"的环节，但后来每逢重大节日，即便是在国王缺席的情况下这一环节依旧得以保留。[12]

圣母院现存最古老的皇家赞美颂手稿出自一本 13 世纪初的弥撒经本，彼时教堂的主体工程刚刚竣工。[13] 后来又出现了各具细节的不同经本稿本，其中还特别添加了与本地主保圣人相关的内容，比如游斯丁、卢坎、马塞尔和日耳曼，他们的圣物均珍藏于巴黎大教堂。[14] 此外，还有来自圣母院的主教和神职人员的特别赞美诗篇，其之前是敬献给教皇和国王的赞美诗篇，接着是专为王后吟诵的诗篇，最后则表达了对法官和法兰克军队的赞美。

在降临期的第一个周日，国王会到访圣母院，并为其捐赠一尊圣像。[15] 这并非兴之所至的到访，而是特意选在圣物接受节（Susceptio reliquiarum）前夕。该节日的设立是为了纪念菲利普·奥古斯特曾于 1186 年 12 月 4 日向大教堂捐赠圣物。

14 世纪末期王国动乱频发，这段时期王室成员密集地到访大教堂，为国王查理五世和查理六世的身体康复祈福，前者在其统治末期遭受多次丧亲之痛，后者在经历精神疾病的折磨。[16]

从 1392 年组织的游行中，圣马塞尔的圣龛仅在国王到场的时候才会出现于游行队伍之中。[17] 这同样也表明大教堂及其所拥有的圣物与前来到访的君主之间产生的密切联结。

有时有些访问带有更明显的政治色彩，例如圣路易在参加十字军东征临行前的访问。1248 年 6 月，国王在离开首都之前，特意从王宫来到大教堂出席弥撒礼。[18] 而在他于 1270 年的第二次海外远征之前：

> 他身披绶带，手持权杖来到巴黎圣母院，主教们颂唱弥撒。当他离开了圣母院，他与王后和其兄弟及妻均裸足而行，教会信众和巴黎人民流着泪水一直陪伴他们行至圣丹尼修道院教堂。在此处，国王向众人辞行，目送他们返回巴黎，在他们离开时泪流满面。[19]

王室与教会的联合

卡佩王朝王室与巴黎教会之间的紧密联合是王权本质的体现，如果没有经过神圣的宗教加冕礼，便无法实现王权统治的合法性。此仪式授予君王以神圣使命，令其可以在神职人员的支持下带领臣民走向救赎。与其他任何地方相比，在巴黎更容易看到 "二者之间所产生的相互影响、所发起的互利行动和持续不断的互惠交换，这些对于王室和神职人员来说是实现其存在和发展的基本条件"[20]。巴黎与努瓦永、拉昂、欧塞尔、森斯、图尔奈、阿拉斯、兰斯或勒普伊（Le Puy）一样，也是王室主教座堂所在地。因此，国王可以随时对教会事务进行干预，而不仅是在主教职位空缺时。在后一种情形下，他可以行使的权力为"国王特权"（jus regale），即在此期间征收主教一职带来的所有收入。

在 14 世纪初，大教堂的神职人员为了保障其所享有的权利，始终坚持与法国国王保持着紧密的联系。他们如此形容与国王之间的关系：

> 主教大人受陛下的保护，也维护国王的权力，因为上述教会和主教区是由法国国王用王国的财产所建。国王将其留给弱小的兄弟，因此他们来到上述教区，成为主教。在此之前，王国的财产用以建造教堂。为此，上述主教是巴黎及其领地的子爵。关于这一点，众所周知，或者说，每当发生类似情况时，这一点就会得以重申。[21]

大教堂参议会始终对森利斯的艾蒂安主教是菲利普一世或路易六世的儿子这一说法深信不疑。[22]

国王有权任命新主教，为其授予主教一职。每当主教职位出现空缺时，国王将自动享有主教所拥有的权利，并征收其所有收入。国王凭借此项特权，可以在教区内征收人头税。此外，国王还拥有财产没收权，这允许他在主教离世后没收其全部或部分财产。

国王经常会因教区事务而召见主教。欧德主教应国王的要求，为王国内的主教席位推荐了大量的候选人。不仅如此，主教们也会加入前往异国的外交使团，也会参与国内政务，为封建领主之间的争端进行仲裁。大教堂参议会还会为国王们提供数量相当的顾问。在 14 世纪，至少有三分之一的议事司铎曾在王室的行政部门担任过法院审查官、议会顾问或国王顾问等职务。[23]

众多主教和参议会成员都曾担任过王室成员的忏悔神父或医生，这也意味着二者之间有非同寻常的密切关系。[24]

国王对大教堂神职人员的信任在菲利普·奥古斯特的遗嘱中也有所体现。他于 1190 年在十字军东征出发前夕，在遗嘱中写明，如果他本人和其子都不幸离世，他的财宝将被运到巴黎主教的宅邸（ad domum episcopi Parisiensis）保管。[25] 也是在圣母院，在一个多世纪之后，菲利普四世召开了第一次国民大会，有人认为这是第一次三级会议的召开，为他的政治主张寻求广泛的支持。

种种密切的合作并不能消除两者之间所产生的摩擦。由国王菲利普·奥古斯特与英格堡王后的离婚一事所引发的危机算是一个特殊的个案。对此事，教皇英诺森三世持反对意见，并在王国内颁布了禁止离婚的禁令。与国王有姻亲关系的巴黎主教欧德也是少数服从教皇指令的主教和修道院院长之一。为此，主教暂停了教区内的所有礼拜活动，这激怒了国王，他将主教的财产洗劫一空，并迫使其踏上逃亡之旅。整件事情结束后，国王对主教进行了补偿，免除其出征义务，即无须再向国王提供参与军事行动的军队。

王室行政机构和主教行政机构之间的冲突也时有发生，尤其是在巴黎。在这座城市的城区建设大力发展的时期，不同权力机构之间的管辖权之争愈演愈烈。而这些问题在 1222 年以签署协议的方式得到了解决，即《和平协议》的签订 [26]，当然，其过程并非一帆风顺。

在这里，应该援引与彼得·德·库尼耶尔（Pierre de Cugnières）相关的传闻，他是国王菲利普六世的顾问，曾为捍卫王室利益与巴黎教会对抗，激起了巴黎神职人员的愤怒。人们在这位国王的亲信死后的很长一段时间内，将他与大教堂圣坛屏上所展示的受地狱之火折磨的被诅咒者相提并论！[27]

这种紧张局面并不仅在这一时期的巴黎教区出现，而是出现在整个中世纪结束之前的漫长岁月中，是围绕着王权及其行政管理所产生的固有现象。对此，我们应该理解为：教会和王室均不希望，甚至也不能在不涉及另一方的情况下行使其特权。可

大教堂圣坛屏上展现 "下地狱" 场景的雕塑碎片，约 1230 年。当时大众舆论普遍认为，被诅咒者的头像正是国王菲利普六世的顾问彼得·德·库尼耶尔的，他因为攻击教会的而受到永世的惩罚。藏于卢浮宫雕塑部 (RF991 [RMN])

以说，这本身就是双方已达成共识的正常权力秩序。因此，1179年，病重的老国王路易七世选择在崭新的主教宫召开由世俗和教会显要所出席的全体大会，是为了向世人宣布年轻的菲利普王子，即未来的国王菲利普·奥古斯特，将与其一同执政。[28]国王的传记作者里戈德（Rigord）的文字为后人留下关于此事的详细记载：

> 整个法兰克王国的所有大主教、主教、修道院院长和男爵都会出席的主教会议，在巴黎我们尊敬的神父莫里斯的宫殿里举行；当所有的人都聚集在那里，国王路易首先独自进入小礼拜堂；按照其处理所有事务的习惯，先向主祷告，然后，逐位召见大主教、主教、修道院院长和王国的所有王子，并传达他的意愿，寻求他们的同意和建议：提议将在下一个圣母升天节之际，让他最亲爱的儿子、上帝赐予的菲利普成为法兰克的王位继承人。当教士和王子们听到国王的意愿时，他们都异口同声地喊道：就这样吧（fiat）！就这样吧！至此，议会结束。[29]

将这一日期选在伟大的圣母玛利亚的节日——同时也是巴黎圣母院的主要节日之一，显然并非偶然。后来，王子在贡比涅的森林里打猎时发生了意外，因迷路耽误了行程，因而错过了原定的加冕日。最终，菲利普王子的加冕礼是由兰斯大主教主持的。

仪式的重要性

在国王菲利普·奥古斯特统治期的开启和落幕时刻，圣母院都扮演了极为重要的角色。当国王参加完在兰斯大教堂举行的加冕礼回到巴黎之时，圣母院为其举行了盛大的欢迎仪式。最终，在圣丹尼修道院大教堂举行的国王葬礼的前夜，圣母院为他举行了令人印象深刻的守灵仪式。通过尽可能积极参与标志着每个统治期开始和结束的两个重要仪式，大教堂的神职人员展示了他们的雄心：让大教堂成为一个可以与兰斯、圣丹尼相媲美的皇家圣地。

巴黎的王室入口

参加完兰斯的加冕礼，国王在返回巴黎的途中会首先在圣丹尼稍作停留，随后进入巴黎，先路过圣母院，最后才抵达王宫。在大教堂门口，国王会受到所有神职人员的庄严礼遇，在此场合，国王会宣誓维护自己的权力。

一段关于 1350 年法国国王约翰二世进入巴黎的详细描述无疑强调了巴黎教会与君主之间的密切联结 [30]：

> 他从法国的圣丹尼来，按照惯例，在继续前往任何地方之前，他直接去了巴黎大教堂。此时教堂大门紧闭。随后，大门在国王面前慢慢打开，人们看到两位主教和修道院院

长向他走来，特别是森斯大主教纪尧姆、拉昂主教胡戈、
特雷比涅（黑塞哥维那）主教约翰、参议会总铎雷蒙，以
及上述教堂的参议会和教团。众所周知，巴黎主教（奥杜
安·奥贝尔 [Audoin Aubert]）此时不在巴黎。他们身穿丝
质长袍，手持十字架、香炉、烛台、火烛、镀金装帧的经
书和所有通常出现在游行队伍中的物品，以此来尽可能地
展现其尊贵的地位。

当他们到达教堂门口时，发现国王在广场上耐心等待着，
态度和蔼且风度翩翩。在他走进教堂之前，临时担任巴黎
主教职责的大主教大人向他走来。按照惯例，他会穿着教
皇的法衣，其身旁为十字架、香炉、烛火和《福音书》，
书中有一个段落是以银色和金色的书签所标记，主教此时
会对国王说："陛下，在进入这座教堂之前，您有责任和
义务进行宣誓，就像您的所有前辈，法国的国王一样，在
崭新和美好的事物降临时进行宣誓。"然后，国王首先在
十字架前谦卑地鞠躬，虔诚地向上帝敬拜，并敬奉圣经，
亲吻《福音书》或其中的文字。此时大主教手中拿着一张
羊皮纸，他将其交到国王手中，为他指出纸上所写的契约
书誓言，要求国王接受并宣读这一誓言。国王立即拿起开
始朗读。其内容如下：

"我们恳求您向我们每一个人和委托于我们的教会保证维
护我们的教规特权、地位和管辖权，恳求您帮助我们捍卫

它们，就像一个国王对他王国的每位主教和委托于他们的教会所必须做的那样。"

国王对主教们的回答如下：

"我向你们每个人和委托于你们的教会承诺和保证，我将维护你们的教规特权、地位和管辖权，并帮助你们捍卫它们，只要在我的能力范围内并在上帝的帮助下，就像一个国王对他王国中的每个主教和委托给他们每个人的教会所必须做的那样。"

在读完契约誓言、进入教堂之前，在神圣的福音书面前，国王虔诚地抚摸并恭敬地亲吻了福音书，随后说："我愿意为此承诺。"

国王的守灵仪式

就像国王进入巴黎时要经过圣母院一样，他前往在圣丹尼的最后安息地时也是如此，圣丹尼是从路易七世直到查理七世的君主们专有的皇家墓地。而守灵仪式则固定在圣母院举行，国王的遗体安放在此地度过葬礼前夜。即使是在远离首都的情况下骤然离世，其棺椁也会在圣母院停放，圣路易的情况便是如此。他的送葬队伍在穿越了意大利和法国后于 1271 年 5 月 21 日抵达巴黎。第二日便在圣丹尼举行了葬礼。[31]

菲利普四世的遗体也在葬礼前夜被安放在大教堂中，之后由
400 名火炬手护送至圣丹尼修道院。[32]1364 年 5 月 5 日，约翰
二世的遗体从位于巴黎城门处的圣安托尼德尚修道院转移到了
大教堂，安放于祭坛的灼烧者小礼拜堂。[33] 大教堂参议会在
此处摆放了数量相当多的蜡烛。[34] 在皇家葬礼举办时，大教
堂的照明度明显比平日要高得多。据约翰·尤文纳·德·乌尔
森（Jean Juvénal des Ursins）的记录，1316 年路易十世的葬礼
上总共消耗了价值 8 332 里弗尔的蜡烛，1422 年查理六世的葬
礼上则消耗了 12 000 里弗尔。[35] 可以想象，当人们看到数百
名火炬手从巴黎圣母院出发，将国王遗体护送到圣丹尼修道院
时，场面是多么的震撼。[36]

昙花一现的王子墓园

国王们为了王室成员的安息在圣母院举行了弥撒礼。为此，菲
利普·奥古斯特建立了四间小礼拜堂，其中两间由神父为布列
塔尼伯爵做安魂弥撒礼，另外两间则为国王的第一任妻子伊
莎贝拉·德·海诺特而建。[37] 菲利普·奥古斯特决定将在巴
黎意外死亡的布列塔尼伯爵杰弗里埋葬在 1186 年刚刚完工的
祭坛处[38]，这一决定让参议会猝不及防。四年后，年轻的海
诺特女王的棺墓在大教堂的祭坛处也占有一席之地[39]，从其
所昭示的政治意义来看，这无疑会令大教堂的神职人员颇为失
望，因为他们更希望能拥有更多的国王棺墓，而非区区一位王
后。在此之前，巴黎及其周边地区的许多修道院即便不是皇家

专有的墓园，也是不少杰出君主的最后安息之地，如圣丹尼、圣日耳曼德普雷、圣热纳维芙[40]，甚至是蒙马特的圣彼得修道院。该修道院存放着其创建人阿德莱·德·萨瓦（Adélaïde de Savoie）王后的遗骸，她是路易六世的遗孀，于1154年去世。[41]

路易八世和布兰奇·德·卡斯蒂利亚在1225年建立了一座小礼拜堂，以纪念他们的长子菲利普，其在1218年9岁时去世，安葬于巴黎圣母院。[42]置于大教堂拱顶下的为两座重要的王子之墓，即在位国王菲利普·奥古斯特与其第一任妻子的儿子和国王孙子的墓。巴黎大教堂本该成为一个皇家墓园，但这一希望还是落空了。它最终被1228年建立的罗亚蒙（Royaumont）西多会修道院所取代，该修道院颇得圣路易的青睐，很快就成为众多王室成员的安息之地。[43]

大教堂中的王子墓碑见证了王权和教会之间千丝万缕的联系。而王国（regnum）和圣徒（sacerdotium）之间的这种特权关系在大量的王室图像中得到了更为充分的体现。

伊莎贝拉·德·海诺特的棺墓，版画作品，17 世纪（CAC）

第十章
巴黎圣母院的王室图像

即便与兰斯大教堂和圣丹尼修道院教堂相比，巴黎圣母院也是拥有最多王室图像的纪念性建筑。君主加冕礼在兰斯大教堂举办，而王室墓地设在圣丹尼修道院，作为标志着国王统治期开启和落幕的两个重要仪式的举行地，二者在王国中都享有极高的威望。在这两个重要时刻之间，巴黎大教堂可以说是国王在日常权力行使和特殊时刻最常到访的教堂。这也解释了为何其外立面的雕刻装饰中拥有大量与王室相关的图像。

巴黎圣母院外立面所呈现的装饰图像风格体现了长期以来大教堂建筑装饰的传统特点，它并非为巴黎大教堂所独有。比如，《旧约》中的众王出现在外立面三道大门的拱券间，与大主教和天使一起向上帝和圣母玛利亚的荣耀致敬。大卫和拔示巴二者的雕像立于圣安妮门的斜侧墙，昭示着基督与教会之间所形成的联盟。在同一扇大门之上，东方三王得以赞颂，因其是外邦人，即非犹太人中第一个承认上帝存在且以游行巡礼的方式前往伯利恒的人。在圣母加冕门的横楣处，三王与三位主教于约柜两侧相对而立，完美地呈现了《圣经》中关于与大主教密切相关的神圣王权的解读。奇怪的是，在亚眠大教堂里，类似展示王国和圣徒之间平衡关系的图像并没有在其圣母子大门处重现，它虽采用巴黎教堂大门山花墙的构图，却大多是以两组各三人的形式展示了众位先知的图像。

外立面图像装饰的主要特点之一是对圣经内容之外的王室图像的大量呈现。圣安妮门、圣母加冕门和位于三道大门顶部的众王廊中，都以前所未有的方式大量密集地展示了王国历史中诸位杰出君主的图像。

圣安妮门的山花墙

位于外立面南侧的圣安妮门山花墙处所呈现的图像为一位呈跪姿的国王手举一面旗帜，遗憾的是旗帜上的文字早已被抹去。此图像就位于大教堂的主保圣人——加冕的圣母一侧，与其相对的位置出现的是一位主教，后者呈立姿且手执经匣，而其左下角处还有一位忙碌的抄写员。[1] 据推测，这几位人物很可能来自 12 世纪上半叶 [2]，在此种情况下，他们应该是路易六世和巴黎的一位主教，后者有可能是艾蒂安·德·森利斯，其在主教任期内完成了对供奉圣母的新教堂的修复工程。他与国王路易六世的关系非常密切，并在国王临终时侍奉于床前。

我们之前提过，在中世纪末，大教堂参议会坚持认为这位艾蒂安·德·森利斯主教是菲利普一世或路易六世的儿子。而这个呈蹲姿的抄写员，有可能是艾蒂安·德·加朗德，他在1142年前一直担任圣母院的总执事，因对圣母院的慷慨捐赠和侍奉于国王左右而闻名，他曾是与国王关系最亲近的顾问之一。[3]他在宫廷中曾担任掌玺大臣，这一职位使他自然成为国王和教会之间所达成协议的担保人，毕竟最终是由他来负责制定法律文本。也正因如此，正是加朗德于1124年从路易六世那里获得了在主教职位空缺期间可由国王征收的那部分收入，并将此用于大教堂屋顶的重建工程。[4]

神职人员借由一砖一石令人们铭记这些为大教堂的修建和修复予以巨额捐赠和卓越贡献的重要人物。邻近的圣维克多修道院的教士们也不甘落后，他们与大教堂的神职人员可谓心有灵犀，也将这三位载入史册：路易六世的雕像被安放在内院中，主教艾蒂安·德·森利斯的雕像则位于修道院教堂祭坛正面对圣坛的位置。[5]在大教堂内，根据16世纪和17世纪巴黎历史学家的说法，圣马蒂亚尔小礼拜堂里的一尊紧邻横厅南翼西墙的雕塑应为路易六世，但此说法并没有经过任何文献资料的佐证。[6]

在王国中，在此之前，仅在卡洛林王朝时代的兰斯大教堂的外立面曾出现过这类有关君主和主教的纪念性图像。该教堂在12世纪初可能还存在，国王路易一世（Louis le Pieux）与教皇

圣安妮门山花墙最右侧的图像，约 1140 年（A. Tallon）

艾蒂安四世的图像均出现于此。正是在此处，后者为前者举行了加冕典礼。[7]

这一具有纪念意义的活动掺杂着神职人员更多出于政治层面的考量，其目的是寻求他们所享有的权利的合法性。其权利不仅得到了君王本人的承认，而且从某种程度上看，和教会所享有的种种特权相比，君王似乎也甘拜下风。这不禁让人想到国王在兰斯加冕后第一次访问圣母院时的宣誓情景。毋庸置疑，正是此种政治意图为我们解释了巴黎圣母院为何于 13 世纪初重修了外立面底部大门的山花墙，在如今装饰图像的布局结构中，主教的权力借由被置于门间柱位置的圣马塞尔雕像被放大，似乎在凸显其强势的地位。如此来看，山花墙处的构图意涵是相当明确的：立于圣母左侧的主教与以谦卑的跪姿呈现于右侧的国王相比，的确居于更为显贵的地位。

圣母加冕门

13 世纪初，当圣安妮门的山花墙被替换时，外立面其余两扇大门的门楣均已完工。在外立面北端，装饰于圣母加冕门底座的小型方形浮雕装饰图像中的一个场景虽然已遭破坏[8]，但依旧可以看出，其中呈跪姿的君主正在向其面前威严的受加冕者表达敬意，而后者正是圣母玛利亚。此外，在圣安妮门上我们还能看到同类图像的简化版本。圣母加冕门处的这幅浮雕上方的建筑装饰布局显然也严格遵循了当时的构图原则，直到法国大革命发生之前，此处放置的还是一尊巨大的君主雕像。围绕着此雕像的身份产生了诸多争论[9]，在大革命之前存在的图像中，他头戴王冠，表明其君主的身份，那么，他有可能是第一位信奉基督教的皇帝君士坦丁，也可能是于800年登基的新皇帝查理曼大帝。

与圣母加冕门这幅浮雕相对应的位置出现的是教皇的雕像，其下方的浮雕中所呈现的应该是他正在为一位君王赐福或为其涂抹圣油，其实浮雕的保存状况令我们难以辨别人物的确切身份，但通过其右肩所披的礼袍和其右手所执的权杖，我们基本可以断定教皇身边的应为一位君王。如此看来，与其说这呈现的是约800年与查理曼大帝同在罗马为其加冕的教皇利奥三世，不如说是君士坦丁大帝与教皇西尔维斯特一世。因为后者曾与圣母院的主保圣人马塞尔和日耳曼一同出现在圣母院皇家赞美诗篇之中[10]，而直到15世纪末，路易十一世才向大教堂参议会提议将查理曼大帝加入其中，在此之前，这些圣歌都对他只字未提[11]。

将第一位信仰基督教的皇帝的图像放置于此应该是将其树立为之后所有统治者的典范。对于巴黎的神职人员来说，君士坦丁大帝对于教皇的种种捐赠，尤其是那些在罗马和梵蒂冈所建的教堂，可以作为强有力的论证，用以捍卫他们在巴黎的诸多权力，对抗13世纪初格外强势的王室当局。

位于圣母加冕门皇帝雕塑下方的浮雕（C. Gumiel, CAC）

15 世纪初，彼得·德·奥格蒙主教在圣丹尼、圣母玛利亚、圣艾蒂安和施洗者圣约翰图像的旁边创作了一幅君王的图像，它呈现了"青年时期的征服者菲利普（菲利普·奥古斯特）的青年时期的样貌，因他在 14 岁登基加冕"。当时，大教堂的神职人员在议会中与圣丹尼修道院的僧侣们正就巴黎第一任主教头颅圣骸的归属问题对簿公堂。[12] 为了获得议员们的赞同票，

位于圣母加冕门教皇雕塑下方的浮雕装饰 (C. Gumiel, CAC)

奥格蒙主教想以此图像来提醒人们，圣母加冕门正是在菲利普·奥古斯特统治时期竣工的。但这一做法反而弄巧成拙，因为它对面的图像呈现了教皇加冕的场景，而为菲利普·奥古斯特主持加冕礼的并非巴黎大主教，他只是兰斯大主教的叔父。看来，奥格蒙主教的这一计策难以奏效了。

奥格蒙主教此举也许是受大教堂圣坛中的菲利普·奥古斯特雕

像所启发，古代的历史学家们曾提到过，这尊雕像就位于圣母院主祭坛附近，其紧邻半圆形后殿北侧的第一根立柱。[13] 对于这尊雕像，我们毫无头绪，尽管建筑师维奥莱勒杜克声称于1857 年在圣坛附近发现了这尊被斩首的雕像，但不幸的是，他没有留下任何痕迹可供分析。[14]

幸好，在胜利修道院（abbaye de la Victoire）的祭坛处还存有一尊同一君主的雕像。该修道院是为了纪念他在 1214 年布汶战役中的大获全胜而建。[15] 此雕像的存在也为我们提供了一个关键线索，用以解释国王的雕像为何会出现在圣母院的装饰图像之中，正是以此种方式，王室与大教堂神职人员的密切关系得以延续，并且每当皇家赞美诗篇被吟诵时，它所敬献的对象也以某种方式在场。例如，国王的图像紧邻其第一任妻子伊莎贝拉女王的图像，后者就安息于靠近圣坛的祭坛处。而此图像可被视为《路易十三的誓愿》雕塑所呈现的国王图像的一个久远的先例！

众王廊

众王廊是对圣母院中确实存有大量王室图像最强有力的证据，它以连续拱廊为装饰框缘，内置 28 尊巨大的国王雕像，曾在1793 年被毁，后于 19 世纪进行修复。21 尊雕像的头像和其余一些碎片于 1977 年在巴黎安亭街（Chaussé d'Antin）被发现，当时是雕像遭破坏后被人们小心地藏于此处。后被送入克吕尼博物馆。[16]

我们至今所掌握能证明此雕塑群存在的最古老的文献资料可追溯至 13 世纪中期。当时到访巴黎圣母院的游客试图在其中找到查理曼大帝和其父丕平三世（Pépin le Bref）的雕像。虽然这并非一份官方文件，而是一篇讽刺文章，但它可以与自菲利普·奥古斯特统治时期建造众王廊以来，呈现于中央大门门扉处的法国国王名单相对应 [17]。

将这位君主的雕像立于大教堂的司祭席处，更多是强调众王廊中的雕塑为历史中真实存在的人物，而非圣经中的人物，这与 19 世纪中叶迪德隆（Didron）所提出的观点截然相反，后者直到 20 世纪末都备受艺术史学家的推崇。霍亨索伦（Hohenzollern）对兰斯、布尔戈斯（Burgos）或斯特拉斯堡等地的雕塑拱廊进行了相当深入的研究，也确认了众王廊中雕塑的身份均为本地在位或曾经在位的诸位君王。唯一确定出现的圣经人物装饰图像是沙特尔大教堂横厅南翼大门上方手持竖琴的大卫雕像，但此雕饰原本位于另一大门处，后不知为何会被搬至此处，因此它不能作为解读此类雕塑的依据。[18]

为了证明关于建造众王廊的这一设想是于菲利普·奥古斯特统治后期形成，应该特别指出，圣母加冕门的山花墙是在建造这

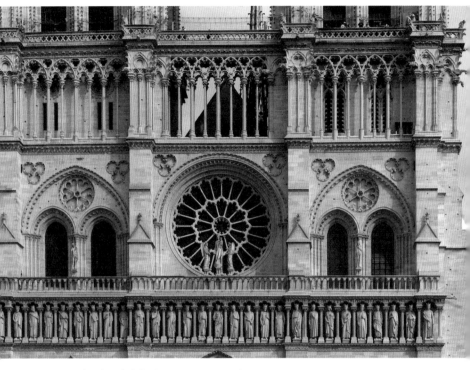

众王廊及玫瑰窗（C. Lemzaouda, CAC）

扇大门时才予以安装。因为用来为其提供支撑作用带有柱脚的小圆柱并没有与大门侧柱或扶壁处的砖石相连。[19] 恰恰是由于建造山花墙所造成的额外厚度，坐于其上国王的长廊才得以存在，否则它将会悬伸出大门之外。大门处的改建可能与其所处的政治背景相关，特别是菲利普国王在布汶一役的大获全胜令卡佩王朝在基督教世界中获得了一定的威望。[20] 众王廊以一砖一石来赞颂王室的尊贵地位，尽管其上方还竖立着大教堂主保圣人——圣母玛利亚的雕像，位于两尊天使石像之间。[21]

13 世纪上半叶，涌现出大量在位君主的图像。1215 年左右为亚琛的宫廷小礼拜堂制作的查理曼大帝新圣龛，呈现了从查理曼大帝到腓特烈二世（Frédéric II）的 16 位君王的图像。[22] 在科隆大教堂著名的三王圣龛之上，帝国王位的觊觎者——奥托·德·布伦瑞克（Othon de Brunswic）出现在圣龛正面的敬拜场景中，紧随三王其后。[23] 这在巴黎也引发了众人的效仿，尤其是在菲利普·奥古斯特赢得布汶之战、打败了他的日耳曼对手之后。

在 1228—1235 年间的特鲁瓦大教堂，在位于祭坛上方所谓昭示了教会权力等级的彩色玻璃窗（207 号窗）上，主教的图像包括了赫尔维主教（Hervée，1207—1223 年在任）和桑斯大主教，应该还有彼得·德·科贝尔（Pierre de Corbeil，1200—1222 年在任）、两位皇帝（佛兰德的亨利，也许还有腓特烈二世），以及国王菲利普·奥古斯特。[24] 在其上方的三扇圆窗上是三对尊贵的人物，主教与大主教的图像重复出现，在最右侧圆窗中出现的是一位主教和一位国王，也许又是赫尔维主教和菲利普·奥古斯特。此外，还有兰斯大教堂中厅玻璃窗上（1240 年左右）[25] 和斯特拉斯堡大教堂中厅侧廊窗户上的国王图像 [26]，这两个系列已成为在教堂中展现君主图像悠久传统的一部分，其中不少具有代表性的图像来自 6 世纪的查士丁尼时期。如今，除了三面玫瑰窗，其余所有古老的彩色玻璃窗已然消逝，也令我们再次失去了一整套与法国众王相关的图像。

来自众王廊雕塑的头部，约 1220 年，于 1977 年重现于世（现藏于巴黎国立中世纪博物馆，The Bridgeman Art Library）

从来没有任何一座大教堂像巴黎圣母院这般如此强调其历代王朝的君主，甚至到了要替换其原先大门山花墙的地步。在 13 世纪初，这在外立面的设计中并不常见。尽管在更早期（如拉昂大教堂）或晚期（圣丹尼的瓦卢门、布尔日的侧门和兰斯大教堂的罗马门）的教堂外立面处也偶尔能见到，但无一拥有如此壮观的国王图像。此外，所谓的瓦卢门也是一个例外，其最初修建于 12 世纪的第 3 个 25 年，后于 1240—1250 年被安

祭台北翼红门的山花墙图像，1260—1270 年 （A. Tallon）

装于圣丹尼修道院教堂横厅北翼的外立面底部。

这也许不仅仅是一个巧合，圣母院和圣丹尼教堂之间的激烈竞
争导致这两个宗教团体都在刻意强调他们与王权之间长期的
特权关系：巴黎大教堂在外立面上展现了国王进入巴黎的仪
式场面，这显示了国王对教会的支持；在圣丹尼教堂横厅的大
门处，新换的外墙装饰也凸显了此处正是法国王室的墓园所
在地。

菲利普四世所立的骑士雕像，紧邻横厅交叉甬道西南侧的立柱，绘画作品，绘于 17 世纪末
（collection Gainières，BnF）

从 13 世纪下半叶开始，在现有的基础上又增加了更多的王室图像。在祭坛北侧的红门山花墙处，出现了一对王室夫妇的图像，可能是路易九世与其妻普罗旺斯的玛格丽特，它围绕着圣母加冕的画面，成为一个经典的王室图像。[27] 14 世纪初，菲利普国王命人在横厅交叉甬道西南侧的立柱处安置了一尊大型的彩绘木质的骑士雕像，其面向圣母雕像（见 307 页图）。这是为了向圣母还愿而立。为了感谢圣母曾在 1302 年对抗起义的佛兰德民兵的蒙斯恩佩韦勒战役中保佑其取得了最终的胜利。这座雕像一直保留至 18 世纪，虽然后来才因其破损而消失，但在几个世纪间，它为信徒们提供了一种可对圣母进行奉献的形式。

在 14 世纪初放置这尊还原雕像时，西岱岛的王宫为了建造一个新的大殿，正在进行数个改建工程。其中很快就会出现一系列令人惊叹的皇家雕像，足以与几步之遥的大教堂中的雕像交相辉映。[28] 这只是王室在进行行政决策过程中将巴黎圣母院视为典范的其中一个例子。

第十一章

圣母院，皇家建筑的典范
（12 世纪末—13 世纪初）

鉴于法国国王与巴黎圣母院之间的密切关系，特别是在路易七世和菲利普·奥古斯特的统治时期，从私人、制度或精神层面来看，如果我们承认也有可能在查理五世统治期（1364—1380）之前在法国也存在一种宫廷艺术，那么就完全可以在此基础上来探讨哥特式大教堂是否也是一种皇家建筑形式。按理说，答案应该是否定的，因为建造工程的业主无疑是神职人员，而大教堂建筑在教区范围内产生的深远影响明确地展示了主教座堂无论在制度层面，还是时间的先后顺序、建筑结构和装饰形式上对于其所有下属堂区教堂来说，都是享有至尊地位的存在。

然而，在众多受圣母院建筑影响的诸多教堂修建工程之中，受其影响最明显的建筑并不在原巴黎教区，而是在邻近教区的边缘地带。如前沙特尔教区的曼特圣母院（Notre-Dame de Mantes）、鲁昂教区的沙尔圣苏尔皮斯（Saint-Sulpice de Chars）、博韦教区的圣劳伦德博蒙苏瓦兹（Saint-Laurent de Beaumont-

sur-Oise)、森利斯教区的圣弗朗堡（Saint-Frambourg）、桑斯
教区的圣马图林德拉尚（Saint-Mathurin de Larchant）和莫雷
特苏洛林圣母院（Notre-Dame de Moret-sur-Loing）。除了位于
圣马图林圣骸附近的拉尚教堂是一座富丽堂皇的朝圣教堂且直
接隶属于巴黎圣母院参议会之外 [1]，其余教堂在制度上都独立
于巴黎教会。

所有这些规模惊人的教堂建筑无疑都将巴黎圣母院视为典范，
进而对其效仿。像沙尔教堂祭坛处的四段式的立面结构及其圆
窗；抑或是曼特圣母院，其祭坛规模几乎与巴黎圣母院不分伯
仲，前者也采用了平坦的内立面，以及用以装饰廊台层的圆
窗。在 13 世纪的堂区教堂中，博蒙苏瓦兹教堂采用了与巴黎
圣母院同样的中厅结构，由 5 个殿厅构成，其间以成排的立柱
相隔。位于森利斯的圣弗朗堡教堂的一个殿厅也添加了类似圣
母院祭台上部的装饰特征。最后，莫雷特苏洛林圣母院的祭坛
处也忠实地再现了大教堂中厅立面的某些元素，如大拱门的立
柱、廊台层的三联拱、半圆形后殿和装饰于两排窗户之间的大
圆窗。

在这些保留了路易七世和菲利普·奥古斯特时期部分重要建筑
特征的大型建筑中，有 3 座可以被称为皇家教堂——森利斯圣
弗朗堡、曼特的圣母院和莫雷特苏洛林圣母院。对上述教堂所
进行的研究可以为我们在解答关于皇家建筑类型的问题时提供
具有启发性的思路，尤其是在曾经具有标志性纪念意义的建筑

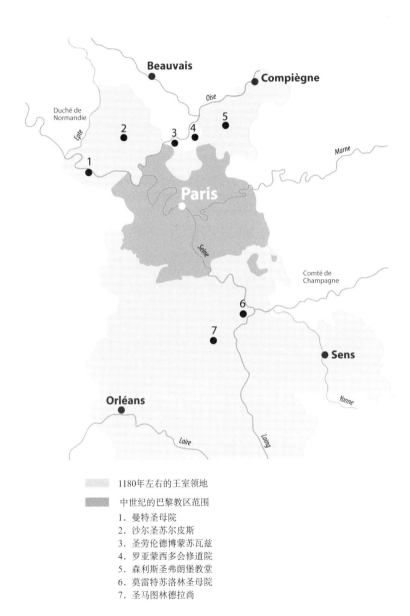

1180年左右的王室领地

中世纪的巴黎教区范围

1. 曼特圣母院
2. 沙尔圣苏尔皮斯
3. 圣劳伦德博蒙苏瓦兹
4. 罗亚蒙西多会修道院
5. 森利斯圣弗朗堡教堂
6. 莫雷特苏洛林圣母院
7. 圣马图林德拉尚

位于巴黎教区之外，王室领地及周边地区的深受巴黎圣母院建筑影响的教堂建造工程分布图（12世纪末—13世纪初）（G. Chaumet, Plemo 3D）

消失之后，比如路易七世在 1154—1155 年在西岱岛皇宫所建造的圣母小礼拜堂 [2]，或者森利斯附近的在 1225 年接受祝圣的胜利修道院 [3]。蒙马特皇家修道院的半圆形后殿于 1170 年左右重建，其位于曾在 1147 年接受祝圣的老教堂末端。后者与圣母院具有某些相似之处：墙体的厚薄，小柱两侧窗洞的处理方式，随着高度增加逐渐变得纤细的扶壁，足以与圣母院横厅南翼西南角的扶壁相媲美；但这部分建筑的修复范围有限，也令我们的分析只能止步于此了。[4]

继续对尚未开展研究的其他建筑进行深入的调研无疑会为我们提供一个相当有价值的资料库，在我们已获得的重要研究成果的基础上，更进一步从政治层面对宗教建筑进行分析，其中，法国国王必然起到了关键的作用。

教区之外的王室建造工程

森利斯圣弗朗堡

森利斯圣弗朗堡协同教堂是在雨果·卡佩（Hugues Capet）的妻子阿德莱德王后的提议下于 10 世纪末所建 [5]，它引起了路易七世的极大兴趣，以至于他本人于 1169 年担任了司库一职，这个职务通常委托于国王的亲信 [6]。最初他任命了十几名司铎担任此职，后成为一个在总铎领导下的团体。[7] 圣弗朗堡参议会指出，这是一座皇家教堂，就像巴黎的圣热纳维芙或圣马丁德尚一般。[8] 其暂时由国王直接管理，但至少从 13 世纪初开始，此教堂就宣称享有豁免特权，仅在精神层面隶属于罗马教廷。[9]

1169 年，路易七世接手司库一职，在亲自走访了该建筑后他认为此处照明不足，随即向教堂提供了几笔捐款，专门用以改善教堂的照明。[10] 这很可能是为教堂全面启动重建工程奏响了序曲，此工程一直持续至 13 世纪中叶。来自国王的格外关注直接关乎皇家小礼拜堂的命运，也成为该建造工程具有决定性的推动力。

1177 年 5 月 5 日，在由君主确定的日期，总铎埃布罗恩和议事司铎在路易七世召集的教会高层人士、查理卢（Charlieu）、朗邦（Longpont）和佛伊尼（Foigny）的修道院院长及森利斯和莫城的主教面前，抬起圣骸。[11] 其中包括了圣弗朗堡的圣体、杰鲍杜斯主教（Gerbaudus）的圣体、圣埃弗鲁特（Saint Évroult）神父的手臂、法兰克王后劳多芬娜的圣体（la bienheureuse Laudovenae reine des Francs）和圣鲍米罗斯神父（Saint Baumirus）的圣体。国王率领队伍将圣骸运到高处，在那里，教皇特使圣克里索戈努斯（Saint-Chrysogone）的红衣主教彼得向人群宣讲布道，承诺会宽恕那些参与教堂重建的人们。[12] 兰斯大主教、同为教皇特使的纪尧姆，也做了同样的事情。1257—1258 年，亚历山大四世再次为森利斯、巴黎和

莫城的教区颁发了新的赦免令，以令这项"豪华的工程"得以竣工。[13]

这座建筑完全符合其作为皇家小礼拜堂的功能，它狭长的单层大殿的顶部为六分肋架拱，末端则是一个七边形的半圆形后殿。简单的建筑结构反而能衬托出其精致的装饰细节，这一点在越来越少出现的绘画装饰中进一步得到了强调。对壁画与柱头装饰的处理都格外精巧、细腻，令协同教堂代表了12世纪末和下一个世纪初建筑的最高水平。这一时期西立面大门处的装饰设计得到了人们的格外重视，在玫瑰窗下往往饰以大量的植物图案，但在此窗被封填前显得有些不太相称。[14]

王室对此项工程的重视确保了该教堂的建筑质量。可以设想，当人们决定建造一间如此规模的新教堂，君主的偏好对其建筑结构和装饰设计可以起到一定的激励作用。这间教堂拥有一个长达50米、拱顶高度为14米的狭长大殿，建造技术和工艺精湛，尤其是它最古老的部分，也就是效仿巴黎圣母院所建造的空间和构件。例如，其平坦的内立面，无须以交替柱墩支撑的六分肋架拱等，这些元素都能让人联想到巴黎大教堂。它对这座建筑的影响在细节方面也是显而易见的，随处可见的尖形拱

◄

森利斯圣弗朗堡教堂的中央大殿（G. Villa）

森利斯圣弗朗堡教堂北翼（CAC）

森利斯圣弗朗堡教堂
西立面（CAC）

窗，逐渐纤细的扶壁，以及对某些图案的偏好，如拱门缘饰的菱形雕饰，后者在圣母院的扶壁处也很常见。

人们注意到，圣弗朗堡东侧的柱头装饰与1177年之前完成的巴黎圣母院祭坛廊台层的装饰之间的关联相当明显。[15] 其西侧的柱头装饰与巴黎中厅的柱头装饰也相互呼应。[16] 此外，还有12世纪末之前完工的圣弗朗堡半圆形后殿和第一跨间拱顶石处采用的十字架图案装饰与巴黎圣母院的相同，与森利斯教堂相比则拥有更多的百合花装饰图案。[17]

即使是在13世纪初的西立面的新建部分，也可以清晰地看到它与巴黎大教堂之间的关联，尤其是大门处的植物装饰图案，似乎从细节上再现了圣母加冕门上的装饰元素，玫瑰窗处更是如此，尽管之后被封填，但其直径达到9米，与巴黎西立面直径为9.6米的玫瑰窗非常接近。

除了巴黎大教堂之外，其他纪念性建筑也会被这些教堂视为参考的对象，但圣弗朗堡的司铎们始终对自治权格外地关注。他们于1217年获得了霍诺里乌斯三世所给予的豁免特权，这无疑促使他们从1150年左右开始与森利斯大教堂保持距离。[18] 其实，其对于巴黎圣母院的借鉴并非出其本意。似乎源自国王的直接干涉就可以促成二者之间形成的密切关联，这无疑也为熟悉巴黎大教堂建筑工程的工匠甚至团队参与圣弗朗堡的建造工程提供了便利条件，也解释了两座建筑之间紧密联系。

其他建造工程之所以受到巴黎大教堂的显著影响同样也可被视为是王室介入的后果。

曼特圣母院

对于这座恢宏的教堂来说，被称为"圣母院之姐妹或之女 [19]"这一表达方式并非如看上去那般异想天开。它是当时法兰西岛地区继圣母院和莫城大教堂之后的第三大中世纪教堂。这座建筑的外观与其所拥有的教会团体规模不甚相称——从 10 世纪末开始，其教会团体成员不超过十几人。[20] 因此，正是卡佩王室的直接介入令其在王国中拥有如此地位。一些王室成员曾多次拥有修道院院长的头衔，如 1138 年的亨利或 1147 年和1152 [21] 年的菲利普·德·考特内（Philippe de Courtenay），二人皆为路易七世的兄弟。从 1159 年起，路易七世本人和菲利普·奥古斯特在 1184 年也担任过此职。当时的教皇卢修斯三世禁止后者征收协同教堂的所有收入。[22] 菲利普四世是最后一位拥有此头衔的国王。此后，参议会的领导权则归属总铎，但总铎的人选仍由国王任命。[23]

按照教区行政划分来看，该城属于沙特尔教区，对法国国王来说它占据着重要的战略地位。[24] 自这里从 1077 年起隶属于王室领地以来，它在卡佩家族和诺曼底公爵之间接连不断的争斗中起到了至关重要的防御作用。诺曼底公爵威廉一世曾在1087 年洗劫了全城。在这次事件中被烧毁的协同教堂由不久

曼特圣母协同教堂的中央大殿（A. Tallon, MFG）

曼特圣母协同教堂的后殿外部（D. Sandron）

后去世的公爵进行了赔偿。国王们对这座城市的重视程度到了12世纪也并没有减弱：在城市居民对 1104—1108 年成为曼特伯爵的菲利普（Philippe）提出控诉后，其同父异母的兄弟路易六世重新接管了对该城的直接管辖权。路易七世于 1150 年在此集结军队[25]，菲利普在对普兰塔尼家族的远征中也将它作为总部，后者的城堡就位于教堂东侧几十米处。[26]1204 年，当诺曼底和莫兰郡被征服后，该城失去了它在战略上的重要意义，但当时协同教堂的建造已接近完成。1223 年 7 月 14 日，菲利普·奥古斯特在曼特逝世，据说他的心脏被埋在教堂主祭坛下方。[27]

在国王对诺曼底公爵延绵百年的斗争中，这座城市一直是他的后盾。路易六世于 1110 年为曼特签发了公社宪章，其后在 1150 年再度得到了路易七世的承认，此契约规定其平民有义务保卫城市。作为交换，该市获得了经济和财政利益，例如在塞纳河上，拥有从巴黎到鲁昂之间的交通特权，或在两地之间、于塞纳河的主要过境点之一的曼特收费桥的经营权，该桥连接南部的埃夫勒或沙特尔和北部的博韦。[28] 从 1202 年开始，路易七世自 1160 年起设立的市长办公室既拥有了将曼特作为王室教区长驻地的职能，同时也能履行司法职权。[29]

由罗贝尔二世所创建的圣母升天会或 "商会" 的召集地就是曼特协同教堂。[30] 它会聚了曼特居民中的精英阶层，由 12 名成员组成的理事会对其进行管理。1110 年，路易六世承认它所拥有的特权，此后明确规定其所有收入都需缴纳至 "商人之匣"，其类似于一种用于收集司法罚款的钱柜，收入的一部分将被用于圣母院教堂的管理。兄弟会每个月的第一个星期二都会在那里举行弥撒。[31] 教堂里有供奉圣克鲁瓦的堂区祭坛，供教堂内部人员和城堡住户之用。[32]

此哥特式协同教堂的建造实际上是在一个相当微妙的历史背景下进行的。最初的工程，部分是在 1150 年代末的大拱廊层开始，主要参考了当时正在建造的森利斯大教堂。从它的平面构造来看，其没有横厅，仅有简单的侧廊和柱墩间交替的设计。但几年后，在开始修建第二层廊台层时，便放弃对森利斯大教堂的借鉴，转而采用了巴黎圣母院的设计，比如其廊台层的三联窗和简洁的高窗设计，尤其是其在结构上的轻薄。

关于最后一点，这在曼特大殿高处的墙壁厚度上就有所显示：从第一层到第二层，其厚度从 1.80 米减至 0.42 米。[33] 飞扶壁的使用也确保了拱顶的稳定性，这无疑也令其可以达到新的高度。与巴黎教堂中厅处的拱顶一样，其六分肋架拱只有轻微的弧度，高度达到 29 米，仅比圣母院祭台处少了 2 米。1170—1180 年，随着左右廊台层的建成，以及 1180—1190 年 [34] 完工的上层部分，曼特教堂的建筑规模可谓不可同日而语。

与其新近所效仿的典范一样，曼特的建筑比森利斯古老而原始的祭台（高度不超过 18 米）或法国北部的其他大教堂，如努瓦永（22 米）、拉昂（24 米）或苏瓦松（南翼处，23 米）的建筑更为恢宏气派。其某些装饰元素同样也源自巴黎圣母院的设计，如圆窗四周和沿扶壁拱背处的菱形雕饰。其大殿高处饰以格形花饰的檐口，尽管后来随着引水渠护栏的添加而有所改变，但在当时直接复制了圣母院祭台处檐口的设计。

为了解释两间教堂在建筑结构与装饰层面所产生的紧密联结，有人提出了这样的假设：负责曼特教堂上半部工程的建筑师根本是来自圣母院工程团队。[35] 这一假设很有可能是成立的。从业主的层面来看，曼特人的雄心超出了当地参议会的财力，当然他们也可以依靠当地富人阶层的捐助，但由于国王在此建造工程中也有发言权，那么就需要他先明示其预期的目标方向。

曼特教堂的建造工程比之后几年的森利斯的圣弗朗堡教堂工程更具雄心也更具规模，皆因前者所昭示的政治意义：其地处诺曼底边境，就在法国国王最危险的对手触手可及的地方，必须借由一个名不副实的纪念性建筑来强调卡佩王朝的威严，以至于即便是 13 世纪初所建的鲁昂大教堂的新中厅在高度上也不及曼特教堂，前者的拱顶为 28 米。

可以说，就财政层面来看，即便国王所做的贡献并不显著，仅有菲利普·奥古斯特捐赠了 15 巴黎铸里弗尔的记载 [36]，但其就建筑结构和装饰等事宜的决策上却具有绝对的发言权，比如，通过借鉴巴黎大教堂的建筑元素可显示出其比森利斯大教堂更为重要的政治意义。可以说，其建筑本身所企及的高度直到 12 世纪末都是无可比拟的，之后，当人们重建了 1194 年被大火严重损坏的沙特尔大教堂后，一切又都不同了。[37]

我们不必因为国王将巴黎圣母院视如己出便将其作为皇家建筑的一种 [38]，但也不能否认，在 12 世纪末，对于巴黎大教堂和曼特教堂的半圆形后殿的建筑设计，即便是对此毫不知情的人也能立即察觉到，在半圆形的回廊、廊台层和后殿上部等处二者的相似之处。曼特如同是"某种恢宏的大教堂的缩小版本，而它的倒影则出现于与其同一条河流的上游 15 古里（译注：

法国古里，约合今天的 4 千米）处的水面。事实上，作为 12
世纪末的王室领地，曼特堪称法兰西岛的门户之一"[39]。几十
年之后，情况反转了，曼特教堂外立面的某些元素在巴黎圣母
院的塔楼中得以再现，后者的建造时间比曼特外立面的南侧塔
楼稍晚，采用了曼特钟楼底部为连续拱廊的特色设计，可令其
堪称中世纪唯一一座竣工的此类钟楼，成功地减轻了圣母院外
立面的负重感。

曼特协同教堂很可能也出现了君王图像的雕塑装饰，也许也是
以类似雕塑廊的形式呈现，但如今仅有雕塑的两个躯干部分和
头像保存于本地的博物馆中，而卢浮宫所收藏的一个头像有可
能属于其中的一个躯干。[40] 通过与沙特尔大教堂横厅南翼处的
众王廊中的人物进行比较，可以推断出这些雕塑的建造年代为
1220 ～ 1230 年。虽然我们并不知道曼特雕像廊初始的建造目的
及确切位置，但其相关遗迹进一步证明了这座教堂与法国国王
之间的密切联系，而它与巴黎圣母院之间的关联，无论是直接
的，还是间接经由沙特尔大教堂，都是相当明显的。

莫雷特苏洛林圣母院

莫雷特苏洛林圣母院的重建再现了在曼特所观察到的模式。
王室领地的另一侧，在通往距勃艮第香槟区边界的不远处，
有一栋属于国王的城堡，其建于 1108 年，当时洛林河渡口的
管辖权刚刚归属于莫雷特市。[41] 从 13 世纪开始，莫雷特成为

莫雷特苏洛林圣母教堂
祭坛（A. Tallon, MFG）

莫雷特苏洛林圣母教堂
中轴线处的菲利普·奥
古斯特雕像（D. Sandron）

一个辖区的首府。其现存的教堂建筑于 1210—1215 年开始建造，取代了此处之前的教堂，后者在 1166 年之前举行了祝圣仪式，距国王的城堡仅有几十米远，其四边形的主塔在 20 世纪之前还一直存在，但经历了重大改建。可以说，二者均是洛林河左岸最为耀眼的建筑。

莫雷特教会的历史在很大程度上仍不为人知，但不能排除国王直接介入了哥特式祭台建造工程的可能性，因为我们可以在此处观察到，与其他各地的状况类似，与王室相关的象征图像明显增多，像雕刻于半圆形后殿墙面砖石凹处的百合花雕饰，它与十字花形装饰交替出现，或是在后殿三扇双拱窗之间的墙面装饰。此类具有王室象征的图像并非随机出现，例如，在后殿窗间墙底部的图像中，两位天使正在向立于其中心位置的国王奉香，我们可以辨别这位国王应该是菲利普·奥古斯特，这是唯一保存下来的雕像。[42] 祭坛处的立面也得到了精心的装饰，反复出现的十字花型、卷叶图案、菱形装饰和同样采用巴黎圣母院外立面的装饰图案。在祭坛的右半部分，其立面结构呈现了对巴黎圣母院中厅立面更为细腻的诠释，底层设有柱廊，其廊台层中部和双拱窗处的三联拱之上为饰有镂空拱形门楣装饰的圆窗。其立柱柱头装饰的交替轮换也显示了其最初所设想应该也如同巴黎圣母院中厅那般的六分肋架拱顶结构。

与巴黎圣母院相比，莫雷特教堂中具有王室象征意义的装饰图案出现得更为密集，比如廊台层三联拱柱上的十字花形和百合

花装饰几乎达到了巴黎圣母院的 2 倍之多，此装饰风格也许能
为我们解释为何这里的窗户多采用砖石砌造的技术，而非自
13 世纪 20 年代起巴黎圣母院中央大殿上部翻修以来普遍所采
用的窗棂结构。

莫雷特教堂对巴黎圣母院建筑最直接的借鉴是使用了大型的圆
窗，增加了半圆形后殿后墙拱廊的采光部分，并将墙面上的两
层窗户间隔开来。它们可被视为一种最古老的直接改善拱廊采
光问题的解决方案，这也可能是将以前用于廊台层的圆窗直接
搬到此处，正如曼特教堂所采用的做法。

精美繁复的墙面装饰造型展示了金工匠在砖石之上所展现的精
湛工艺。这些以卷叶纹图案突出的装饰造型大量出现于半圆
形后殿之中，令我们仿佛身处一座豪华的小礼拜堂中，而非
一间简朴的协同教堂中。这应该可以用菲利普·奥古斯特的介
入来进行解释，他在邻近城堡停留期间，都会来此处参加礼拜
活动，唯有如此，才能解释为何此处会出现如此精美的造型装
饰，要知道，这在当时的法国北部几乎是独一无二的存在。

因此，在一间本比巴黎圣母院更为简朴的建筑中，在君主的支
持下，刻意选择与大教堂相同的某些装饰图案，昭示二者之间
有可能拥有某种附属关系，以此使莫雷特苏洛林教堂在王室领
地的边界之地也能拥有某种政治意义。

罗亚蒙西多会修道院遗迹，回廊与中厅南侧廊的檐沟墙（CAC）

罗亚蒙西多会修道院

在圣路易统治初期，罗亚蒙西多会修道院教堂为我们提供了另一个同样带有强烈的王室印记且对巴黎圣母院有所借鉴的案例。王室对其所施加的影响并不仅限于 1228 年决定创建西多会修道院的提议，也不仅在于它是由路易九世在遗嘱中所赐名。修道院位于博韦教区的南部边界，靠近阿斯涅尔苏瓦兹（Asnières-sur-Oise）的王宫。它被建在圣路易从圣马丁德博朗（Saint-Martin de Boranc）修道院处所购买的土地之上。在 1236 年接受祝圣之前，教堂从 1234 年起就已经成为皇室墓地，国王的弟弟菲利普·达戈贝尔（Philip Dagobert）被葬于主祭坛南侧的回廊中，其后代也安息于此，包括逝世于 1243 年的布兰奇，随后是约翰于 1248 年离世，最后则是在 1260 年，其王位继承人路易的棺墓也安置于此。

国王对教堂所给予的财政支持是显而易见的，这也解释了其建造工程的快速进展和教会机构日益庞大的原因。仅聆听玛格丽特王后忏悔所获得的收入就超过 10 万巴黎里弗尔。[43]1236 年，圣路易每年会捐赠 500 里弗尔，这笔费用足以维持至少 60 名修士的日常开销 [44]，到了 1258 年这一数额上升至可供应至少 114 名修士 [45]。

王后的忏悔神父纪尧姆·德·圣帕图斯曾记述了一位国王是如何参与到修道院的修建工程并说服他的兄弟、亲信也纷纷加入。[46] 除了老生常谈地强调君主对此事的浓厚兴趣之外，其实也可以帮助我们从修道院建筑特点的角度来进一步解读王室的真实意图。

法国大革命期间遗留下来的教堂废墟能为我们提供的线索很有限，因为仅剩下横厅的一些遗迹和中厅南侧廊的檐沟墙。图像资料更是罕见，且难以解读。卡罗琳·布鲁泽留斯（Caroline Bruzelius）仔细研究了借鉴了朗邦修道院的教堂建筑结构与装饰，以及与其同等级的一座教堂的图像，并将这两座教堂加以对比。朗邦教堂位于之前的苏瓦松教区，国王和其母布兰奇·德·卡斯蒂利亚于 1227 年参加了该教堂的祝圣仪式。罗亚蒙西多会教堂对其的借鉴，主要在于其平面的构造和规模。至于从立面结构到建筑细节的处理等方面看，二者大相径庭。不如说，其更多地是从巴黎建筑，尤其是大教堂为参考对象。

罗亚蒙西多会修道院教堂的立面特点是平坦，从这一点来看与朗邦教堂所展现的可塑性截然不同。大拱门的支撑柱顶板处饰有一簇簇细柱，它一直向上延伸在顶部形成拱门的弧度。在高窗的两侧，宽大的裸墙也能让人联想到13世纪初巴黎圣母高殿修复之后的立面上层设计。最后，在罗亚蒙，除了巴黎圣母院反复出现的装饰图案，如拱门缘饰下方的菱形装饰等，我们还发现了大量巴黎大教堂中最经典的建筑元素——圆窗。如，在中厅南侧廊的檐沟墙顶，在与之相邻的回廊之上。而朗邦教堂使用的则是更流行的尖拱短窗的样式。在回廊处，拱廊的柱子由十根细柱包围，此处直接借鉴了在圣母院中厅侧廊一种交替的立柱形式。

作为一座经常有国王与其亲信出入的修道院，它因使用的礼仪家具和装饰过于奢华而在1263受到参议会的谴责[47]，其实，在这种情况下，但凡与建筑和装饰相关的决策必然要获得国王的同意。这也就不难解释为何此建筑还是大量借鉴巴黎圣母院的建筑元素，尽管后者早在其60年前已动工，但直至今天仍旧不断地经历着各种令人惊叹的改建。

国王的拥护者所支持的建筑工程

博蒙苏瓦兹的圣劳伦教堂

博蒙苏瓦兹的圣劳伦（Saint-Laurent）教堂位于博韦教区，由诺恩泰尔（Nointel）隐修会所资助，其中厅采用了只有在最宏伟的建筑中才会出现的五厅殿式的平面构造，即双侧廊与中殿并列，分别位于其南侧和北侧。在建造了一个极为简朴的祭坛之后，圣劳伦教堂才采用了此种在堂区教堂中相当罕见的平面布局。其祭台位于呈方形的中央跨间，两侧为单侧廊，建于1150—1160 年。[48]中厅的建造时间较晚，但肯定不晚于 1223年 4 月，此时为菲利普·奥古斯特统治时期的最后几个月，博蒙郡仍隶属于王室领地。

然而，在此前几十年的光景间，卡佩家族依旧没有完全走出我们的视线，因为其最后几位伯爵与菲利普·奥古斯特关系匪浅。[49]马修三世·德·博蒙伯爵（Matthieu III de Beaumont），法国的内廷总管，一直支持国王与普兰塔戈尼家族之间的斗争。其妻埃莉诺·德·佛曼多瓦（Éléonore de Vermandois）的长姐伊丽莎白·德·佛曼多瓦（Élisabeth）嫁给了佛兰德·菲利普·德·阿尔萨斯伯爵 （Flandre Philippe d'Alsace）。伊丽莎白于 1183 年去世后，埃莉诺就一直要求继承瓦卢和佛曼多瓦的遗产，并得到了菲利普·奥古斯特的支持。后者将此视为支配王室北部领地所有领土的手段，也表明了地方领主与君主之

博蒙苏瓦兹的圣罗兰教堂（A. Tallon, MFG）

间的密切往来。

依据 1194 年的布施宪章，埃莉诺捐赠了大量的财物，但她仅对巴黎大教堂参议会进行了慷慨的捐献，后者得到了她名下的维里佛曼多瓦（Viry-en-Vermandois），很快它成为巴黎参议会教区长管辖区首府。博蒙伯爵把其位于西岱岛的圣西莫里安小礼拜堂送给了巴黎的欧德主教。[50] 由此可见，地方领主与巴黎大教堂神职人员的关系也极为密切。博蒙伯爵于 1181 年向博蒙的居民颁发了公社宪章，引发了其与博韦主教二者之间的紧张关系，主教对于地方所获得的自治权持否定态度。在此争端中，法国国王也曾作为仲裁人为双方进行了数次调解。

蒂博三世（Thibaut III）去世后因没有继承人，他的弟弟约翰·德·博蒙（Jean de Beaumont）成为他的继承人。后者曾与国王在布汶并肩作战，因而延续了他与国王之间长期以来形成的默契。1223 年，他在没有继承人的情况下去世，财产被抵押人蒂博·德·乌力（Thibaut d'Ully）接管，后者很快将该县卖与国王。

在综合考虑了当时的所有状况之后，似乎直接将巴黎圣母院的建筑设计作为参考对象是明智之选。圣罗兰教堂遵循了巴黎圣母院拥有五殿厅的中厅布局结构。随后，此番借鉴因采用了巴黎大教堂中厅丰富的雕塑装饰而变得更为深入，同时还效仿了巴黎中厅双侧侧廊间隔柱的装饰特点，具体来说，也采用了两类柱墩交替的形式，每隔一根立柱，就会出现一根以一簇簇小细柱装饰的柱墩。此外，出现类似莫雷特教堂般将廊台层立柱数量翻倍之类的细节所显露的可能是他们试图超越巴黎模式的野心。当然，也不排除这一细节只是为了显示二者之间的附属关系，尽管其确切的含义我们不得而知。

得益于瓦兹河上的交通税收入，博蒙已算是相对富裕的市镇，但博蒙教堂的建造工程依旧超出了该镇的财力，导致其最后一层高窗从未建成。在工程后期，仅在中央大殿增加了石膏拱顶。尽管并不完整，博蒙教堂的中厅仍然不失为一个绝佳的案例，见证了一个建筑工程是如何被政治化的，在这里，人们放弃了博韦教区所提供的各种资助，在当地伯爵的全力支持下，显而易见地将巴黎大教堂建筑视为典范加以参考，也因此被认为是皇家阵营的代表性建筑。

沙尔圣苏尔皮斯教堂

唯一一间直接采用了巴黎圣母院颇具创新的四段式立面结构和位于第三层的特色圆窗的教堂就是沙尔圣苏尔皮斯教堂。该教堂位于鲁昂教区的莫兰总堂区，在 1204 年此地成为皇家领地的一部分之前，其伯爵一直是普兰塔戈尼家族最忠实的副官之一。因此，人们可能会对这座大部分建于 13 世纪初之前的教堂的建筑风格感到惊讶 [51]，因为它摒弃了一切与巴黎圣母院相似的元素。

中厅的修建时间可追溯至 12 世纪中期，早于其横厅和祭坛的修建。祭坛直到 13 世纪初才竣工。为了改善廊台层的照明，它也如曼特教堂一样，在外围墙上开凿了窗洞，但今天看到的

沙尔圣苏尔皮斯教堂的祭坛（CAC）

窗洞大多是近代在沙尔重建的。

它与圣母院之间的关系，出乎意料地消失于各类历史研究之中，仅有关于与它地理位置邻近的古迹之间的比较研究，如它与圣热梅德弗利。对此，我们只能解释为：吉索尔蒂博二世（Thibaut II de Gisors）在 1176 年左右成为圣丹尼——一座地位尊贵的皇家修道院的赞助人。[52] 圣丹尼的僧侣们提议应该在王室领地中心建造一座令人联想到主教座堂的教堂。也正是在这一政治意图的驱动下，沙尔教堂中厅第三跨间的拱顶石处由拱肋形成的四角分别放置了 4 位国王的雕像，中心圆盘处则是以上帝的羔羊（Agnus Dei）为主题的图像。

上述例子足以证明，对于曼特、森利斯或莫雷等皇家建筑的建造工程，向巴黎圣母院的借鉴和参考具有重要的意义。但因国王无须对其直接进行干涉，它们也并非严格意义上的皇家建筑。在博蒙，是由一个与菲利普·奥古斯特关系密切的当地领主担任国王的代理人传达其旨意，而在沙尔，似乎是圣丹尼修道院强令其在祭坛处修改了原本借用的圣母院立面结构，这种情况对于一个与主教或参议会关系不好的宗教机构来说，未必是件坏事。正因为巴黎圣母院建筑本身为了在更大范围内展示它作为巴黎教区中心的王室所拥有的权势地位，已经超越了主教或教会秩序之下的严格框架，它才能够在王室赞助者的支持下对外显示其更为强势的权威。

因此，建筑所拥有的政治意涵在王室领地的边界得到了充分体现。因为在边境之地，面对宿敌的野心，皇室的威严必须得以彰显。

一个相反的案例：圣彼得德拉格尼修道院教堂

位于巴黎附近的圣彼得德拉格尼教堂（Saint-Pierre de Lagny）的祭台[53]，为我们展示了一个完全无视圣母院影响力的案例，也昭示了重要的政治意涵（见 338 页图）。这座本笃会修道院先前在以前的巴黎教区，但它一直与香槟领地的伯爵保持着密切联系。这座雄心勃勃的哥特式教堂于 1200 年左右开始建造，但一直未能竣工，仅建成了祭坛的下部和横厅的东墙。祭台的平面布局和呈辐射状分布的小礼拜堂结构、回廊和大拱门构成了一系列建筑特征，其中可以看出特鲁瓦、沙特尔和最重要的兰斯大教堂对其所施加的影响。

在此处，我们没有发现任何与巴黎圣母院有关的元素。拉格尼的僧侣们长期以来受到领地伯爵们的庇护，他们以此向后者表达敬意，而修道院教堂也成为其中一些伯爵的安息之地。此地的繁荣也得益于集市的建立。对巴黎圣母院的无视并不意味着僧侣们对国王的不信任，因为拉格尼明显参考了兰斯大教堂加冕礼大殿的建筑元素。它标志着自 7 世纪圣科隆班建立修道院以来，僧侣们长期所享有的独立于主教之外的权力。但这一态度也并不代表修道院与教区当局存在矛盾冲突。事实上，正是欧德主教在 1206 年为该修道院的主教堂举行了祝圣仪式。拉格尼的僧侣们在建造教堂时更多考虑的是维护其赞助人香槟领地的伯爵们在政治层面的利益，而非出于对教会等级制度的尊重。

总而言之，我们无法忽视，宗教建筑也可以参与政治权力范围的界定，即便其方式远不如为保卫领土或为编织权力网络而建立城堡那般直接。当我们在艺术地理学范畴内试图界定具体某一类艺术形式时，这一层面的思考都不应该被忽视，也不能被简化为艺术家的行程轨迹。

与其他地区相比，圆窗这一元素被绝大多数巴黎教区内的教堂建筑所采用，成为表达彼此之间承继关系最明显的标志之一。就这一点而言，我们可以说，建筑本身也可以说话。这一明显的特点可以让每个人都能清楚地看到它想表达的含义，而无须掌握任何与建筑相关的技能。莫雷特苏洛林教堂和曼特圣母院的圆窗让人轻易便可与巴黎圣母院的圆窗联系在一起。提及巴黎时会让人同时想到巴黎圣母院，更会将其与王室的权力联结在一起。而对于邻近教区的居民来说，巴黎圣母院的意义远非如此重要。这正是卡佩家族最擅长的领域，利用巴黎圣母院这一充满创新巧思的建筑为王室的权威进行政治宣传，从而显示其王权的合法性，并在其领地的边界捍卫王国的主权。

尽管 "皇家大教堂" 这一说法颇具争议，但不可否认的是，圣母院建筑很快成为一种新的表达方式的基本组成部分，国王路易七世和菲利普·奥古斯特在王室领地边界具有象征意义的

●
圣彼得德拉格尼教堂的祭坛（A. Tallon, MFG）

地点如曼特、莫雷特苏洛林和森利斯，都使用了这一表达方式。频频提及大教堂正是为了显示他们与巴黎教会之间的特权关系吗？这种解释似乎并不能令人满意。国王路易七世和菲利普·奥古斯特将巴黎最恢宏的建筑引入王室领地这一举动令巴黎成为真正的王国首都，更是令其手中的权力不断累积，达到令人不容忽视的地步。

结论

我们需要从不同层面去感受大教堂的存在，以便更好地感知它向我们所传达的信息。如果用声音来比拟，那么这座建筑的声音应该是它的钟声，从在颂祷时辰此起彼伏的鸣音，到为所有"圣徒"在庄严仪式上所敲响的音律，它们可以在几个小时甚至长达几天内都绵绵不绝，令大教堂的声音响彻全城，甚至传到更远的地方。与此同时，建筑及其装饰细节也能以各种方式被传递至远方，直到教区的边界。

圣母院无疑是一座遵循其神职人员的意愿为精英阶层所设计的建筑丰碑，他们将建筑中最为神圣的空间留给了自己，以丰富的装饰性而著称。在大教堂附近，主教的宫殿和教士们的豪宅昭示了神职人员所享受的贵族般的生活。然而，大教堂并非孤立存在的。正是由于整个教区在财政层面的全力支持和神职人员的强势推进，才令这一规模宏大的建筑工程有实现的可能。随着时间的推移，这一集体行动可能产生了一些偏差，以至于被认为实际参与大教堂建设的是人民大众。

大教堂所产生的吸引力足以对教区内的建堂运动产生深远的影响。本地教会所发挥的作用和艺术家、工匠人群频繁的流动性更是加速了这一影响的传播。即便是教区中最偏远的村庄都能感受其因大教堂的存在所发生的改变。毫无疑问，在中世纪大约有上百个堂区教堂借鉴了大教堂的建筑元素，一砖一石成为联结他们与母教堂之间的纽带。再没有其他类型的纪念性建筑能以如此规模对整个建筑行业的发展产生巨大的影响。在教区内，巴黎圣母院并非唯一一个具有如此规模的建筑，但其神职人员能够充分利用丰富的教会资源将它发展成为一个更具雄心且前所未有的建造工程。直到中世纪结束后的几个世纪里，它都成为该地区最具代表性的宗教建筑。

巴黎这座城市不断蜕变，在大教堂建造时成为王国的首都，圣母院也因此被赋予了新的政治意义，这在它与卡佩王朝的特权关系和大教堂内频繁出现的王室图像中都有所体现。而且在巴黎教区以外的主要王室领地中的建造工程也明显地借鉴了圣母院的建筑元素，如曼特圣母院、森利斯圣弗朗堡教堂和罗亚蒙西多会修道院教堂。

在对哥特式建筑的发展进行重新探讨时也需要结合加诸教区框架之上的政治维度，它可以推动或者阻碍此建筑风格的发展。圣母院建筑对沙特尔、鲁昂、博韦、森利斯或森斯教区的教堂所施加的直接影响就充分证明了这一点。这一现象并非孤立的个案。如果能将它与我们所了解的诺曼底公爵等领地王公所制定的宗教政策进行比较，便会发现，从 11 世纪的卡昂大教堂及其在 12 世纪下半叶所进行的改建工程 [54] 到在他们的支持下所建造的费坎普（Fécamp）或鲁昂大教堂，都不同程度地促进了哥特教堂这一建筑风格的发展。香槟领地的伯爵们在颇具雄心的建筑工程中起到了决定性的作用，如特鲁瓦的圣艾蒂安教堂和普罗万的圣基里亚斯教堂也都体现了这一趋势。[55]

巴黎圣母院并非拥有绝对的权威。教区内的修道院为了显示它相对于主教所拥有的自主权，更倾向于将圣母院以外的建筑作为参考对象，尤其是森斯大教堂，一座位于大都市的教堂。圣路易选择将其在 1239 年和 1241 年所获得的基督圣物存放于他宫殿中一座宏伟的小礼拜堂内，此举必定让大教堂的神职人员深感不安。就在 1248 年圣礼拜堂接受祝圣后的十几年后，他们决定扩大大教堂的横厅，建造以巨大玫瑰窗为特色的新外立面，并重建了其最珍贵的圣龛——圣马塞尔圣龛，将它放置于祭坛处进行展示，随即又为它修建了一个具有丰富装饰细节的新围栏，这再次证明神职人员在不遗余力地令圣母院在该市所有教堂中始终保持着最为尊贵的地位。也许在同一时期所建的新尖顶也是以此为目的，因为它刚好超过了圣礼拜堂刚刚竣工的尖顶高度。

直到中世纪末期，圣母院小礼拜堂和横厅外立面的改建依旧引发众多教堂的效仿。这足以证明巴黎圣母院所拥有的崇高威望依然不可撼动，它傲然屹立于塞纳河畔，为巴黎及其教区增添了如此耀眼的光芒。13 世纪末以来保存完好的文献资料显示，它的建筑师往往同时也兼任国王或城市的建筑工程总管，这显示了大教堂在王国建筑景观中依然占据着核心位置，正如它在教会中至高无上的地位。所有与之相关的人，神职人员、艺术家、工匠和信众，在社会的不同层面都为它贡献了一份力量。

注释

序

[1] *Chronique de Robert de Torigni* 1872-1873, t.II, p. 68.

[2] 这里指教堂平面图上所显示的十字形布局。

[3] Jean de Jandun 1867, p.44-47.

[4] Iogna-Prat 2006.

[5] Sandron 2020a.

[6] Colombier 1996.

[7] Aubert 1920; Erland-Brandenburg 1991.

[8] Vauchez 1996; Erland-Brandenburg 1997.

[9] Vingt-Trois *et al* 2012 ; Giraud 2013.

[10] 参见网站：https://notre-dame-de-paris.culture.gouv.fr/fr。

[11] Sandron et Tallon 2019.

前言

[1] Barbie, Busson et Soulay 2012; Sandron 2014.

[2] Dérens et Fleury 1977, p.225.

[3] Dufour 1992-1994，n° 157.

[4] *Ibid.,* n° 213.

[5] Obituaires 1902, p.133.

[6] Suger 2008, t.II, p. 316-317.

[7] Sandron et Tallon 2019.

[8] Leniaud 1980 ; Bercé 2013.

[9] Lorentz, Sandron 2018, p. 127.

[10] *Chronique de Robert de Torigni* 1872-1873, t. II, p. 68.

[11] Mortet 1890, p. 101, n. 3.

[12] *Ibid.*, p. 104, n. 1.

[13] Sandron 2014.

[14] Bruzelius 1987.

[15] Angheben, 2013.

[16] Hohenzollern, 1965.

[17] Camille, 2011.

[18] Albrecht, 2020.

[19] Kimpel, 1971.

[20] Sandron，2015a.

[21] AN LL 270, fol.10v (1362-1363) et 12r (1367-1368).

第一章

[1] Mortet 1890 ; Bériou 2013.

[2] Pontal 1971.

[3] Longnonn 1904, p. 349-359 ; Lheure 2010.

[4] Angotti 2013.

[5] Le Goff 1996, p. 1063.

[6] Valois 1880.

[7] Gane 1999, p.41.

[8] Baldwin 2006, p. 214.

[9] Rigord 2006; *Gallia christiana*, t.VII, col.86.

[10] Mortet 1890, p. 7.

[11] *Gallia christiana*, t.VII.

[12] Baldwin 2006, p. 224-228 ; Gorochov 2013.

[13] AN LL 79, fol.3.

[14] Des Graviers 1967, p. 206-207.

[15] Gane 1999, p. 125.

[16] Gane 1999. 以1200—1500年参议会群体传记学为主题的研究正在由法国文献历史与研究院所主导的"Fasti Ecclesiae gallicanae"项目团队开展进行 ; Montaubin 2013。

[17] Guérard 1850, t.IV, p.210 ; Timbal et Metman 1967, p.133.

[18] Baldwin 1970.

[19] Wright 1969.

[20] Morter 1890 ; Sicard 2012.

[21] Verget 1997 ; Gorochov 2013.

[22] Boerner 1998.

[23] Guérard 1850, t. I, p. 266 ; Lasteyrie 1887, p. 218.

[24] *Ibid.*, t. I, p.374 et t. II, p. 356.

[25] *Ibid.*, t. I, p. CLX-CLXI et t. II, p. 443-444.

[26] AN LL 79, fol. 3.

[27] Gane 1999, p. 77-81.

[28] Guérard 1850, t. IV, p. 487.

[29] *Ibid.*, t. III, p.268.

[30] AN LL 270.

[31] Schöller 1989; Vroom 2010.

[32] Colombier 1953, p.12.

[33] Voir infra, chapitre 9.

[34] Mortet 1890, p. 106-107 ; Schöller 1989.

[35] Guérard 1850, t.II, p. 407.

[36] AN L537, n°2bis, 1347, 24 octobre.

[37] *Sigeberte continuation* 1844, p. 421, ann. 1182.

[38] *Gallia christiana*, t.VII, col.77; Mortet 1890, p. 106-107.

[39] Guérard 1850, t. IV, p. 200.

[40] *Ibid.*, p. 119.

[41] 根据 Vroom（2010）的物价比较系统，这笔数额相当于一名熟练工匠工作 80 年的薪酬。

[42] Sandron 2010.

[43] Guérard 1850, t. III, p. 405 ; Gane 1999, p. 28.

[44] AN LL 270, fol. 1r et 6r.

[45] AN LL 270, fol. 5v.

[46] Guérard 1850, t. IV.

[47] 现藏于卢浮宫博物馆，雕塑部，LP 540 (N 15008) ; Baron 1996, p. 119。

[48] AN L 537, n° 2bis.

[49] Pontal 1971, p. VIII.

[50] *Ibid.*, p.101, § 12.

[51] Lheure 2010, p. 26-27; Longnon 1904.

[52] Guérard 1850, t.III, p. 12.

[53] *Ibid.*, t. IV, p. 29.

[54] Mortet 1890, p. 108.

[55] 例如 1123 年的文献 （Guérard 1850, t. I, p. 267）和 1209 年的文
献 （*ibid.* t. II, p. 408）。

[56] BnF, lat. 15951, fol. 241v.

[57] BnF, lat. 3218, fol. 42v et 3259 a, fol. 48v.

[58] Mortet 1890, p. 109.

[59] AN LL 270, fol. 1r.

[60] Césaire de Heisterbach 2009, lib. II, *De contritione*, c. 34.

[61] Guérard 1850, t. I, p. 170.

[62] *Ibid.*, t. IV, p. 37.

[63] Lemaître 1987

[64] Carolus-Barré et Platelle 1994.

[65] Binsky 1995.

[66] Givelet 1897, p. 347-348; Demouy 2010a, p. 23.

[67] Vroom 2010.

[68] Bideault et Lautier 1977.

[69] Cazelles 1972, p. 140-141.

[70] Cazelles 1972.

[71] Lopez 1952.

[72] Mortet et Deschamps 1995, p. 95-96, n° XXXVI.

[73] AN LL 270, fol. 1r.

[74] Murray 1987, p. 25.

[75] Lefèvre-Pontalis 1899, p. 487.

第二章

[1] Sandron 2016b.

[2] Guérard 1850, t. II, p. 478.

[3] Sandron 2016b; Pour le début du XVe siècle. Le Pogam et Plagnieux 2001.

[4] Mortet 1890, p. 115; Guérard 1850, t. I, p. 71; Dufour 2009, n°130, p. 274-
275.

[5] Bruzelius 1987, p. 561.

[6] Corrozet 1561, fol. 67.

[7] 实际是 1258 年，因为在中世纪复活节（古老形式）标志着一年的起
始，所以按今天现代（或新式）纪元方式计算，应该往后再推一年。

[8] Bouttier 1987.

[9] Sandron 2004, p. 38.

[10] Aubert 1959 ; Grodecki 1964 ; Prache 1980 ; Suckale 1989.

[11] Verlet 1957-1958.

[12] Sandron 2015b, p. 125.

[13] Verlet 1957-1958 ; Moulin et Ponsot 1980.

[14] Dectot 2012.

[15] Stein 1902.

[16] Branner 1963.

[17] Kimpel 1971.

[18] Kimpel 1971, p. 266; Erlande-Brandenburg et Kimpel 1978, p. 238 ; Sandron et Tallon 2019, p. 141.

[19] AN LL 270, fol. 14 (1370-1371).

[20] Mortet 1901.

[21] Guérout 1949-1951 ; Bennert 1992.

[22] Erlande-Brandenburg 1975, p. 171-172.

[23] Henriet 1978 ; Davis 1998.

[24] Davis 1998 ; Aubert 1908, p. 439 s.

[25] Aubert 1908; Davis 1998, p. 39-44.

[26] BnF, coll. Gaignières, Est. Rés. Pe 11a, fol. 150.

[27] Aubert 1908, p. 430.

[28] Henwood 1978, p. 65-66; Chapelot, Chapelot et Foucher 2001; *Paris 1400*, 2004, p. 82, n°31 (notice de Florian Meunier) ; Sandron 2006.

[29] Sandron 2001a.

[30] Sandron 2006. 顶部的栏杆是在 15 世纪末重建的。

[31] AN LL 270 fol. 10v (1362-1363) et 12r (1367-1368).

[32] AN LL 270, fol. 14 (1370-1371).

[33] Gane 1999, p. 185.

[34] Henwood 1978, p. 70.

[35] Aubert 1908, p. 432.

[36] Van Liefferinge 2010.

[37] Mortet 1911, p. 228.

[38] AN LL 270.

[39] AN LL 270, fol. 21v.

[40] Sandron 2015a.

[41] Henwood 1980.

[42] AN LL 270, fol. 9r.

[43] Henwood 1980.

[44] Beaulieu et Beyer 1992, p. 58

[45] *Ibid.*, p. 83.

[46] Guérard 1850, t. IV, p. 487 ; Mortet 1904.

[47] AN LL 270, fol. 19.

[48] Coyecque 1889-1891, t. I, p. 204.

[49] Mortet 1906.

[50] AN LL 270, fol. 29r.

[51] AN LL 270, fol. 4v.

[52] AN LL 270, fol. 1v, 3v, 4r, 5r, 6r, 6v.

[53] Sandron 2018.

[54] AN LL 270; 关于大教堂施工现场的材料情况，参考 Bernardi 2011。

[55] Viré 1983.

[56] AN LL 270, fol. 4v (1336).

[57] AN LL 270, fol.4v.

[58] AN LL 270, fol. 9v.

[59] AN LL 270, fol. 26v.

[60] AN LL 270, fol. 21v.

[61] Tallon 2012a et 2012b.

[62] Blanc et Lorenz 1990.

[63] Viollet-le-Duc 1854-1868, t. VIII, p. 47-48.

[64] Chevrier 1995 ; Hoffsummer 2002, p. 100, 183 et 185 ; Fromont et Trenteseaux 2016 ; Epaud 2019.

[65] 分别约为 4 米和 6 米长；AN LL 270, fol. 18v。

[66] Chevrier 1995. 现代建筑中，顶架的重量约为 55 公斤 / 平方米。

[67] AN LL 270, fol. 11r.

[68] AN LL 270, fol. 20r (查理五世的葬礼，1380 年 10 月 4 日)。

[69] AN LL 270, fol. 13v.

[70 Viollet-le-Duc 1854-1868, t. II, p. 400.

[71] *Ibid.*, t. V, p. 33; Piel 2012.

[72] AN LL 270, fol. 11r.

[73] Gane 1999.

[74] Mortet 1888.

[75] Gilbert 1821, p. 137-138 ; Daussy 2017.

[76] Mouton 2012; Daussy 2017.

[77] AN LL 270, fol. 25 (1392-1393).

[78] AN LL 270, fol. 27. 卡西特里德岛（意为锡岛）自古以来就是广为人知的锡产地，古罗马人在当时就已多次到访此地。

[79] AN LL 270, fol. 23v.

[80] AN LL 270, fol. 12v.

[81] AN LL 270, fol. 26v.

[82] AN LL 270, fol. 23v.

[83] AN LL 270, vol. 1v.

[84] AN LL 270, fol. 21v. 按照一年的工作日为 250 天来计算，他的年收入相当于 20 里弗尔 3 苏 4 德尼。

[85] Sandron 2010.

[86] Fonquernie 1985 ; Demailly 2000.

[87] Viollet-le-Duc 1854-1868, t. VIII, p. 47-49.

[88] Guillouët et Kazerouni 2008.

[89] Albrecht 2020.

[90] AN LL 270, fol.14 et 14v

[91] Baron 1970, p.91; Baron 1975, p. 35, 52, 56,58 ; Davis 1998, p.43.

[92] AN LL 270, fol.1v.

[93] AN LL 270, fol.2v.

[94] Rouse 2000.

[95] Kimpel 1971; Bony 1983.

[96] Sandron, Tallon 2019, p. 90-93.

[97] Davis 1998.

[98] AN LL 270, fol. 10v (1362-1363) et 12r (1367-1368)

[99] Delaborde 1882, t. I, p.316, chap. 226.

[100] AN LL 270, fol. 9r (1361-1362).

[101] Corrozet 1561, fol. 60.

第三章

[1] AN LL 270, fol.14 (1370-1371).

[2] Sandron 2017b.

[3] Sauerländer 1981.

[4] Erlande-Brandenburg 1985.

[5] Thirion 1970 ; Berné et Plagnieux 2018.

[6] Sandron 2015b.

[7] Hardy 1991 ; Meunier 2014, p. 105-112.

[8] Viollet-le-Duc 1860.

[9] 特别感谢奥利弗·吉拉德克洛斯（Oliver Girardclos）为我提供了找到这个年代信息的线索。

[10] Mortet 1888, p. 62.

[11] Bruzelius 1987.

[12] Fernie 1987.

[13] Bruzelius 1987.

[14] Albrecht 2020.

[15] *Ibid.*

[16] Sandron 2004, p.74.

[17] Guillaume Durand 1995.

[18] 还需要加上扶垛处的四尊雕像。

[19] Taralon 1999.

[20] Sandron 2000.

第四章

[1] Pontal 1971.

[2] Mortet 1888, p. 53.

[3] Guérard 1850, t. IV, p. 90.

[4] *Ibid*, t. IV, p. 146, obit du 11 septembre 1196.

[5] *Ibid*, t. IV, p. 109, obit du 13 juillet 1208.

[6] *Ibid*, t. IV, p.207.

[7] *Ibid*, t. IV, p.200.

[8] Sandron 2015a.

[9] Guérard 1850, t. IV, p. 112, obit du 15 juillet 1320.

[10] *Ibid.*, t. IV, p. 142.

[11] *Ibid.*, t. IV, p. 173.

[12] Vincent-Cassy 2010; Sicard 2012, p. 395.

[13] Wright 1969, p. 69.

[14] AN LL 270, fol. 2v (1333-1334).

[15] Sandron 2010.

[16] Guérard 1850, t. IV, p. 217.

[17] Fagniez 1874.

[18] Guérard 1850, t. IV, p. 53.

[19] *Ibid.,* t. IV, p. 207-208.

[20] *Ibid.*, p. 207; Wright 1969, p. 70; Vincent-Cassy 2012, p. 414.

[21] Guérard 1850, t. IV, p. 206-207.

[22] Gallia christiana, t. X, col. 83.

[23] Delaborde 1884.

[24] Liste de Guérard 1850, t. IV, p. 207-208.

[25] Plagnieux 2000.

[26] BnF, lat. 2294 «*anno XLII regnante domino Chlotario* [c.626]».

[27] Perdrizet 1933, p. 161, fête le 25 juin.

[28] AN LL 270, fol. 15r.

[29] Le Roux de Lincy et Tisserand 1867, p. 261-263.

[30] Perdriezet 1933, p.161.

[31] Fagniez 1974.

[32] Bresc-Bautier 1971.

[33] AN LL 270, fol. 6v (1339-1340)

[34] Fagniez 1874, n°8, p. 12.

[35] *Ibid.*, n°4, p. 11 和 n°33, p. 25.

[36] Vincent 2004, p. 419.

[37] *Ibid.,* p. 87.

[38] Guérard 1850, t. II, p. 488（1283 年 2 月 8 日堂区财产管理委员会的规定）。

[39] Quéguiner 1950, p. 17; Eldin 1994, t. I, p. 43.

[40] Eldiin 2013, p. 396-397.

[41] Chartier 1897, p. 134.

[42] Wright 1969, p. 165-195.

[43] Guérard 1850, t. IV, p. 119.

[44] Timbal et Metman 1967.

[45] Baron 2000, p.25; Sandron dans Fleury et Leproux 1999, n°206, p. 115-116.

[46] Wright 1969.

[47] *Ibid.*, p. 102-104.

[48] *Ibid.,* p. 119; Recht 1999, p. 100-101.

[49] Wright 1969, p. 101-102.

[50] *Ibid.*, p. 74-76.

[51] *Ibid.*, p. 105 s.

[52] *Ibid.*, p. 106.

[53] *Ibid.*

[54] *Ibid.*, p. 90-91.

[55] AN LL 270, fol. 2v.

[56] Wright 1969, p. 331-332 以及见附录 A，36 号文档。

[57] *Ibid.*, p. 180-181.

[58] *Ibid.*, p. 357；Gross 2007.

[59] Eldin 1994, t. I, p. 51.

[60] AN LL 88.

[61] Eldin 1994, t. I, p. 68-69.

[62] Eldin 1994 2013, p. 390.

[63] Freigang 2002, p. 530.

[64] Gane 1999, p. 42-43; Quéguiner 1950, p. 97-100.

[65] Eldin 2013, p. 394-395.

[66] Wright 1969, p. 116.

[67] Freigang 2002, p. 530; Guérard 1850, t. IV, p. 407 s.

[68] Freigang 2002, p. 530.

[69] Kimpel 1971.

[70] Guérard 1850, t. IV.

[71] Eldin 1994, t. I, p. 144.

[72] Guérard 1850, t. IV. p. 91-94.

[73] Freigang 2002, p. 534.

[74] Eldin 1994, t. I. p. 127.

[75] Guérard 1850, t. IV, p. 269; Vincent 2004, p. 235.

[76] Eldin 2013, p. 398.

[77] Eldin 1994, t. I, p. 181-182, 704; Guérard 1850, t. IV, p. 61.

[78] Eldin 1994, t. I, p. 180-181, 205.

[79] Pouillé de 1417, LL. 88.

[80] Eldin 1994, t. I, p. 144.

[81] Guérard 1850, t. I, p. 336-337.

[82] Baltzer 1992, p. 49.

[83] *Ibid.*, p. 54.

[84] Baldwin 1970, t. I, p. 131-132.

[85] Guérard 1850, t. I, p. 72-75; Dahhaoui 2013.

[86] Perdreizet 1933, p. 70.

[87] Eldin 1994, t. I, p. 156-157; Jourd'heuil 2013, p. 163-180.

[88] Verlet 1995, 分别来自下列编号的墓志铭: n°4448, 4450, 4457, 4454, 4455 和 4453。

[89] *Ibid.*, 分别来自下列编号的墓志铭: n°4449, 4452, 4456, 4457。

[90] Ibid., n° 4498.

[91] Eldin 2013, p. 388.

[92] Verlet 1995.

[93] Guillouët et Kazerouni 2008.

[94] Baron 1999, p. 331.

[95] *Ibid.*

[96] Eldin 1994, t. I, p. 172, BnF, coll. Gaignières, Est. Rés. Pe 11a, p. 247. Baron 1999, p. 333.

[97] AN, S 93 n° 58, 引用于 Eldin 1994, t. I, p.156。

[98] Verlet 1995, n°4457.

[99] Eldin 1994, t. I, p. 155.

[100] Guérard 1850, t. I, p. 431.

[101] Kraus 1991, p. 45-46.

[102] Verlet 1995, n°4525.

[103] Eldin 1994, t. I, p. 183-184.

[104] 卡博奇暴动是阿马尼亚克派与勃艮第派内战之中的一次暴动事件。卡博奇派为亲勃艮第派的一个派别，它在 1413 年春天夺取了巴黎的控制权，并颁布了卡博奇法令，建立了一个受监管的君主政体。但是，巴黎人慑于卡博奇派的各种掠夺行为，便求助于阿马尼亚克派，后者于 1413 年 8 月重新控制了首都。

[105] Mâle 1969, p. 185.

[106] AN LL 114, p. 315.

[107] AN LL 121, p. 779.

第五章

[1] Viollet-le-Duc 1854-1868, t. II, p. 288.

[2] BnF, ms. Fr. 1553, fol. 514; Faral 1922.

[3] 巴黎圣母院所珍藏的手稿，引用于 Eldin 1994, t. I, p. 147。

[4] Baldwin 2006, p. 255; Trexler 1987, p.196, 227-233.

[5] Baldwin 2006, p. 251.

[6] *Ibid.*, p. 252; Trexler 1987, p. 66-121.

[7] Baldwin 2006, p. 255.

[8] Guérard 1850, t. II, p. 58, n° XL ; Vincent 2004, p. 141.

[9] Vincent 2004, p. 93.

[10] *Ibid.*, p. 427 et 603-604.

[11] Perdrizet 1933, p. 186.

[12] Vincent 2004.

[13] 富凯，驱邪场景，《艾蒂安舍瓦里的祈祷时辰》，巴黎玛摩丹美术馆。

[14] Wright 1969, p. 134-139; Eldin 1994, t. I, p. 74.

[15] Delisle 1886, p. 150.

[16] Guérard 1850, t. II, p. 67 et t. IV, p. 32.

[17] Ibid., t. II, p.469; Montjoye 1763, p. 313; Chartier 1879, p. 11.

[18] Vincent-Cassy 2012, p. 422.

[19] AN LL 270, fol. 26v et Montjoye 1763, p. 315 ; Lalou 1985.

[20] Vincent-Cassy 2012, p. 414.

[21] Eldin 1994, t. I, p. 221.

[22] *Ibid.*, p. 206.

[23] Wright 1969, p. 139.

[24] Robson 1952, n°57, p. 182-183.

[25] *Ibid.*, n° 8, p. 97.

[26] *Ibid.*, n° 14, p. 110.

[27] Boerner 1998, p. 307.

[28] Valois 1880, p. 220-221.

[29] Bresc-Bautier 1971.

[30] Bideault 1984.

[31] Vincent-Cassy 2012.

[32] 克吕尼博物馆藏有其雕像原件残片，由维奥莱勒杜克所重建的作品与原件一致；Erland-Brandenburg et Thibaudat 1982。

[33] Longère 1975, t. I, p. 100.

[34] Aubert Dans Aubert *et al*. 1959, p. 25.

[35] Fagniez 1874, n° 45 et 46, p. 255.

[36] Aubert Dans Auberet *et al.* 1959, p. 37.

[37] Guillouët et Kazerouni 2008.

[38] 藏于克吕尼博物馆，藏品编号：18640；雕塑的头部、手部及主教袍由杰弗里·德肖姆（Geoffroy-Dechaume）所作；Erland-Brandenburg et Thibaudat 1982, p.19。

[39] Guilhermy 1885, p. 86-89 ; Guilhermy et Viollet-le-Duc 1856, p. 83.

[40] Gilbert 1821, p. 124-127.

[41] Mouton 2012, p. 153.

[42] Sandron 2004, p. 124-125.

[43] Le Gentil de la Galaisière 1788.

[44] 今藏于克吕尼博物馆，inv. 18649。它身上的披带确定雕塑身份为圣丹尼，而非圣胡斯提克（Rustique）和教宗义禄（Éleuthère）。

[45] Lebeuf 1863.

[46] Sandron 2010.

[47] 今藏于卢浮宫，雕塑部，inv. RF 1187; Baron 1996, p. 79。

[48] Le Pogam 2011: Janiak 2019.

[49] Guilhermy 1855, p. 86-89

[50] Erland-Brandenburg et Thibaudat 1982.

[51] Sandron 2010.

[52] Gatouillat 2012.

[53] 见序篇。

[54] Fonquernie 1985.

[55] Aubert *et al.* 1959; Gatouillat 2012.

[56] AN LL 270, fol. 1r.

[57] AN LL 270, fol. 17.

[58] Wright 1969, p. 151.

[59] 包括了圣诞节、圣艾蒂安日、割礼、主显节、圣母献耶稣于圣殿、圣母领报、复活节、耶稣升天、五旬节、圣三一节、耶稣圣体圣血节、圣马塞尔日、施洗者圣约翰日、圣彼得日、圣玛利亚玛德琳日、圣母升天节、圣母升天节的八日庆期、圣母诞辰、圣母诞辰的八日庆期、圣根杜尔菲日、诸圣节、圣马丁日节和圣尼古拉斯日。直到 17 世纪，风琴师才被要求在周日进行演奏。

[60] Wright 1969, p. 162-163.

[61] AN LL 270.

[62] Vidier 1913-1914.

[63] *Ibid.*, p. 148-149.

[64] Guérard 1850, t. II, p. 406.

[65] *Ibid.*, t. III, p. 415.

[66] *Ibid.*, t. I, p. 467.

[67] Delaborde 1882, t. I, p. 316.

[68] Guérard 1850, t. III, p. 382.

[69] AN LL 270, fol. 18v. (1378-1379).

[70] Guérard 1850, t. II, p. 406.

[71] Mortet 1903.

[72] Vidier 1914, p. 160.

[73] *Ibid.*, p. 207.

[74] Villon 1892, *Testament*, p. 74.

第六章

[1] Erland-Brandenburg 1989; Erland-Brandenburg 1991 ; *Autour de Notre-dame* 2003.

[2] Mortet 1888 ; Mortet 1890; Crépin-Leblond 2003.

[3] Lasteyrie 1887, n° 477, p. 401.

[4] Demouy 2010, p. 300.

[5] Crépin-Leblond 2003, p. 114.

[6] Lebeuf 1863, p. 25

[7] Ibid., p. 26.

[8] Mortet 1890, p. 122; Erland-Brandenburg 1991.

[9] ANN L 892, n° 13.

[10] Guérard 1850, t. II, p. 526.

[11] Mortet 1890, p. 89s.

[12] Ibid., p. 90.

[13] Lebeuf 1863, p.26.

[14] Kimpel 1971.

[15] Baldwin 1970, t. II, p. 48, n.26.

[16] Gane 1999; Chartier 1897; Bos et Dectot 2003.

[17] Barbier, Busson et Soulay 2012.

[18] Guérard 1850, t. I, p. 242; Lebeuf 1863, p. 273.

[19] Gane 1999, p. 66-67.

[20] Guérard 1850, t. I, p. 283.

[21] Lorentz et Sandron 2018, p. 124; Noizet 2016.

[22] Piganiol de la Force 1765, t. I, p. 309-391.

[23] Guérard 1850, t. IV, p. 489.

[24] Outrey 1951, p. 57.

[25] Perdrizet 1933.

[26] Des Graviers 1967, p. 211.

[27] Franklin 1863.

[28] Dumouchel 1992-1994; Outrey 1951, p. 58.

[29] Verlet 1995, n°4831 à 4843.

[30] Dumouchel 1991.

[31] Guérard 1850, t. III, n° XCVI, p. 409.

[32] Friedmann 1959, p. 55; Dumouchel 1991, p. 20.

[33] Guérard 1850, t. III, p. 445.

[34] Dumouchel 1991, p. 24.

[35] Hébert 1949, p. 213-214 et 224-226.

[36] Des Graviers 1964, p. 196.

[37] Gane 1999, p. 61.

[38] Guérard 1850, t. II, p. 544-546.

[39] Gane 1999, p. 63.

[40] Grant, Heber-Suffrin et Johnson 1999 ; Dectot 2003.

[41] Gane 1999, p. 63-64.

[42] *Journal de Nicolas de Baye* 1888, p. LV.

[43] *Ibid.*, p. XI; Des Graviers 1967, p. 195-196.

[44] Des Graviers 1967, p. 201.

[45] AN LL 270, fol. 11r (1364-1365).

[46] Gane 1999, p. 61-62; Geremek 1976, p. 98-99.

[47] Gane 1999, p. 65.

[48] Guérard 1850, t. III, p.445.

[49] *Ibid.*, t. II, p. 406.

[50] *Ibid.*

[51] AN LL 270, fol. 25 (1392-1393).

[52] Gane 1999; Temko 1957, p. 297-307.

[53] Guérard 1850, t. I, p. CXI; Giraud 2012, p. 408.

[54] Franklin 1863, p. 5; Guérard 1850, t. I, p. 339.

[55] Chartularium 1889-1897, t. I, p. 56, n°55; Giraud 2012.

[56] Guérard 1850, t. I, p. 439.

[57] Chartier 1897, p. 65-70.

[58] Wright 1969, p. 172.

[59] Ibid., p. 173.

[60] Gane 1999, p. 33; Chartier 1879, p.51.

[61] Guérard 1850, t. I, p. 21.

[62] Coyecque 1889-1891; *Dix siècles d'histoire hospitalière parisienne* 1961; Willesme 2003.

[63] Guérard 1850, t. I, p. 21.

[64] *Ibid.*

[65] *Dix siècles d'histoire hospitalière parisienne* 1961, n° 19, p.31; Jéhanno 2013.

[66] Félibien et Lobineau 1725, t. I, p. 385-388.

[67] *Dix siècles d'histoire hospitalière parisienne* 1961, n° 49, p.50.

[68] Cailleaux 1999, n° 1566, p. 559.

[69] *Dix siècles d'histoire hospitalière parisienne* 1961, p.20.

[70] Guérard 1850, t. I, p. CLXXIX et t. III, p.446.

[71] *Dix siècles d'histoire hospitalière parisienne* 1961, n° 25, p.35.

[72] *Ibid.*, n°31, p. 39.

[73] Brièle et Coyecque 1894, n° 143, p. 62-63.

[74] Brièle et Coyecque 1894, n° 277, p. 125-126.

[75] *Dix siècles d'histoire hospitalière parisienne* 1961, n° 59, p.60.

[76] *Ibid.*, n° 65, p. 63-64

[77] *Ibid.*, n° 17, p. 2-27.

[78] *Ibid.*, (AN L 590, n°4).

[79] Cartulaire B, n°27, fol. 10.

[80] Guérard 1850, t. III, p. 438-439.

[81] Coyecque 1889-1891, t. I, p. 122 s.

[82] Brièle et Coyecque 1894, n° 324 (octobre 1234).

[83] Ibid., n° 681.

[84] Hamon 2011, p. 106.

[85] Coyecque 1889-1891, t. I, p. 166-167.

[86] Piganiol de la Force 1765, p. 402-404.

[87] Coyecque 1889-1898, t. I, p. 168.

[88] *Dix siècles d'histoire hospitalière parisienne* 1961, p.113.

[89] *Ibid.*, p. 115.

第七章

[1] Boussard 1976, p. 296-297.

[2] Lombard-Jourdan 1985, p.88.

[3] *Ibid.*, p. 88 et n. 591.

[4] Cahn 1969, p. 71.

[5] Backouche *et al.* 2016.

[6] Vincent 2004, p. 447-448.

[7] Fleury 1967; *Parvis* 2002.

[8] Friedmann 1959, p. 395.

[9] Timbal et Metman 1967, p. 122.

[10] Gane 1999, p. 65.

[11] Guérard 1850, t. 3, p. 246-247.

[12] Demurger 2007.

[13] Timbal et Metman 1967.

[14] Jean de Garlande 1865, p. 371.

[15] Géraud 1837, p. 608.

[16] Guérard 1850, t. II, p. 520.

[17] Vincent-Cassy 2010, p. 25.

[18] Guérard 1850, t. I, p. LXXXVII-LXXXVIII.

[19] Lebeuf 1863, p. 11.

[20] *Sigeberti continuatio* 1844, p. 421.

[21] Lasteyrie 1887, n°435 (1163 年 3 月 24 日至 1164 年 4 月 11 日), p. 374.

[22] *Ibid.*, n°451 (1164 年 4 月 2 日至 1165 年 4 月 3 日), p. 382.

[23] Guérard 1850, t. IV, p. 21.

[24] 街道的一部分可以在今天广场的地下考古遗址处看到。

[25] Jean de Garlande 1865.

[26] Sandron dans Sandron, Hayot et Plagnieux 2020, p. 26-28.

[27] Friedmann 1959, p. 107-119.

[28] Longnon 1904.

[29] Lasteyrie 1887, n°368, p. 328.

[30] Dumouchel 1990

[31] Friedmann 1959, p. 112.

[32] Perdrizet 1933, p. 154.

[33] Delaborde 1916, n° 90, p. 115-116; Dumouchel 1988, p. 21-46.

[34] Friedmann 1959.

[35] *Ibid.*, p. 374-399.

[36] Friedmann 1964.

[37] *Ibid.*

[38] Friedmann 1959, p. 119.

[39] Mortet 1890, p. 168.

[40] Hayot 2018.

[41] Friedmann 1964, p. 29.

[42] Lorentz et Sandron 2018, p. 126-129; Sandron dans Sandron, Hayot et Plagnieux, 2020, p. 230-234.

[43] Lorentz et Sandron 2018, p. 165-167.

[44] Vidier 1913-1914, p. 151-152.

[45] Leroquais 1929, p. 232-233; Maranget 1954.

[46] Gilbert 1821, p. 377.

[47] AN LL 270, fol. 21r.

[48] AN LL 270, fol. 1v.

[49] Jacques de Vitry 1518, p. 762; Le Goff 1970 et 1999, p. 261.

[50] Gillerman 1975.

[51] Sandron dans Sandron, Hayot et Plagnieux 2020, p. 47-49.

[52] Ibid., p. 190-199.

[53] Hayot dans ibid., p. 272-279.

第八章

[1] Pontal 1971.

[2] Plongeron 1987.

[3] Longnon 1904.

[4] Vauchez *et al.* 1993.

[5] Guérard 1850, t. I, p. LXX.

[6] *Ibid.*

[7] *Ibid.*, t. I, p.390.

[8] *Ibid.*, t. I, p.LXIII.

[9] *Ibid.*, t. I, p.LXVL.

[10] *Ibid.*, t. I, p.390; t. II, p. 460.

[11] *Ibid.*, t. I, p.460 et t. II, p. 404-512 et 525-546.

[12] *Ibid.*, t. I, p. LXI-LXII.

[13] Sandron 2020a.

[14] Aubert 1920, p. 180.

[15] *Ibid.,* p. 187.

[16] Saint-Paul 1913, p. 30.

[17] Aubert 1920, p. 188.

[18] Longnon 1904.

[19] Lheure 2020, p. 188-189.

[20] Michler 1992, p. 73 ; Sandron 2020a.

[21] Beaugendre 2001 ; Baillieul 2015.

[22] Sandron 2017a.

[23] Henriet 1976 ; Kimpel et Suckale 1990.

[24] Saint-Paul 1866, p. 861.

[25] Sandron 2020a.

[26] Mortet 1890, p.66.

[27] *Ibid.*

[28] *Gallia christiana*, t. VII, col. 509.

[29] Sandron dans Sandron, Hayot et Plagnieux 2020, p. 154-162.

[30] Mortet 1890, p.71.

[31] *Ibid.*, p.67, n.2.

[32] Baldwin 1970, t. I, p. 70.

[33] *Ibid.*, t. II, n. 41, p. 50.

[34] *Gallia christiana*, t. VII, col. 72 instr.

[35] Mortet 1890, p. 67-68 ; Sandron 2015b.

[36] Plagnieux dans Sandron, Hayot et Plagnieux 2020.

[37] Bruzelius 1987.

第九章

[1] Guérard 1850, t. IV, p. 153.

[2] *Ibid.*, t. IV, p. 79. 她于 1236 年 6 月 13 日逝世。

[3] Grant 2005, p. 125.

[4] Delaborde 1916, p.421.

[5] Guérard 1850, t. IV, p. 109-110, obit du 14 juillet 1223.

[6] *Ibid.*, t. IV, p. 122, obit du 20 juillet 1236.

[7] Perdrizet 1933, p. 210.

[8] Guérard 1850, t. I, p. 271; Mortet 1890, p. 144-158.

[9] Mortet 1980, n.1, p. 146.

[10] AN L 539, n°5.

[11] Breul 1612, p.18.

[12] Wright 1969, p. 202.

[13] BnF, lat. 1112, fol. 309 s.; Denoël 2004.

[14] Wright 1969, p. 199-201.

[15] Des Graviers 1967, p. 218.

[16] Guenée 2004.

[17] AN LL 270, fol. 25v (12 janvier 1393).

[18] Le Goff 1996, p.37.

[19] Wailly 1876, p. 190-191; Le Goff 1996, p.381.

[20] Luchaire 1883, t. II, p. 105.

[21] Guérard 1850, t. III, p. 272.

[22] *Ibid.,* t. III, p. 305.

[23] Gane 1999, p. 154-155.

[24] Jacquart 1998.

[25] Delaborde 1882, t. I, p. 70.

[26] 见第八章。

[27] 藏于卢浮宫，雕塑部 RF 991; Baron 1996, p.91。

[28] Morteet 1888, p.157-158.

[29] Rigord 2006, p. 123-125.

[30] Guennée et Lehoux 1968, p. 50-52.

[31] Le Goff 1996, p. 301.

[32] Favier 1978.

[33] Guillaume de Nangis 1843-1844, t. II, p. 339-340.

[34] AN LL 270, fol. 10v.

[35] Vincent 2004, p. 497.

[36] Erlande-Brandenburg 1975, p.22.

[37] Rigord 2006, p. 221 ; Guérard 1850, t. IV, p. 109-110.

[38] Guérard 1850, t. IV, p. 133.

[39] Ibid., t. IV, p. 133.

[40] Kramp 1996; Klein 1999, p. 26-27; Plagnieux 2000.

[41] Plagnieux 2015.

[42] Le Goff 1996, p. 35.

[43] Erlande-Brandenburg 1975; Bruzelius 1990.

第十章

[1] Sandron 2016a.

[2] Lombard-Jourdan 1997.

[3] Guérard 1850, t. IV, n° 353, p. 209.

[4] Lombard-Jourdan 1997, p. 523.

[5] *Ibid.*, p. 518.

[6] Corrozet 1561, p. 63-64 ; Breul 1621, p. 18.

[7] Lombard-Jourdan 1997, p. 528.

[8] Dubois 1988.

[9] Hinkle 1965.

[10] Wright 1969, p. 200.

[11] *Ibid.*, p. 124-125.

[12] Delaborde 1884.

[13] Sandron 2014.

[14] Aubert 1950.

[15] Mazel 2000.

[16] Giscard d'Estaing, Fleury et Erlande-Brandenburg 1977.

[17] Guérard 1850, t. I, p. 465; Sandron 2016a.

[18] Hohenzollern 1965 ; Lautier 2011.

[19] Sandron 2014.

[20] Duby 1973.

[21] 该组雕像被证明是 16 世纪的作品。

[22] Mütherich et Kötzsche 1998.

[23] Ornamenta Ecclesiae 1985, t. II, p. 216-224 (notice de R. Lauer).

[24] Balcon dans Balcon et Pastan 2006, p. 227-230 et 436-444.

[25] Hohenzollern 1965; Balcon 2010, p. 247-248, vers 1240.

[26] Beyer, Wild-Block et Zschokke 1986.

[27] Gaposchkin 2000.

[28] Bennert 1992.

第十一章

[1] Henriet 1976.

[2] Lasteyrie 1887, no 386, p. 341.

[3] Mazel 2001.

[4] Prache 1983, p. 67; Plagnieux 2015.

[5] Bianchina 1980, p. 7.

[6] Gallia christiana, t. X, col. 1479; Baldwin 1982, p. 68.

[7] Luchaire 1890, n° 83.

[8] *Gallia christiana*, instr. X, col. 206

[9] Afforty 1762-1786, t. III, p. 375 et t. XV, p. 329.

[10] Gallia christiana, t. X, col. 1479.

[11] Ibid., t. X, col. 1474.

[12] Labbé 1657, t. II, p. 560.

[13] Afforty 1762-1786, t. I, p. 522.

[14] Bideault et Lautier 1987, p. 368-372.

[15] Bianchina 1981.

[16] *Ibid.*, p. 22.

[17] *Ibid.*, fig. 24, p. 21.

[18] Vermand 1987; Christophe 2006.

[19] Bony 1947, p. 2.

[20] Obituaires 1906, p. IV-VII et p. 376, n. 2.

[21] *Gallia christiana*, t. VIII, col. 1210-1211.

[22] Durand et Grave 1883, p. 137.

[23] *Ibid.* 1883, p. 194.

[24] Bautier 1988.

[25] Luchaire 1885, p. 181, n. 1. 26.

[26] Lachiver 1971, § 444.

[27] Bony 1947, p. 2.

[28] Durand et Grave 1883, p. 596.

[29] Carolus-Barré 1982, p. 682.

[30] Lombard 1928, p. 70.

[31] Luchaire 1890, p. 34. Huon 2016.

[32] Zweifel 1998, p. 22.

[33] Prache 2001.

[34] Kimpel et Suckale 1990, p. 523.

[35] Prache 2001, p. 93.

[36] *Obituaires* 1906, t. II, p. 367.

[37] Kimpel et Suckale 1990, p. 174.

[38] Kimpel et Suckale 1990, p. 175.

[39] Bony 1947, p. 2.

[40] Pressouyre 1973, p. 37, fig. 14-15 ; Clark dans Little 2006, p. 58-60. 41.

[41] Newman 1937, p. 145, n. 51.

[42] Kimpel et Suckale 1990, p. 176; Sandron 2013a.

[43] Bruzelius 1990, p. 95, n. 40.

[44] Dimier 1954, p. 57; *Gallia christiana*, t. IX, col. 842.

[45] BnF, ms. lat. 9167, p. 437.

[46] Goüin 1932, p. 9-10.

[47] Statuta capitulorum 1935, 1263 (11).

[48] Vallery-Radot 1912; Bideault et Lautier 1987, p. 62-69.

[49] Douët d'Arcq 1855.

[50] *Gallia christiana*, t. X, col. 83.

[51] Lefèvre-Pontalis 1901; Timbert 2011.

[52] Depoin 1895-1909, p. 131, 134, 136, 137, 138, 144, 145, 148.

[53] Bussière 1999.

[54] Grant 2005.

[55] Corbet 1977.

著作权合同登记号 图字：01-2022-0281

图书在版编目（CIP）数据

看见巴黎圣母院：一座大教堂的历史与考古／（法）丹尼·桑德隆著；郑珊珊译．—北京：北京大学出版社，2023.10

ISBN 978-7-301-34176-6

Ⅰ.①看… Ⅱ.①丹… ②郑… Ⅲ.①巴黎圣母院－介绍 Ⅳ.①K956.57

中国国家版本馆CIP数据核字（2023）第123084号

Originally published in France as:

Notre-Dame de Paris. Histoire et archéologie d'une cathédrale (XIIè-XIVè siècle) by Dany Sandron

© CNRS Editions 2021

Current Chinese translation rights arranged through Divas International, Paris

巴黎迪法国际版权代理（www.divas-books.com）

书　　　名	看见巴黎圣母院：一座大教堂的历史与考古
	KANJIAN BALISHENGMUYUAN: YIZUO DA JIAOTANG DE LISHI YU KAOGU
著作责任者	〔法〕丹尼·桑德隆（Dany Sandron）著　郑珊珊 译
责任编辑	赵　聪　闵艳芸
标准书号	ISBN 978-7-301-34176-6
出版发行	北京大学出版社
地　　　址	北京市海淀区成府路205号　100871
网　　　址	http://www.pup.cn　　新浪微博:@北京大学出版社
电子邮箱	zpup@pup.cn
电　　　话	邮购部 010-62752015　发行部 010-62750672
	编辑部 010-62753154
印 刷 者	北京九天鸿程印刷有限责任公司
经 销 者	新华书店
	880毫米×1230毫米　16开本　24印张　260千字
	2023年10月第1版　2023年10月第1次印刷
定　　　价	118.00元